2023 9·7급 공무원 시험대비

박혜선의 亦功국어

콤팩트
어문규정

박혜선 편저

이 책에
들어가기
전에

과거에 나오지 않았던 최고 쉬운, 혁신적인 어문 규정
박혜선의 콤팩트 어문규정

국어 100점, 평균 99점 교정직 전체 수석 합격자를 배출한, 역시 성공하는 국어 박혜선 선생님이 역공(亦功)이들의 단기 합격을 간절하게 기원하며

안녕하세요. 박문각에서 국어를 가르치는 전임 대표 교수 박혜선입니다.

학생들은 생각보다 비효율적인 공부를 하고 있습니다.

어문규정의 모든 문법 예시를 공부해서는 정말 꼭 외워야 할 예시들을 모두 놓치게 될 수 있습니다.

그래서, 철저한 기출 분석 끝에, 기출에서 시작해서 기출에서 끝나는,

단기합격에 최적화된 효율적인 학습서를 만들어 내게 되었습니다.

반드시 외워야 하는 '1순위 최빈출'을 중심으로 '2순위 중간 빈출', '3순위 빈출', '4순위 난이도 조절용'으로 외연을 넓혀 가는 공부를 해야 합니다.

하지만 어문규정은 학생들이 혼자 공부하기에는 어려운 부분이 많습니다. 각 조항에 들어 있는 문법 예시도 많을뿐더러 하나의 조항에 생략되어 있는 과정들이 꽤 많기 때문입니다. 이를 극복하기 위해 박혜선의 언어로 각 조항마다 쉽게 푸는 "떠먹여 주는 출.좋.포"라는 섹션을 따로 만들었습니다.

또한 각 장을 들어가기에 앞서 최빈출 역공 기출을 노출하여 가장 중요하게 다뤄지는 문법 예시와 유형을 첫인상에 뇌리에 박힐 수 있도록 하였습니다.

합격자들 속출! 박문각 슈퍼 루키, 넘사벽 적중률로 단시간에 엄청난 성장률을 기록한 박혜선의 이유

01 중요도 평정이 분명한 강의
　　⇨ 1순위 최빈출에서 시작하여 2순위 중간 빈출, 3순위 빈출 그리고 난이도 조절용까지 분류하여
　　　 외연을 넓혀 가는 강의

02 간결하고 명료하지만, 출제 포인트를 빠짐없이 가져가는 최고 효율의 강의
　　⇨ 방대한 양의 문법 예시를 꼭 외워야 할 것들로 최소화하는 강의

03 절대 졸리지 않는, 긍정 에너지 뿜뿜 강의. 압도적 강의력. 전날부터 기대되고 설레는 강의
　　⇨ 다른 과목에도 긍정적인 영향이 가게 되어 결국은 합격까지 이를 수 있게 하는 강의

04 떠먹여 주는 출.좋.포로 어려웠던 어문 규정의 조항들을 쉽게 씹어 먹는 강의
　　⇨ 박혜선의 언어로 바꾼, 최고 쉬운 어문규정 강의
　　　 따라만 오시면 씹어서 먹여 드리는 강의

🔍 수험생들이 亦功국어를 선택하는 첫 번째 이유

평균 99점의 수석합격자, 2관왕, 수많은 초시생들이 증명하는 최고의 실력자

강사를 선택하는 최고 기준은 합격의 결과입니다. 단 2년 차에 평균 99점(국어 100점)의 수석합격자를 배출하고, 압도적인 합격률을 보여줬기에 亦功국어는 빠르게 성공하고 있습니다. 2년 차에 수석 합격자 배출이면, 내년은 어떻게 되는 걸까요? 저도 무지 기대가 되는 해입니다.

🔍 수험생들이 亦功국어를 선택하는 두 번째 이유

치열한 기출 분석 끝에 나오는 수험생에게 최적화된 효율적인 강의

모든 합격자들의 수기에서 극찬 받는 박혜선 亦功국어의 시그니처 강의인 '콤단문'을 콤팩트 어문규정에 녹였습니다. 10개년 기출 내에서 절대로 빠지지 않지만 정말 압축적인 최고 효율의 수험서를 만들기 위해 치열하게 고민하여 만들었습니다.

🔍 수험생들이 亦功국어를 선택하는 세 번째 이유

수험생의 문제 풀이 과정을 귀신같이 미리 감지하고 선수 치는 강의

모든 초점은 여러분들이 문제를 풀어나가는 과정에 맞춰져 있기 때문에 각 유형마다 어떻게 접근하면 되는지 수석의 마인드로 접근하여 알려드립니다. 다른 강의와는 차원이 다른 접근법에 놀라실 겁니다. 여러분들이 무엇을 어려워하고 무엇을 질문할지 미리 선수 치고 강의를 하기에 어문규정에 관련한 답답함이 없어집니다. 더불어 떠먹여 주는 출.좋.포를 통해 제가 없이도 역공이들이 중요도 평정을 똑똑하게 할 수 있게끔 장치를 만들어 놓았습니다.

🔍 수험생들이 亦功국어를 선택하는 네 번째 이유

오픈 카톡, 네이버 카페 등 혜선 쌤과의 직접적인 소통

수험생들을 '역시 성공하는 사람'이라는 뜻의 '역공(亦功)이'로 부르며 누구보다도 수험생들을 위해 노력하는 혜선 쌤과 실시간으로 소통이 가능합니다. 역공(亦功)이들을 위해, 시험에 필요한 모든 자원과 관심을 아끼지 않습니다. 현강 학생들은 물론, 인강 학생들도 '인증 게시판, 커리큘럼 및 상담, 학습 질문'까지 할 수 있습니다. 오픈 카톡방을 이용하는 것뿐만 하니라 개인 카톡을 통해 학생들과 직접적인 소통을 하며 오프라인 상담을 잡기도 합니다. 박혜선 교수의 카페와 오픈 카톡방으로 연결되는 QR코드는 책 뒤 수강후기 아래에 있습니다.

🔍 수험생들이 亦功국어를 선택하는 다섯 번째 이유

혼자 공부하지 않아도 절로 복습되는 하프, 일일 모의고사

여러분들의 취약점을 보완하고 다발적으로 일어나는 망각을 방지하고자 매일 실시하는 박문각 일일 모의고사라는 장치를 마련해 두었습니다. 일일 모고에서 문법 영역은 수업 진도에 맞게 체계적으로 치러집니다. 예를 들어 지난주에 '형태론'을 했다면 그다음 주에는 '형태론'과 관련된 기출 변형 문제를 풀게 되는 것입니다. 일주일 지난 후 보통 인간의 뇌에는 지식이 30프로밖에 남지 않으므로 이 시기에 한번 더 상기하면 망각을 방지할 수 있습니다. 또한 하프 모의고사 또한 문법 문제 풀이 시즌 이전까지는 수업 진도에 맞춰 망각을 방지하는 문법이 출제됩니다.

전에 없던 혁신적인 박혜선의 콤팩트 어문규정 학습서를 통해 올해에도 많은 합격생이 배출되길 기원합니다. 여러분들의 단기합격을 간절하게 응원합니다..

2022년 9월 편저자

박혜선 惠旋

○ HOW TO STUDY ○

머릿속에 목차 지도 그리기

단원	회독(색칠)				초반 세부 취약 파트 1	후반 세부 취약 파트 2
PART 01 표준 발음법	☆	☆	☆	☆	① _____ ② _____ ③ _____ ④ _____	① _____ ② _____
	☆	☆	☆	☆		
PART 02 표준어 규정	☆	☆	☆	☆	① _____ ② _____ ③ _____ ④ _____	① _____ ② _____
	☆	☆	☆	☆		
PART 03 한글 맞춤법	☆	☆	☆	☆	① _____ ② _____ ③ _____ ④ _____	① _____ ② _____
	☆	☆	☆	☆		
PART 04 한글 맞춤법 – 띄어쓰기	☆	☆	☆	☆	① _____ ② _____ ③ _____ ④ _____	① _____ ② _____
	☆	☆	☆	☆		
PART 05 외래어 표기법	☆	☆	☆	☆	① _____ ② _____ ③ _____ ④ _____	① _____ ② _____
	☆	☆	☆	☆		
PART 06 로마자 표기법	☆	☆	☆	☆	① _____ ② _____ ③ _____ ④ _____	① _____ ② _____
	☆	☆	☆	☆		

**메타인지
문법
숙제 관리**

※ 본인의 학습과정에 따라 조절해 주세요.

주차		단원	공부 날짜	총 복습시간 (타이머)
1주차	1일 (OT)	PART 01 표준 발음법	____월 / ____일 (___요일)	____ : ____
	2일		____월 / ____일 (___요일)	____ : ____
	3일		____월 / ____일 (___요일)	____ : ____
	4일		____월 / ____일 (___요일)	____ : ____
2주차	5일	PART 02 표준어 규정	____월 / ____일 (___요일)	____ : ____
	6일		____월 / ____일 (___요일)	____ : ____
	7일		____월 / ____일 (___요일)	____ : ____
	8일		____월 / ____일 (___요일)	____ : ____
3주차	9일	PART 03 한글 맞춤법	____월 / ____일 (___요일)	____ : ____
	10일		____월 / ____일 (___요일)	____ : ____
	11일		____월 / ____일 (___요일)	____ : ____
	12일		____월 / ____일 (___요일)	____ : ____
4주차	13일	PART 04 한글 맞춤법 – 띄어쓰기	____월 / ____일 (___요일)	____ : ____
	14일		____월 / ____일 (___요일)	____ : ____
	15일		____월 / ____일 (___요일)	____ : ____
	16일		____월 / ____일 (___요일)	____ : ____
5주차	17일	PART 05 외래어 표기법 PART 06 로마자 표기법	____월 / ____일 (___요일)	____ : ____
	18일		____월 / ____일 (___요일)	____ : ____
	19일		____월 / ____일 (___요일)	____ : ____
	20일		____월 / ____일 (___요일)	____ : ____

구성과 특징

[해설]
초성을 먼저 보면 '되묻다, 뒤묻다'
가 앞선다. 이들의 초성은 같으므로
중성을 보면 '되묻다'가 앞선다. '들
니, 뜨다' 중에 된소리가 앞서므로
'뜨다'가 앞선다. 👆 ④

최빈출 亦功기출

사전 등재 순서에 맞게 배열된 것은?

① 괴리-쾌거-쿠키-꾸기다
② 삵 삶 세모 새가슴
③ 여름-열매-엮다-엹다
④ 되묻다-뒤묻다-뜨다-틀니

최빈출 亦功기출 **1**

각 장이 시작되기 전에 뇌리에 박힐 수
있는 '1순위 최빈출' 기출 문제를 보여
주고 시작합니다.

---

2 ## 떠먹여 주는 출.종.포

출제자들이 내고 싶어 미치는 포인트이지만 어문
규정이라 어려운 조항은 초등학생도 이해할 수 있
도록 '박혜선 언어'로 최대한 쉽게 풀이했습니다.

떠먹여 주는 출.종.포

1. ❶_____ 모음이 먼저 온다.
2. ❷_____ : ❸____ 가 붙는 경우
3. ❹____ : ㅏ, ㅐ, ㅣ가 붙는 경우
   ❺____ : ㅓ, ㅔ, ㅣ가 붙는 경우

받침의 사전 배열순서
ㄱ ㄲ ㄳ / ㄴ ㄵ ㄶ / ㄷ / ㄹ ㄺ ㄻ ㄼ ㄽ ㄾ ㄿ ㅀ / ㅁ / ㅂ ㅄ / ㅅ ㅆ / ㅇ / ㅈ ㅊ ㅋ ㅌ ㅍ ㅎ

떠먹여 주는 출.종.포 제3항

제4항 | 겹자음 중에서 ❻____자음, ❼____자음 순으로 배열된다.

제4항 | 'ㅏ ㅐ ㅓ ㅔ ㅗ ㅚ ㅜ ㅟ ㅡ ㅣ'는 단모음(單母音)으로 발음한다.

[붙임] 'ㅚ, ㅟ'는 원칙적으로 단모음이지만, 이중 모음으로 발음함도 허용한다.

[Q1] 이중 모음의 표준 발음으로 옳은 것에 ○표 하시오.

가지+어	[가져, 가저]	찌+어	[쩌, 찌]
닫히+어	[다텨, 다쳐, 다처]	젖히+어	[저펴, 저쳐, 저처]
붙이+어	[부텨, 부쳐, 부처]	혜선	[혜선, 헤선]
몌별	[몌별, 메별]	폐해	[폐해, 페해, 패해]
예절	[예절, 에절]	늴리리	[닐리리, 늴리리]
희어	[희어, 희여, 히어, 히여]	차례	[차례, 차레]
무늬	[무늬, 무니]	문의	[무늬, 무니]
의의	[의의, 의이, 이의, 이이]	성의의	[성의의, 성이의, 성의에, 성의예]
횟집	[횓찝, 휃찝, 휃찝, 회찝, 회찝, 훼찝]	혼례	[혼녜, 홀례]
다치+어	[다쳐, 다처]	뇌리	[뇌리, 눼리, 눼리]
계산	[계산, 게산]	혜안	[혜안, 헤안, 해안]
띄어쓰기	[띄어쓰기, 띄어쓰기, 띠어쓰기, 띠여쓰기]	주의	[주의, 주이, 주에]

각 조항 뒤마다 있는 O, X **3**

정답을 먼저 제시하여 수험생들 스스로 O, X 문제를 학습
한 뒤 복습으로 문제를 풀어볼 수 있도록 했습니다.

4 무조건 알아야 하는 최빈출 亦功기출

최빈출 亦功 기출 이외에도 꼭 외워야 하는 필수
기출문제들을 콤팩트하게 모아 학습할 수 있게
하여 무조건 알아야 하는 문법 예시들을 꼭 가져
갈 수 있도록 하였습니다.

Part 04 무조건 알아야 하는 최빈출 亦功 기출 : 띄어쓰기

01 띄어쓰기 규정의 '원칙'에 맞게 쓴 것으로 가장 적절한 것은?

① 제주에∨온∨지∨십여∨년이∨됐다.
② 지금∨부터는∨오는∨대로∨입장해야∨한다.
③ 그밖의∨사안은∨차기로∨이관하도록∨한다.
④ 이∨방법은∨쇠의∨강도를∨높이는데∨활용될∨것이다.

02 다음 중 띄어쓰기가 가장 적절한 것은?

① 최정상급으로∨이루어∨진∨시립교향악단이∨꼭∨정기∨공연을∨한다.

떠먹어 주는 최빈출 제23항 된소리되기

안울림소리 + 예사 안울림 소리

국밥[국빱]	깎다[깍따]	넋받이[넉빠지]✚
닭장[닥짱]	칡범[칙뻠]	뻗대다[뻗때다]
있던[읻떤]	꽂고[꼳꼬]	꽃다발[꼳따발]
밭갈이[받까리]	솥전[솓쩐]✚	곱돌[곱똘]✚
옆집[엽찝]	넓죽하다[넙쭈카다]	옭조리다[옵쪼리다]
삯돈[삭똔]	옷고름[옫꼬름]	값지다[갑찌다]

✚ 넋받이 : 집 밖에서 죽은 사람의 넋을 위로하고 집으로 데려오기 위하여 하는 앉은굿

✚ 솥전 : 솥 몸의 바깥 중턱에 둘러 댄 전. 솥을 들거나 걸 때 씀.

✚ 곱돌 : 기름과 같은 광택이 있고 만지면 양초같이 매끈매끈한 암석과 광물의 총칭

5 날개

중간 설명이 비지 않도록 보충
설명이나 뜻풀이를 날개 부분에
실었습니다. 또한 누구나 이해할
수 있도록 어려운 내용을 이해하
기 쉽게 풀이하였습니다.

6 메타인지 숙제 관리 표

완벽한 개념과 강력한 훈련만이 단기합격을 만들
어 내기에, 자기 주도 학습이 가능한 메타인지 숙
제 관리 표를 제공하여 자신의 학습 일정을 자신
이 컨트롤할 수 있는 장치를 마련했습니다.

✦ HOW TO STUDY ✦

메타인지 문법 숙제 관리

※ 본인의 학습과정에 따라 조절해 주세요.

주차	단원		공부 날짜	총 복습시간 (타이머)
1주차	1일 (OT)	PART 01 표준 발음법	___월 / ___일 (___요일)	___ : ___
	2일		___월 / ___일 (___요일)	___ : ___
	3일		___월 / ___일 (___요일)	___ : ___
	4일		___월 / ___일 (___요일)	___ : ___
2주차	5일	PART 02 표준어 규정	___월 / ___일 (___요일)	___ : ___
	6일		___월 / ___일 (___요일)	___ : ___
	7일		___월 / ___일 (___요일)	___ : ___

이 책의 차례

박혜선의 亦功국어

콤팩트
어문규정

PART

01

표준 발음법

표준 발음법

제1장 총칙

제1항 | 표준 발음법은 표준어의 ① 실제 발음을 따르되, 국어의 ② 전통성과 ③ 합리성을 고려하여 정함을 원칙으로 한다.

제2장 자음과 모음

해설
- 초성을 먼저 보면 '되묻다, 뒤묻다'가 앞선다. 이들의 초성은 같으므로 중성을 보면 '되묻다'가 앞선다. '틀니, 뜨다' 중에 된소리가 앞서므로 '뜨다'가 앞선다. 🔒 ④

최빈출 亦功 기출

사전 등재 순서에 맞게 배열된 것은?
① 괴리-쾌거-쿠키-꾸기다
② 삽-삵-세모-새가슴
③ 여름-열매-엮다-엷다
④ 되묻다-뒤묻다-뜨다-틀니

제2항 | 표준어의 자음은 다음 19개로 한다.

ㄱ ㄲ / ㄴ / ㄷ ㄸ / ㄹ / ㅁ / ㅂ ㅃ / ㅅ ㅆ / ㅇ / ㅈ ㅉ / ㅊ ㅋ ㅌ ㅍ ㅎ

떠먹여 주는 출.좋.포 제2항

1. ❶_____소리가 ❷_____소리보다 일찍 온다.
2. ❸_____의 된소리가 바로 뒤에 온 후 다음 자음으로 이동된다.

떠먹여 주는 출.좋.포
❶ 된 ❷ 거센 ❸ 같은 계열

제3항 | 표준어의 모음은 다음 21개로 한다.

ㅏ	ㅑ	ㅓ	ㅕ	ㅗ	ㅛ	ㅜ	ㅠ	ㅡ	ㅣ
ㅐ	ㅒ	ㅔ	ㅖ	ㅘ		ㅝ			ㅢ
				ㅙ		ㅞ			
				ㅚ		ㅟ			

🧴 떠먹여 주는 **言.春.표**

1. ❶_____ 모음이 먼저 온다.
2. ❷_____ : ❸___가 붙는 경우
3. ❹___ : ㅏ, ㅐ, ㅣ가 붙는 경우
   ❺___ : ㅓ, ㅔ, ㅣ가 붙는 경우

🧅 받침의 사전 배열순서

ㄱ ㄲ ㄳ / ㄴ ㄵ ㄶ / ㄷ / ㄹ ㄺ ㄻ ㄼ ㄽ ㄾ ㄿ ㅀ / ㅁ / ㅂ ㅄ / ㅅ ㅆ / ㅇ / ㅈ ㅊ ㅋ ㅌ ㅍ ㅎ

🧴 떠먹여 주는 **言.春.표** 제3항

제4항 | 겹자음 중에서 ❻___자음, ❼___자음 순으로 배열된다.

제4항 | 'ㅏ ㅐ ㅓ ㅔ ㅗ ㅚ ㅜ ㅟ ㅡ ㅣ'는 단모음(單母音)으로 발음한다.

[붙임] 'ㅚ, ㅟ'는 원칙적으로 단모음이지만, 이중 모음으로 발음함도 허용한다.

🧴 떠먹여 주는 **言.春.표** 제4항

ㅚ = [❽___(원칙) / ❾___(허용)]

최빈출 亦功 기출

표준 발음에 해당되지 않는 것은?

① [민주주의의 의의]
② [민주주의의 의이]
③ [민주주이에 의이]
④ [민주주의이 의의]

해설

'의'는 단어의 첫음절에서는 [의]로만 발음되고, 조사는 [에]로도 발음할 수 있다. 둘째 음절 이하의 '의'는 [이]로도 발음할 수 있다. 따라서 ④ [민주주의이 의의]는 조사 '의'를 '이'로 발음했으므로 적절하지 않다.

🔓 ④

떠먹여 주는 **言.春.표**

❶ 오리지널 ❷ ㅏ, ㅑ, ㅓ, ㅕ
❸ ㅣ ❹ ㅗ ❺ ㅜ ❻ 앞
❼ 뒤 ❽ ㅚ ❾ ㅞ

제5항 | 'ㅑ ㅒ ㅕ ㅖ ㅘ ㅙ ㅛ ㅝ ㅞ ㅠ ㅢ'는 이중 모음으로 발음한다.

다만 1. 용언의 활용형에 나타나는 '져, 쪄, 쳐'는 [저, 쩌, 처]로 발음한다.

가져[가저]	쪄[쩌]	다쳐[다처]
묻혀[무처]	붙여[부처]	잊혀[이처]

떠먹여 주는 흘.흘.쪽   제5항 다만 1

❶_____음 'ㅈ, ㅉ, ㅊ' 뒤에 ❷_____에서 발음되는 반모음 'ㅣ[j]'가 연이어 발음될 수 없기 때문이다.

» 경구개음 'ㅈ, ㅉ, ㅊ' 뒤에 경구개와 유사한 위치에서 발음되는 반모음 'ㅣ[j]'가 연이어 발음될 수 없기 때문이다.

다만 2. '예, 례' 이외의 'ㅖ'는 [ㅔ]로도 발음한다.

떠먹여 주는 흘.흘.쪽   제5항 다만 2

1. '예, 례'는 [❸____]로만 발음된다.
2. '계, 몌, 폐, 혜'는 [❹____](원칙), [❺____](허용) 로도 발음한다.

다만 3. 자음을 첫소리로 가지고 있는 음절의 'ㅢ'는 [ㅣ]로 발음한다.

다만 4. 단어의 첫음절 이외의 '의'는 [ㅣ]로, 조사 '의'는 [ㅔ]로 발음함도 허용한다.

떠먹여 주는 흘.흘.쪽   제5항 다만 3, 다만 4

1. 자음을 가진 'ㅢ' = [❻____]로만 발음됨.
2. 첫째 음절 '의' = [❼____]로만 발음됨.
3. 둘째 음절 이하 '의' = [❽____](원칙) [❾____](허용)
4. 관형격 조사 '의' = [❿____](원칙) [⓫____](허용)

떠먹여 주는 흘.흘.쪽

❶ 경구개 ❷ 경구개 ❸ ㅖ
❹ ㅖ ❺ ㅔ ❻ ㅣ ❼ 의
❽ ㅢ ❾ ㅣ ❿ ㅢ ⓫ ㅔ

[Q1] 이중 모음의 표준 발음으로 옳은 것에 ◯표 하시오.

가지+어	[가져, 가저]	찌+어	[쩌, 쩌]
닫히+어	[다텨, 다쳐, 다처]	젖히+어	[저텨, 저쳐, 저처]
붙이+어	[부텨, 부쳐, 부처]	혜선	[혜선, 헤선]
메별	[몌별, 메별]	폐해	[폐해, 페해, 패해]
예절	[예절, 에절]	닐리리	[닐리리, 늴리리]
희어	[희어, 희여, 히어, 히여]	차례	[차례, 차레]
무늬	[무늬, 무니]	문의	[무:늬, 무:니]
의의	[의의, 의이, 이의, 이이]	성의의	[성의의, 성이의, 성의에, 성이에]
횟집	[횓찝, 핻찝, 휃찝, 회찝, 회찝, 훼찝]	혼례	[혼녜, 홀례]
다치+어	[다쳐, 다처]	뇌리	[뇌리, 눼리, 놰리]
계산	[계산, 게산]	혜안	[혜안, 헤안, 해안]
띄어쓰기	[띄여쓰기, 띄어쓰기, 띠어쓰기, 띠여쓰기]	주의	[주의, 주이, 주에]
협의	[혀븨, 혀비]	회의의	[회의의, 회이의, 홰의에, 훼이에]
재례	[재례, 재레]	기예	[기예, 기에]
괴리	[괴리, 괘리, 궤리]	희떱다	[희떱따, 히떱따, 히떱다]

[Q1] 이중 모음의 표준 발음으로 옳은 것에 ◯표 하시오.

가지+어	[가져, 가저]	찌+어	[쩌, 쩌]
닫히+어	[다텨, 다쳐, 다처]	젖히+어	[저텨, 저쳐, 저처]
붙이+어	[부텨, 부쳐, 부처]	혜선	[혜선, 헤선]
메별	[몌별, 메별]	폐해	[폐해, 페해, 패해]
예절	[예절, 에절]	닐리리	[닐리리, 늴리리]
희어	[희어, 희여, 히어, 히여]	차례	[차례, 차레]
무늬	[무늬, 무니]	문의	[무:늬, 무:니]
의의	[의의, 의이, 이의, 이이]	성의의	[성의의, 성이의, 성의에, 성이에]
횟집	[횓찝, 핻찝, 휃찝, 회찝, 회찝, 훼찝]	혼례	[혼녜, 홀례]
다치+어	[다쳐, 다처]	뇌리	[뇌리, 눼리, 놰리]
계산	[계산, 게산]	혜안	[혜안, 헤안, 해안]
띄어쓰기	[띄여쓰기, 띄어쓰기, 띠어쓰기, 띠여쓰기]	주의	[주의, 주이, 주에]
협의	[혀븨, 혀비]	회의의	[회의의, 회이의, 홰의에, 훼이에]
재례	[재례, 재레]	기예	[기예, 기에]
괴리	[괴리, 괘리, 궤리]	희떱다	[희떱따, 히떱따, 히떱다]

제3장 음의 길이

최빈출 亦功 기출

다음 밑줄 친 ㉠~㉤ 중 표준 발음으로 옳은 것을 모두 고르면?

2018. 국회직 8급

- 이 문제는 입주민들과의 ㉠ 협의[혀븨]를 통해서 해결합시다.
- 외국인들은 한글의 복잡한 ㉡ 띄어쓰기[띠어쓰기]를 어려워한다.
- 관객들이 ㉢ 썰물[썰:물]처럼 빠져나갔다.
- 나라다운 나라 만들기라는 ㉣ 우리의[우리에] 소망이 이루어질까?
- ㉤ 반신반의[반:신바:니]하는 분위기였다.

① ㉠, ㉡, ㉢   ② ㉠, ㉢, ㉣
③ ㉠, ㉣, ㉤   ④ ㉡, ㉢, ㉤
⑤ ㉡, ㉣, ㉤

제6항 | 모음의 장단을 구별하여 발음하되, 단어의 <u>첫 음절에서만</u> 긴소리가 나타나는 것을 원칙으로 한다.

눈보라[눈:보라] / 첫눈[천눈]   말씨[말:씨] / 참말[참말]
밤나무[밤:나무] / 쌍동밤[쌍동밤]   많다[만:타] / 수많이[수:마니]
벌리다[벌:리다] / 떠벌리다[떠벌리다]

🧴 떠먹여 주는 🔴.🟡.🟢   제6항

단어의 첫 음절에서만 ❶____가 나고, 둘째 음절 이하에서는 ❷_____로 바뀐다.

다만 1. 합성어의 경우에는 둘째 음절 이하에서도 분명한 긴소리를 인정한다.

🧴 떠먹여 주는 🔴.🟡.🟢   제6항 다만 1

다만, '❸_____, ❹_____, ❺_____, ❻_____'만 둘째 음절 이하에서도 긴소리로 발음된다.

붙임 용언의 단음절 어간에 어미 '-아/-어'가 결합되어 한 음절로 축약되는 경우에도 긴소리로 발음한다.

보아 → 봐[봐:]   기어 → 겨[겨:]
되어 → 돼[돼:]   보이다 → 뵈다[뵈:다/붸:다]
아이 → 애[애:]   사이 → 새[새:]

다만 2. '오아 → 와, 지어 → 져, 찌어 → 쪄, 치어 → 쳐' 등은 긴소리로 발음하지 않는다.

🔫 띠먹여 주는 **출.종.포** 제6항 다만 2

두 음절이 하나의 음절로 축약되므로 ❶_____가 일어나는 것이다.

제7항 | 긴소리를 가진 음절이라도, 다음과 같은 경우에는 짧게 발음한다.

1. 단음절인 용언 어간에 모음으로 시작된 어미가 결합되는 경우

    밟다[밥:따] − 밟으면[발브면]   알다[알:다] − 알아[아라]
    신다[신:따] − 신어[시너]   감다[감:따] − 감으니[가므니]

다만, 다음과 같은 경우에는 예외적이다.

    끌다[끌:다] − 끌어[끄:러]   벌다[벌:다] − 벌어[버:러]
    썰다[썰:다] − 썰어[써:러]   떫다[떨:따] − 떫은[떨:븐]
    없다[업:따] − 없으니[업:쓰니]

2. 용언 어간에 피동, 사동의 접미사가 결합되는 경우

    밟다[밥:따] − 밟히다[발피다]   감다[감:따] − 감기다[감기다]
    꼬다[꼬:다] − 꼬이다[꼬이다]

다만, 다음과 같은 경우에는 예외적이다.

    없애다[업:쌔다] 벌리다[벌:리다] 끌리다[끌:리다]

[붙임] 다음과 같은 복합어에서는 본디의 길이에 관계없이 짧게 발음한다.

    밀-물   썰-물   쏜-살-같이 작은-아버지

» 예로 제시된 '밀물, 쏜살같이, 작은아버지'에 쓰인 단어들이 '문을 밀면, 쏜 화살, 작은 손수건' 등과 같이 활용형으로 쓰일 때에는 '밀면[밀:면], 쏜[쏜:], 작은[자:근]'과 같이 장모음이 나타남에 비해 합성어의 첫 요소로 쓰일 때에는 짧은 모음이 나타난다. 이러한 예외적인 현상은 일부 활용형에서만 나타날 뿐, 모든 용언의 활용형이 합성어의 첫 요소로 쓰일 때 그 길이가 짧아지는 것은 아니다.

🔫 띠먹여 주는 **출.종.포** 제7항

단음절인 용언 어간에 ❷_____, ❸_____, ❹_____가 결합되는 경우에는 짧은 소리로 바뀐다.

다만, '❺____다, ❻____다, ❼____다, ❽____다, ❾____다'는 뭐가 결합되든 계속 길게 발음된다.

[붙임] '❿_____, ⓫_____, ⓬_____, ⓭_____'는 모두 짧게 발음된다.

띠먹여 주는 **출.종.포**
❶ 보상적 장음화 ❷ 모음 어미
❸ 사동 ❹ 피동의 접미사
❺ 끌 ❻ 벌 ❼ 썰 ❽ 떫
❾ 없 ❿ 밀물 ⓫ 썰물
⓬ 쏜살같이 ⓭ 작은아버지

[Q2] 장단음의 표준 발음으로 옳은 것에 ○표 하시오.

눈사람	[눈ː싸람, 눈싸람]	싸락눈	[싸락눈, 싸랑눈, 싸락눈, 싸랑눈]
말씨	[말ː씨, 말씨]	참말	[참말ː, 참말]
쌍동밤	[쌍동밤ː, 쌍동밤]	밤나무	[밤ː나무, 밤나무]
보아 → 봐	[봐ː, 봐]	오아 → 와	[와ː, 와]
치어 → 쳐	[쳐ː, 쳐, 처ː, 처]	반신반의	[반ː신바늬, 반ː신바니, 반신바ː늬, 반ː신바ː니]
끌리다	[끌ː리다, 끌리다]]	꼬이다	[꼬ː이다, 꼬이다]
밟다	[밥ː따, 밥따]	밟히다	[발ː피다, 발피다]
벌다	[벌ː다, 벌리다]	벌리다	[벌ː리다, 벌리다]
떠벌리다	[떠ː벌리다, 떠벌리다]	끌다	[끌ː다, 끌다]
끌리다	[끌ː리다, 끌리다]	작은바늘	[자근ː바늘, 자근바늘]
쏜살같이	[쏜ː살가치, 쏜살가치]	없다	[없ː다, 없다]
감다	[감ː다, 감다]	감기다	[감ː기다, 감기다]
없으니	[업ː쓰니, 업쓰니, 업스니]	없애다	[업ː쌔다, 업쌔다, 업새다]
신다	[신ː따, 신따, 신ː다]	떫다	[떨ː따, 떨따, 떱따, 떱따]
알다	[알ː다, 알다]	알다	[알ː리다, 알리다]
기어 → 겨	[겨ː, 겨]	되어 → 돼	[돼ː, 돼]
사이 → 새	[새ː, 새]	보이다 → 뵈다	[뵈ː다, 뵈다, 붸ː다, 붸다, 쇄다]
많다	[만ː타, 만타]	밀물	[밀ː물, 밀물]

[Q2] 장단음의 표준 발음으로 옳은 것에 ○표 하시오.

눈사람	[눈ː싸람, 눈싸람]	싸락눈	[싸락눈ː, 싸랑눈ː, 싸락눈, 싸랑눈]
말씨	[말ː씨, 말씨]	참말	[참말ː, 참말]
쌍동밤	[쌍동밤ː, 쌍동밤]	밤나무	[밤ː나무, 밤나무]
보아 → 봐	[봐ː, 봐]	오아 → 와	[와ː, 와]
치어 → 쳐	[쳐ː, 쳐, 처ː, 처]	반신반의	[반ː신바늬, 반ː신바니, 반신바ː늬, 반ː신바ː니]
끌리다	[끌ː리다, 끌리다]]	꼬이다	[꼬ː이다, 꼬이다]
밟다	[밥ː따, 밥따]	밟히다	[발ː피다, 발피다]
벌다	[벌ː다, 벌리다]	벌리다	[벌ː리다, 벌리다]
떠벌리다	[떠ː벌리다, 떠벌리다]	끌다	[끌ː다, 끌다]
끌리다	[끌ː리다, 끌리다]	작은바늘	[자근ː바늘, 자근바늘]
쏜살같이	[쏜ː살가치, 쏜살가치]	없다	[없ː다, 없다]
감다	[감ː다, 감다]	감기다	[감ː기다, 감기다]
없으니	[업ː쓰니, 업쓰니, 업스니]	없애다	[업ː쌔다, 업쌔다, 업새다]
신다	[신ː따, 신따, 신ː다]	떫다	[떨ː따, 떨따, 떱따, 떱따]
알다	[알ː다, 알다]	알다	[알ː리다, 알리다]
기어 → 겨	[겨ː, 겨]	되어 → 돼	[돼ː, 돼]
사이 → 새	[새ː, 새]	보이다 → 뵈다	[봐ː다, 뵈다, 붸ː다, 붸다, 쇄다]
많다	[만ː타, 만타]	밀물	[밀ː물, 밀물]

제4장 받침의 발음

제8항 | 받침소리로는 'ㄱ, ㄴ, ㄷ, ㄹ, ㅁ, ㅂ, ㅇ'의 7개 자음만 발음한다.

🔖 떠먹여 주는 **출.좋.포** 제8항

받침에 무슨 소리가 오든 ❶___ 대표음 중 하나로 바뀐다.
대표음화, 중화 ┌ ❷_____(교체)
　　　　　　└ ❸_____(탈락)

제9항 | 받침 'ㄲ, ㅋ', 'ㅅ, ㅆ, ㅈ, ㅊ, ㅌ', 'ㅍ'은 어말 또는 자음 앞에서 각각 대표음 [ㄱ, ㄷ, ㅂ]으로 발음한다. → 음절의 끝소리 규칙

🔖 떠먹여 주는 **출.좋.포** 제9항

음절의 끝소리 규칙

　　　닭다[닥따]　　　　　　키읔[키윽]　　　　　　키읔과[키윽꽈]
　　　있다[읻따]　　　　　　젖[젇]　　　　　　　　빚다[빋따]
　　　솥[솓]　　　　　　　　뱉다[밷ː따]　　　　　　앞[압]

[Q3] 올바른 표준 발음을 적으시오.

부엌 [부억]	밖 [박]
낮 [낟]	낯 [낟]
낟 [낟]	낫 [낟]
낫다 [낟따]	낮다 [낟따]
밭 [받]	갔다 [간따]
웃다 [욷따]	젖 [젇]
앞 [압]	앞이 [아피]
앞과 [압꽈]	빚다 [빋따]
빚어 [비저]	덮다 [덥따]
덮음 [더픔]	있었다 [이썬따]
키읔 [키윽]	피읖 [피읍]
지읒 [지읃]	히읗 [히은]
티읕 [티읃]	솟다 [솓따]

🔖 떠먹여 주는 **출.좋.포**

❶ 7　❷ 음절의 끝소리 규칙
❸ 자음군 단순화

[Q3] 올바른 표준 발음을 적으시오.

부엌 [　　]	밖 [　　]
낮 [　　]	낯 [　　]
낱 [　　]	낫 [　　]
낫다 [　　]	낮다 [　　]
밭 [　　]	갔다 [　　]
웃다 [　　]	젖 [　　]
앞 [　　]	앞이 [　　]
앞과 [　　]	빚다 [　　]
빚어 [　　]	덮다 [　　]
덮음 [　　]	있었다 [　　]
키읔 [　　]	피읖 [　　]
지읒 [　　]	히읗 [　　]
티읕 [　　]	솟다 [　　]

제10항ㅣ 겹받침 'ㄳ', 'ㄵ', 'ㄼ, ㄽ, ㄾ', 'ㅄ'은 어말 또는 자음 앞에서 각각 [ㄱ, ㄴ, ㄹ, ㅂ]으로 발음한다. → 자음군 단순화

🧴 떠먹여 주는 🔑.🔑.🔑 제10항

'❶____, ❷____, ❸____'을 제외한 겹받침은 보통 앞 자음이 발음된다.

넓다[널따]　　넋과[넉꽈]　　앉다[안따]　　여덟[여덜]
외곬[외골]　　핥다[할따]　　값[갑]　　없다[업ː따]

다만, '밟-'은 자음 앞에서 [밥]으로 발음하고, '넓-'은 다음과 같은 경우에 [넙]으로 발음한다.
밟다[밥ː따]　　　　　　밟소[밥ː쏘]
넓-죽하다[넙쭈카다]　　넓-둥글다[넙뚱글다]

🧴 떠먹여 주는 🔑.🔑.🔑 제10항 다만

'❹____-'과 복합어의 일부인 '❺____-'은 모두 'ㄼ' 중 'ㅂ'이 발음된다.

떠먹여 주는 🔑.🔑.🔑

❶ ㄵ ❷ ㄺ ❸ ㄼ ❹ 밟
❺ 넓

[Q4] 올바른 표준 발음을 적으시오.

넋 [넉]	넋이 [넉씨]
넋과 [넉꽈]	앉고 [안꼬]
여덟 [여덜]	밟다 [밥:따]
넓다 [널따]	외곬 [외골]
값 [갑]	값지다 [갑찌다]
넓죽하다 [넙쭈카다]	넓둥글다 [넙뚱글다]
밟네 [밤:네]	외곬으로 [외골쓰로]

[Q4] 올바른 표준 발음을 적으시오.

넋 [ ]	넋이 [ ]
넋과 [ ]	앉고 [ ]
여덟 [ ]	밟다 [ ]
넓다 [ ]	외곬 [ ]
값 [ ]	값지다 [ ]
넓죽하다 [ ]	넓둥글다 [ ]
밟네 [ ]	외곬으로 [ ]

제11항 | 겹받침 'ㄺ, ㄻ, ㄿ'은 어말 또는 자음 앞에서 각각 [ㄱ, ㅁ, ㅂ]으로 발음한다.

닭[닥]　　　　　　흙과[흑꽈]　　　　　　맑다[막따]
늙지[늑찌]　　　　삶[삼:]　　　　　　　젊다[점:따]
읊고[읍꼬]　　　　읊다[읍따]

🔫 떠먹여 주는 🥤.🥤.🥤 **제11항**

'❶____, ❷____, ❸____'는 뒤 자음이 발음된다. = 자음군 단순화

다만, 용언의 어간 말음 'ㄺ'은 'ㄱ' 앞에서 [ㄹ]로 발음한다.

맑게[말게]　　　　　　묽고[물꼬]　　　　　　얽거나[얼꺼나]

🔫 떠먹여 주는 🥤.🥤.🥤 **제11항 다만**

동사, 형용사 'ㄺ' 뒤에 'ㄱ'이 합쳐지면 '❹____/ㄲ'으로 발음된다.

떠먹여 주는 🥤.🥤.🥤
❶ ㄻ　❷ ㄺ　❸ ㄿ　❹ ㄹ

[Q5] 올바른 표준 발음을 적으시오.

닭 [닥]	닭을 [달글]
닭과 [닥꽈]	맑다 [막따]
맑고 [말꼬]	맑게 [말께]
늙자 [늑짜]	늙거나 [늘꺼나]
삶 [삼]	삶과 [삼과]
삶은 [살믄] 달걀	기슭 [기슥]
읊다 [읍따]	읊기 [읍끼]
젊다 [점따]	굵직하다 [국찌카다]
갉작갉작하다 [각짝깍짜카다]	굵다랗다 [국따라타]
늙수그레하다 [늑쑤그레하다]	얽죽얽죽하다 [억쭉걱쭈카다]

[Q5] 올바른 표준 발음을 적으시오.

닭 [ ]	닭을 [ ]
닭과 [ ]	맑다 [ ]
맑고 [ ]	맑게 [ ]
늙자 [ ]	늙거나 [ ]
삶 [ ]	삶과 [ ]
삶은 [ ] 달걀	기슭 [ ]
읊다 [ ]	읊기 [ ]
젊다 [ ]	굵직하다 [ ]
갉작갉작하다 [ ]	굵다랗다 [ ]
늙수그레하다 [ ]	얽죽얽죽하다 [ ]

해설

'ㄺ' 받침은 [ㄹ]로 자음군 단순화된다. 그 이후에 뒤의 'ㄴ'이 앞의 'ㄹ'에서 'ㄹ' 소리로 동화되는 유음화가 일어나 [끌레]로 소리난다. 🔒 ②

오답풀이 ① 3. 'ㅎ' 뒤에 'ㄴ'이 결합되는 경우에는, [ㄴ]으로 발음한다. ③ 2. 'ㅎ(ㄶ, ㅀ)' 뒤에 'ㅅ'이 결합되는 경우에는, 'ㅅ'을 [ㅆ]으로 발음한다. ④ 1. 'ㅎ(ㄶ, ㅀ)' 뒤에 'ㄱ, ㄷ, ㅈ'이 결합되는 경우에는, 뒤 음절 첫소리와 합쳐서 [ㅋ, ㅌ, ㅊ]으로 발음한다.

최빈출 亦功 기출

표준발음법 제12항을 고려할 때 표준 발음으로 옳은 것은?

「표준어 규정」제2부 표준 발음법
제12항 받침 ㅎ 의 발음은 다음과 같다.
1. 'ㅎ(ㄶ, ㅀ)' 뒤에 'ㄱ, ㄷ, ㅈ'이 결합되는 경우에는, 뒤 음절 첫소리와 합쳐서 [ㅋ, ㅌ, ㅊ]으로 발음한다.
2. 'ㅎ(ㄶ, ㅀ)' 뒤에 'ㅅ'이 결합되는 경우에는, 'ㅅ'을 [ㅆ]으로 발음한다.
3. 'ㅎ' 뒤에 'ㄴ'이 결합되는 경우에는, [ㄴ]으로 발음한다.
4. 'ㅎ(ㄶ, ㅀ)' 뒤에 모음으로 시작된 어미나 접미사가 결합되는 경우에는, 'ㅎ'을 발음하지 않는다.

① 나의 마음이 닿는[닫는] 데까지 해보겠다.
② 와, 찌개가 맛있게 끓네[끌레].
③ 흰둥이가 강아지를 낳습니다[낟씀니다].
④ 희망을 절대로 놓지[논찌] 마라.

최빈출 亦功 기출

밑줄 친 ㉠을 고려할 때 표준 발음으로 옳지 않은 것은?

2017. 서울시 사회복지직 9급

> 「표준어 규정」제2부 표준 발음법
>
> 제12항 받침 ㅎ 의 발음은 다음과 같다.
>
> 4. ㉠'ㅎ(ㄶ, ㅀ)' 뒤에 모음으로 시작된 어미나 접미사가 결합되는 경우에는, 'ㅎ'을 발음하지 않는다.
>
>> 낳은[나은], 쌓이다[싸이다], 많아[마:나], 싫어도[시러도]……

① 바지가 다 닳아서[다라서] 못 입게 되었다.

② 저녁 반찬으로 찌개를 끓이고[끄리고] 있다.

③ 가지고 온 책은 책상 위에 놓아[노아] 두렴.

④ 기회를 놓치지 않은[안는] 사람이 결국에는 성공하더라.

해설

'않은'의 '-은' 모음으로 시작하는 어미이이므로 'ㅎ'이 탈락되어 [안는]이 아니라 [아는]으로 발음된다.

🔓 ④

오답풀이 ①②③ '닳아서'에서 '-아서', '끓이고'에서 '-이-', '놓아'에서 '-아'는 각각 모음으로 시작하는 '연결 어미, 사동 접미사, 연결 어미'이다. 이들은 모음으로 시작된 어미나 접미사(형식 형태소)이므로 'ㅎ'이 탈락되어 [다라서], [끄리고], [노아]라고 발음하게 된다.

제12항 | 받침 'ㅎ'의 발음은 다음과 같다.

1. 'ㅎ'과 'ㄱ, ㄷ, ㅈ'이 결합되는 경우에는, 뒤 음절 첫소리와 합쳐서 [ㅋ, ㅌ, ㅊ]으로 발음한다.

놓고[노코]	좋던[조:턴]	쌓지[싸치]
많고[만:코]	않던[안턴]	닳지[달치]
각하[가카]	먹히다[머키다]	밝히다[발키다]
맏형[마텽]	좁히다[조피다]	넓히다[널피다]
꽂히다[꼬치다]	앉히다[안치다]	
옷 한 벌[오탄벌]	낮 한때[나탄때]	
꽃 한 송이[꼬탄송이]	숱하다[수타다]	

2. 'ㅎ(ㄶ, ㅀ)' 뒤에 'ㅅ'이 결합되는 경우에는, 'ㅅ'을 [ㅆ]으로 발음한다.

닿소[다:쏘]	많소[만:쏘]	싫소[실쏘]

3. 'ㅎ' 뒤에 'ㄴ'이 결합되는 경우에는, [ㄴ]으로 발음한다.

놓는[논는]	쌓네[싼네]

붙임 'ㄶ, ㅀ' 뒤에 'ㄴ'이 결합되는 경우에는, 'ㅎ'을 발음하지 않는다.

않네[안네]	않는[안는]	뚫네[뚤네 → 뚤레]	뚫는[뚤는 → 뚤른]

4. 'ㅎ(ㄶ, ㅀ)' 뒤에 모음으로 시작된 어미나 접미사가 결합되는 경우에는, 'ㅎ'을 발음하지 않는다.

낳은[나은]	놓아[노아]	쌓이다[싸이다]	많아[마:나]
않은[아는]	닳아[다라]	싫어도[시러도]	

떠먹여 주는 출.흥.포 제12항

받침 'ㅎ'의 발음

1. 자음 축약

2. ❶___ + ❷___ = ❸___

3. 음절의 끝소리 규칙 후 비음화

[붙임] ㄶ : 않는[안는] : ㅎ 탈락
ㅀ : 끓네[끌레] : ㅎ 탈락 후 유음화

4. ❹___ 탈락

[Q6] 올바른 표준 발음을 적으시오.

각하 [가카]	맏형 [마텽]
좋던 [조턴]	국 한 그릇 [구칸그륻]
닳지 [달치]	밝히다 [발키다]
놓고 [노코]	쌓지 [싸치]
꼿꼿하다 [꼳꾸타다]	몇 할 [며탈]
옷 한 벌 [오탄벌]	숱하다 [수타다]
꽃 한 송이 [꼬탄송이]	넓히다 [널피다]
앉히다 [안치다]	밥 한 그릇 [바판그륻]
쌓네 [싼네]	놓는 [논는]
싫소 [실쏘]	닿소 [다:쏘]
끓사오니 [끌싸오니]	싫증 [실쯩]
낮 한때 [나탄때]	못 희망 [무티망]
앓네 [알네 → 알레]	앓는 [알는 → 알른]
쌓이다 [싸이다]	닳아 [다라]
싫어도 [시러도]	많아 [마:나]
닳소 [달쏘]	않은 [아는]
앓네 [안네]	먹히다 [머키다]

[Q6] 올바른 표준 발음을 적으시오.

각하 [　　　]	맏형 [　　　]
좋던 [　　　]	국 한 그릇 [　　　]
닳지 [　　　]	밝히다 [　　　]
놓고 [　　　]	쌓지 [　　　]
꿋꿋하다 [　　　]	몇 할 [　　　]
옷 한 벌 [　　　]	숱하다 [　　　]
꽃 한 송이 [　　　]	넓히다 [　　　]
앉히다 [　　　]	밥 한 그릇 [　　　]
쌓네 [　　　]	놓는 [　　　]
싫소 [　　　]	닿소 [　　　]
끓사오니 [　　　]	싫증 [　　　]
낮 한때 [　　　]	뭇 희망 [　　　]
앓네 [　　　]	않는 [　　　]
쌓이다 [　　　]	닳아 [　　　]
싫어도 [　　　]	많아 [　　　]
닳소 [　　　]	않은 [　　　]
않네 [　　　]	먹히다 [　　　]

[Q7] 올바른 표준 발음에 ○표 하시오.

전화 [전화, 저놔]	불화 [불화, 부롸]
신화 [신화, 시놔]	철학 [철학, 처락]
고향 [고향, 고양]	면허 [면:허, 며:너]
실학 [실학, 시락]	문학 [문학, 무낙]
신선하다[신선하다, 신서나다]	셈하다 [셈:하다, 세:마다]
주저하다 [주저하다, 주저아다]	진술하다 [진술:하다, 진수:라다]

[Q7] 올바른 표준 발음에 ○표 하시오.

전화 [전화, 저놔]	불화 [불화, 부롸]
신화 [신화, 시놔]	철학 [철학, 처락]
고향 [고향, 고양]	면허 [면:허, 며:너]
실학 [실학, 시락]	문학 [문학, 무낙]
신선하다 [신선하다, 신서나다]	셈하다 [셈:하다, 세:마다]
주저하다 [주저하다, 주저아다]	진술하다 [진술:하다, 진수:라다]

제13항 | 홑받침이나 쌍받침이 모음으로 시작된 조사나 어미, 접미사와 결합되는 경우에는 제 음가대로 뒤 음절 첫소리로 옮겨 발음한다.

떠먹여 주는 **출.춬.포** 제13항

모음 ❶_____ 형태소가 오는 경우에는 ❷_____ 된다.

[Q8] 올바른 표준 발음에 ○표 하시오.

꽃이 [꼬치, 꼬시]	꽂았다 [꼬잣따, 꼬삳따]
무릎에 [무르페, 무르베]	무릎 위 [무르퓌, 무르뷔]
부엌이 [부어키, 부어기]	부엌 안 [부어칸, 부어간]
바깥을 [바까틀, 바까츨]	바깥이 [바까티, 바까치, 바까시]
바깥만 [바깐만, 바깐만]	밭을 [바틀, 바츨]
밭이 [바티, 바치]	밭만 [받만, 반만]
붙이다 [부티다, 부치다]	

[Q8] 올바른 표준 발음에 ○표 하시오.

꽃이 [꼬치, 꼬시]	꽂았다 [꼬잣따, 꼬삳따]
무릎에 [무르페, 무르베]	무릎 위 [무르퓌, 무르뷔]
부엌이 [부어키, 부어기]	부엌 안 [부어칸, 부어간]
바깥을 [바까틀, 바까츨]	바깥이 [바까티, 바까치, 바까시]
바깥만 [바깐만, 바깐만]	밭을 [바틀, 바츨]
밭이 [바티, 바치]	밭만 [받만, 반만]
붙이다 [부티다, 부치다]	

[Q9] 올바른 표준 발음을 적으시오.

깎아 [까까]	좇아 [조차]
덮이다 [더피다]	젖이 [저지]
낮이 [나지]	꼽았다 [꼬받따]

[Q9] 올바른 표준 발음을 적으시오.

깎아 [ ]	좇아 [ ]
덮이다 [ ]	젖이 [ ]
낮이 [ ]	꼽았다 [ ]

떠먹여 주는 **출.춬.포**
❶ 형식 ❷ 연음

제14항 | 겹받침이 모음으로 시작된 조사나 어미, 접미사와 결합되는 경우에는, 뒤엣것만을 뒤 음절 첫소리로 옮겨 발음한다(이 경우, 'ㅅ'은 된소리로 발음함).

떠먹여 주는 🍚.🍚.표 제14항

모음 ❶_____ 형태소가 오는 경우에는 ❷_____한다.

다만, 겹받침이 '❸___'으로 끝나는 경우에는 '❹___'을 ❺_____로 발음한다.

[Q10] 올바른 표준 발음에 ○표 하시오.

넋을 [넉슬, 넉쓸]	닭에 [달게, 다게]
젊은 [절믄, 저믄]	없어 [업서, 업써]
외곬으로 [외고르로, 외골스로, 외골쓰로]	삶이[사기, 삭시, 삭씨]
값의 [갑식, 갑세, 갑씩, 갑쎄]	읊었다 [을펃따, 을퍼따, 으벋따]
삶에 [살메, 사메]	않아 [안하, 아나]
훑이다 [훌티다, 훌치다]	핥이다 [할티다, 할치다]
닭의난초 [달긔난초, 달게난초, 달기난초, 다긔난초, 다게난초]	

[Q10] 올바른 표준 발음에 ○표 하시오.

넋을 [넉슬, 넉쓸]	닭에 [달게, 다게]
젊은 [절믄, 저믄]	없어 [업서, 업써]
외곬으로 [외고르로, 외골스로, 외골쓰로]	삶이[사기, 삭시, 삭씨]
값의 [갑식, 갑세, 갑씩, 갑쎄]	읊었다 [을펃따, 을퍼따, 으벋따]
삶에 [살메, 사메]	않아 [안하, 아나]
훑이다 [훌티다, 훌치다]	핥이다 [할티다, 할치다]
닭의난초 [달긔난초, 달게난초, 달기난초, 다긔난초, 다게난초]	

떠먹여 주는 🍚.🍚.표

❶ 형식 ❷ 연음 ❸ ㅅ ❹ ㅅ
❺ 된소리

- 낫으로[나스로]: '낫으로'는 '받침으로 끝난 실질 형태소+모음으로 시작하는 형식 형태소'의 구조이므로 연음되어 [나스로]로 발음한다.
- 헛웃음[허두슴]: '헛웃음'은 '받침으로 끝난 실질 형태소+모음으로 시작하는 실질 형태소'의 구조이다. 이 경우에는 음절의 끝소리 규칙이 일어나 [헌우슴]이 된 후, 연음이 일어나 [허두슴]으로 최종 발음된다.
- 엷다[열:따]: 'ㄼ'는 [ㄹ]로 소리나므로 '엷다'는 [열따]로 발음된다. (비슷한 예로는 '여덟[여덜]', '넓다[널따], 얇다[얄따], 짧다[짤따], 떫다[떨:따], 섧다[설:따],' 등이 있다.)'ㄼ' 뒤에서는 된소리가 된다.
- 밟지[밥:찌]: '밟-'은 자음 앞에서 [밥]으로 발음한다. 'ㄼ' 뒤에서는 된소리가 된다.

🔓 ②

최빈출 亦功 기출

다음 단어들의 표준 발음으로 옳은 것은?

> 낫으로, 헛웃음, 엷다, 밟지

① [나드로], [허수슴], [엽:따], [밥:찌]
② [나스로], [허두슴], [열:따], [밥:찌]
③ [나드로], [허두슴], [엽:따], [발:찌]
④ [나스로], [허수슴], [열:따], [밥:찌]

제15항 | 받침 뒤에 모음 'ㅏ, ㅓ, ㅗ, ㅜ, ㅟ'들로 시작되는 실질 형태소가 연결되는 경우에는, 대표음으로 바꾸어서 뒤 음절 첫소리로 옮겨 발음한다.

다만, '맛있다[마딛따], 멋있다[머딛따]'는 [마싣따], [머싣따]로도 발음할 수 있다.

🧴 떠먹여 주는 **출.좋.포** 제15항

제11항 | 모음 ❶_____ 형태소가 오는 경우에는 홑받침이든 쌍받침이든 겹받침이든 ❷_____ 후 ❸_____ 한다.

다만, '맛있다[마딛따], 멋있다[머딛따]' 이 2개만 [마딛따], [머딛따](원칙) / [마싣따], [머싣따](허용)으로 발음된다.

[Q11] 올바른 표준 발음에 ○표 하시오.

넋 있다 [넉씯따, 넉씯다, <u>너긷따</u>, 너긷다]	늪 안에 [느파네, <u>느바네</u>]
밭 아래 [바타래, <u>바다래</u>]	멋없다 [머섭따, <u>머덥따</u>]
젖어미 [<u>저더미</u>, 저저미]	헛웃음 [<u>허두슴</u>, 허수슴]
꽃 아래 [꼬차래, <u>꼬다래</u>]	값어치 [<u>가버치</u>, 갑서치, 갑써치]
멋있다 [머디따, 머시따, <u>머딛따</u>, <u>머싣따</u>]	맛있다 [마디따, 마시따, <u>마딛따</u>, <u>마싣따</u>]

[Q11] 올바른 표준 발음에 ○표 하시오.

넋 있다 [넉씯따, 넉씯다, 너긷따, 너긷다]	늪 안에 [느파네, 느바네]
밭 아래 [바타래, 바다래]	멋없다 [머섭따, 머덥따]
젖어미 [저더미, 저저미]	헛웃음 [허두슴, 허수슴]
꽃 아래 [꼬차래, 꼬다래]	값어치 [가버치, 갑서치, 갑써치]
멋있다 [머디따, 머시따, 머딛따, 머싣따]	맛있다 [마디따, 마시따, 마딛따, 마싣따]

떠먹여 주는 **출.좋.포**

❶ 실질 ❷ 대표음화 ❸ 연음

최빈출 亦功 기출

다음의 밑줄 친 부분에 대한 표준 발음으로 옳은 것은?

① 그녀의 얼굴에는 더 이상 애써 짓는 <u>헛웃음[허수슴]</u>은 보이지 않았다.

② 관객들이 <u>썰물[썰:물]</u>처럼 빠져나갔다.

③ 30분 동안 앉아 있었더니 <u>무릎이[무르비]</u> 저리다.

④ 연변에 살던 분들은 한글 자모 '<u>지읒을[지으슬]</u>' 서울사람과는 달리 발음한다.

> **제16항 |** 한글 자모의 이름은 그 받침소리를 연음하되, 'ㄷ, ㅈ, ㅊ, ㅋ, ㅌ, ㅍ, ㅎ'의 경우에는 특별히 다음과 같이 발음한다.

🧴 떠먹여 주는 **흥·흥·포** 제16항

한글 자모의 이름은 ❶_____ 후에 ❷____ 한다.

다만, 음절의 끝소리 규칙이 적용되어 '❸___'으로 발음된 것들은 모두 '❹___'으로 바꿔서 연음한다.

디귿이[디그시]	디귿을[디그슬]	디귿에[디그세]
지읒이[지으시]	지읒을[지으슬]	지읒에[지으세]
치읓이[치으시]	치읓을[치으슬]	치읓에[치으세]
키읔이[키으기]	키읔을[키으글]	키읔에[키으게]
티읕이[티으시]	티읕을[티으슬]	티읕에[티으세]
피읖이[피으비]	피읖을[피으블]	피읖에[피으베]
히읗이[히으시]	히읗을[히으슬]	히읗에[히으세]

[Q12] 올바른 표준 발음에 ○표 하시오.

디귿 [디귿, 디긋]	디귿이 [디그디, 디그시]
지읒 [지읃, 지읏]	지읒이 [지으지, 지으시]
치읓 [치읃, 치읏]	치읓이 [치으치, 치으시]
키읔 [키윽, 키읔]	키읔이 [키으키, 키으기]
티읕 [티읃, 티읏]	티읕이 [티으티, 티으시]
피읖 [피읖, 피읍]	피읖이 [피으피, 피으비]
히읗 [히읃, 히읏]	히읗이 [히으히, 히으시]

해설

한글 자음이 연음하는 경우에는 [지으즐]이 아니라 [지으슬]이 옳다.

🔓 ④

오답풀이 ① 헛웃음 : [헛웃음 → (음절의 끝소리 규칙, 연음) → 허두슴]

② 표준 발음법 제7항, 붙임에 의하면 '밀-물, 썰-물, 쏜-살-같이, 작은-아버지'와 같은 합성어에서는 본디의 길이에 관계없이 짧게 발음하므로 [썰물]이 옳다.

③ 무릎이 : 모음으로 시작하는 형식 형태소가 오는 경우에는 그대로 연음되므로 [무르피]가 옳다.

💬 **자주 헷갈리는 한글 자모의 이름**
기역, 키읔 / 디귿, 티읕 / 시옷

떠먹여 주는 **흥·흥·포**

❶ 음절의 끝소리 규칙 ❷ 연음
❸ ㄷ ❹ ㅅ

[Q12] 올바른 표준 발음에 ○표 하시오.

디귿 [디귿, 디귿]	디귿이 [디그디, 디그시]
지읒 [지은, 지읒]	지읒이 [지으지, 지으시]
치읓 [치은, 치읏]	치읓이 [치으치, 치으시]
키읔 [키윽, 키윽]	키읔이 [키으키, 키으기]
티읕 [티은, 티읏]	티읕이 [티으티, 티으시]
피읖 [피읖, 피읍]	피읖이 [피으피, 피으비]
히읗 [히은, 히읏]	히읗이 [히으히, 히으시]

제5장 음의 동화

제17항ㅣ 받침 'ㄷ, ㅌ(ㄾ)'이 조사나 접미사의 모음 'ㅣ'와 결합되는 경우에는, [ㅈ, ㅊ]으로 바꾸어서 뒤 음절 첫소리로 옮겨 발음한다.

붙임 'ㄷ' 뒤에 접미사 '히'가 결합되어 '티'를 이루는 것은 [치]로 발음한다.

떠먹여 주는 흡.흡.亞 제17항

'ㄷ,ㅌ' 뒤에 ❶ _____ 가 오는 경우 'ㅈ,ㅊ'으로 교체된다. → 구개음화

붙임 'ㄷ' 뒤에 접미사 '히'가 자음 축약되어 '티'가 되면 구개음화가 적용되어 [치]로 발음된다.

[Q13] 올바른 표준 발음에 ○표 하시오.

밭이 [바티, 바치]	밭을 [바틀, 바츨]
굳이 [구디, 구지]	굳히다 [구티다, 구치다]
맏이 [마디, 마지]	맏양반 [마댱반, 만냥반, 마쟝반, 마장반]
묻어 [무더, 무저]	묻히다 [무티다, 무치다]
낱낱이 [낟나치, 낟나티, 난나치]	낱알 [나탈, 나달]
곧이듣다 [고디듣따, 고지듣따]	미닫이 [미다디, 미다지]
벼훑이 [벼훌티, 벼훌치]	홑이불 [호디불, 혼니불, 호치불]
밭이랑 [바디랑, 반니랑, 바치랑]	해돋이 [해도디, 해도지]

💬 **구개음화가 일어나지 않는 경우**
1. 받침 'ㄷ, ㅌ' 뒤에 'ㅣ'나 반모음 'ㅣ'로 시작하는 실질 형태소가 오는 경우에는 구개음화가 일어나지 않는다. 'ㄴ'이 첨가되기 때문이다.
   예 홑이불[혼니불], 밭이랑[반니랑], 맏양반[만냥반]
2. 형태소 내부
   (하지만 중세국어에서는 '디내다', '텬지'처럼 형태소 내부에서 구개음화가 일어나 '지내다', '천지'가 되었다.)

떠먹여 주는 흡.흡.亞
❶ ㅣ, ㅣ 형식 형태소

[Q13] 올바른 표준 발음에 ○표 하시오.

밭이 [바티, 바치]	밭을 [바틀, 바츨]
굳이 [구디, 구지]	굳히다 [구티다, 구치다]
맏이 [마디, 마지]	맏양반 [마댱반, 만냥반, 마쟝반, 마장반]
묻어 [무더, 무저]	묻히다 [무티다, 무치다]
낱낱이 [낟나치, 낟나티, 난나치]	낱알 [나탈, 나달]
곧이듣다 [고디듣따, 고지듣따]	미닫이 [미다디, 미다지]
벼훑이 [벼훌티, 벼훌치]	홑이불 [호디불, 혼니불, 호치불]
밭이랑 [바디랑, 반니랑, 바치랑]	해돋이 [해도디, 해도지]

제18항| 받침 'ㄱ(ㄲ, ㅋ, ㄳ, ㄺ), ㄷ(ㅅ, ㅆ, ㅈ, ㅊ, ㅌ, ㅎ), ㅂ(ㅍ, ㄼ, ㄿ, ㅄ)'은 'ㄴ, ㅁ' 앞에서 [ㅇ, ㄴ, ㅁ]으로 발음한다. → 역행적 비음화

먹는[멍는]	국물[궁물]	깎는[깡는]	키읔만[키응만]
몫몫이[몽목씨]	긁는[긍는]	흙만[흥만]	닫는[단는]
짓는[진:는]	옷맵시[온맵씨]	있는[인는]	맞는[만는]
젖멍울[전멍울]	쫓는[쫀는]	꽃망울[꼰망울]	붙는[분는]
놓는[논는]	잡는[잠는]	밥물[밤물]	앞마당[암마당]
밟는[밤:는]	읊는[음는]	없는[엄:는]	

[붙임] 두 단어를 이어서 한 마디로 발음하는 경우에도 이와 같다.

책 넣는다[챙넌는다]	흙 말리다[흥말리다]	옷 맞추다[온맏추다]
밥 먹는다[밤멍는다]	값 매기다[감매기다]	

떠먹여 주는 **흫.흫.쯔** 제18항 역행적 비음화

받침 '❶___, ❷___, ❸___' + 'ㅁ, ㄴ' = [❹___, ❺___, ❻___]

[붙임] 두 단어를 이어서 한 마디로 발음하는 것은 하나의 단어로 발음하는 것과 같으므로 비음화가 적용된다.

[Q14] 올바른 표준 발음을 적으시오.

먹는 [멍는]	국물 [궁물]
깎는 [깡는]	히읗만 [히은만]
피읖만 [피음만]	티읕만 [티은만]
지읒만 [지은만]	밟는 [밤:는]
흙만 [흥만]	쫓는 [쫀는]
젖멍울 [전멍울]	읊는 [음는]
책 넣는다 [챙넌는다]	흙 말리다 [흥말리다]
값 매기다 [감매기다]	옷맵시 [온맵씨]
닭날 [당날]	닭니 [당니]

떠먹여 주는 **흫.흫.쯔**
❶ ㅂ ❷ ㄷ ❸ ㄱ ❹ ㅁ
❺ ㄴ ❻ ㅇ

[Q14] 올바른 표준 발음을 적으시오.

먹는 [ ]	국물 [ ]
깎는 [ ]	히읗만 [ ]
피읖만 [ ]	티읕만 [ ]
지읒만 [ ]	밟는 [ ]
흙만 [ ]	쫓는 [ ]
젖멍울 [ ]	읊는 [ ]
책 넣는다 [ ]	흙 말리다 [ ]
값 매기다 [ ]	옷맵시 [ ]
닭날 [ ]	닭니 [ ]

제19항| 받침 'ㅁ, ㅇ' 뒤에 연결되는 'ㄹ'은 [ㄴ]으로 발음한다. → 순행적 비음화

담력[담:녁]   침략[침:냑]   강릉[강능]   항로[항:노]   종로[종노]

붙 임 받침 'ㄱ, ㅂ' 뒤에 연결되는 'ㄹ'도 [ㄴ]으로 발음한다. → 상호적 비음화

막론[막논 → 망논]   석류[석뉴 → 성뉴]
협력[협녁 → 혐녁]   법리[법니 → 범니]

🔦 떠먹여 주는 **출.좋.포**   제19항 순행적 비음화, 상호적 비음화

제19항| 'ㅁ, ㅇ' + '❶___' = [ㄴ]

붙 임 받침 '❷___, ❸___' + '❹___' = [ㄴ]

[Q15] 올바른 표준 발음에 ○표 하시오.

종로 [종노, 종로]	담력 [담:녁, 담:력]
강릉 [강릉, 강능]	침략 [침:략, 침:냑]

[Q15] 올바른 표준 발음에 ○표 하시오.

종로 [종노, 종로]	담력 [담:녁, 담:력]
강릉 [강릉, 강능]	침략 [침:략, 침:냑]

떠먹여 주는 **출.좋.포**
❶ ㄹ ❷ ㄱ ❸ ㅂ ❹ ㄹ

[Q16] 올바른 표준 발음을 쓰시오.

막론 [막논 → 망논]	석류 [석뉴 → 성뉴]
협력 [협녁 → 혐녁]	법리 [법니 → 범니]
대통령 [대:통녕]	

[Q16] 올바른 표준 발음을 쓰시오.

막론 [→]	석류 [→]
협력 [→]	법리 [→]
대통령 [ ]	

제20항 | 'ㄴ'은 'ㄹ'의 앞이나 뒤에서 [ㄹ]로 발음한다.

    1. 난로[날:로]　　　　신라[실라]　　　　천리[철리]
       광한루[광:할루]　　　대관령[대:괄령]

    2. 칼날[칼랄]　　　　물난리[물랄리]　　　줄넘기[줄럼끼]
       할는지[할른지]

[붙임] 첫소리 'ㄴ'이 'ㅀ', 'ㄾ' 뒤에 연결되는 경우에도 이에 준한다.
      닳는[달른]　　　　　뚫는[뚤른]　　　　　핥네[할레]

다만, 다음과 같은 단어들은 'ㄹ'을 [ㄴ]으로 발음한다.
      의견란[의:견난]　　　임진란[임:진난]　　　생산량[생산냥]
      결단력[결딴녁]　　　공권력[공꿘녁]　　　동원령[동:원녕]
      상견례[상견녜]　　　횡단로[횡단노]　　　이원론[이:원논]
      입원료[이붠뇨]　　　구근류[구근뉴]

🧴 떠먹여 주는 **흘.흘.표** 제20항 유음화 & 예외

   제20항 | 'ㄴ'과 'ㄹ'이 인접하면 '**❶____**'이 이긴다.

   [붙임] 받침 'ㅀ', 'ㄾ', 'ㄼ' 'ㅀ' 뒤에 'ㄴ'이 오면 **❷_____** 가 일어난 후 **❸____** 가 일어난다.

   'ㄹ'로 시작하는 받침들 : ㄺ ㄻ ㄼ ㄽ ㄾ ㄿ ㅀ

   다만, 유음화의 예외 : **❹____** 구성의 한자어

떠먹여 주는 **흘.흘.표**

❶ ㄹ　❷ 자음군 단순화
❸ 유음화　❹ 2+1

[Q17] 올바른 표준 발음에 ○표 하시오.

난로 [난:로, 날:로]	천리 [천리, 철리]
대관령 [대:괄령, 대:관녕]	광한루 [광 : 할루, 광:한누]
선릉 [설릉, 선능]	끓니 [끈니, 끌리]
물난리 [물랄리, 물날리]	할는지 [할른지, 할는지]
줄넘기 [줄넘끼, 줄럼끼]	닳는 [달는, 달른]
훑네 [훌네, 훌레]	떡볶이 먹을 날 [떡뽀끼머글랄, 떡보끼먹을랄]
권력 [권녁, 궐력]	공권력 [공꿘녁, 공궐력]
원령 [원녕, 월령]	동원령 [동:원녕, 동:월령]
원료 [원뇨, 월료]	입원료 [이붠뇨, 이붤료]
의견란 [의:견난, 의:결란]	임진란 [임:진난, 임:질란]
생산량 [생살량, 생산냥]	결단력 [결딸력, 결딴녁]
상견례 [상견녜, 상결례]	횡단로 [횡단노, 횡달로]
이원론 [이:월론, 이:원논]	구근류 [구글류, 구근뉴]

[Q17] 올바른 표준 발음에 ○표 하시오.

난로 [난:로, 날:로]	천리 [천리, 철리]
대관령 [대:괄령, 대:관녕]	광한루 [광:할루, 광:한누]
선릉 [설릉, 선능]	끓니 [끈니, 끌리]
물난리 [물랄리, 물날리]	할는지 [할른지, 할는지]
줄넘기 [줄넘끼, 줄럼끼]	닳는 [달는, 달른]
훑네 [훌네, 훌레]	떡볶이 먹을 날 [떡뽀끼머글랄, 떡보끼먹을랄]
권력 [권녁, 궐력]	공권력 [공꿘녁, 공궐력]
원령 [원녕, 월령]	동원령 [동:원녕, 동:월령]
원료 [원뇨, 월료]	입원료 [이붠뇨, 이붤료]
의견란 [의:견난, 의:결란]	임진란 [임:진난, 임:질란]
생산량 [생살량, 생산냥]	결단력 [결딸력, 결딴녁]
상견례 [상견녜, 상결례]	횡단로 [횡단노, 횡달로]
이원론 [이:월론, 이:원논]	구근류 [구글류, 구근뉴]

최빈출 亦功 기출

밑줄 친 발음이 표준 발음이 아닌 것은?

① 시계[시계/시게]
② 문법[문뻡/뭄뻡]
③ 합격에 대한 논의[노늬]
④ 충의의[충이에] 태도

제21항 | 위에서 지적한 이외의 자음 동화는 인정하지 않는다.

감기[감:기](×[강:기])   옷감[온깜](×[옥깜])
꽃길[꼳낄](×[꼭낄])   꽃밭[꼳빧](×[꼽빧])
젖먹이[전머기](×[점머기])   문법[문뻡](×[뭄뻡])

떠먹여 주는 音.重.平 제21항

❶_____, ❷_____는 표준 발음이 아니다.

1. 양순음화 : 양순음이 동화의 원인이며 ❸___에 위치한다.
2. 연구개음화 : 연구개음이 동화의 원인이며 ❹___에 위치한다.

[Q18] 올바른 표준 발음에 ○표 하시오.

건강[건:강, 겅:강]	신문[신문, 심문]
감기 [감:기, 강:기]	문법 [문뻡, 뭄뻡]
꽃밭 [꼳빧, 꼽빧]	있고 [읻꼬, 익꼬]
옷감 [온깜, 옥깜]	젖먹이 [전머기, 점머기]
꽃길 [꼳낄, 꼭낄]	숟가락 [숟까락, 숙까락]
꽃바구니 [꼳빠구니, 꼽빠구니]	

[Q18] 올바른 표준 발음에 ○표 하시오.

건강[건:강, 겅:강]	신문[신문, 심문]
감기 [감:기, 강:기]	문법 [문뻡, 뭄뻡]
꽃밭 [꼳빧, 꼽빧]	있고 [읻꼬, 익꼬]
옷감 [온깜, 옥깜]	젖먹이 [전머기, 점머기]
꽃길 [꼳낄, 꼭낄]	숟가락 [숟까락, 숙까락]
꽃바구니 [꼳빠구니, 꼽빠구니]	

해설
'문법'의 표준 발음은 [문뻡]만 옳으므로 [뭄뻡]은 옳지 않다. 뒤의 양순음 'ㅃ'이 앞의 'ㄴ'을 양순음화시켜 'ㅁ'으로 교체하게 하는 것을 '양순음화'라고 한다. 양순음화는 표준발음으로 인정하지 않는다. 🔒②

오답풀이 ① '예, 례'와 달리 '계, 메, 폐, 혜'는 [ㅖ](원칙), [ㅔ](허용)으로 발음된다. 따라서 [시계/시게] 모두 표준 발음이다.
③ [노늬](원칙), [노니](허용)로도 발음이 가능하다
④ [충의의], [충의에], [충이의], [충이에] 모두 가능하다.

떠먹여 주는 音.重.平
❶ 양순음화 ❷ 연구개음화
❸ 뒤 ❹ 뒤

제22항 | 다음과 같은 용언의 어미는 [어]로 발음함을 원칙으로 하되, [여]로 발음함도 허용한다.
→ 'ㅣ' 모음 순행동화, 반모음 'ㅣ' 첨가

| 되어[되어/되여] | 피어[피어/피여] |

붙임 '이오, 아니오'도 이에 준하여 [이요, 아니요]로 발음함을 허용한다.

[Q19] 올바른 표준 발음에 ○표 하시오.

되어 [<u>되어</u>, <u>되여</u>, 뒈어, 뒈여, 돼어, 돼여]	피어 [<u>피어</u>, 피여]
씌어 [<u>씌어</u>, 씌여]	끼어 [<u>끼어</u>, 끼여]
이오 [<u>이오</u>, 이요]	아니오 [<u>아니오</u>, 아니요]
띄어 [띄어, 띄여, <u>티어</u>, <u>티여</u>]	

[Q19] 올바른 표준 발음에 ○표 하시오.

되어 [되어, 되여, 뒈어, 뒈여, 돼어, 돼여]	피어 [피어, 피여]
씌어 [씌어, 씌여]	끼어 [끼어, 끼여]
이오 [이오, 이요]	아니오 [아니오, 아니요]
띄어 [띄어, 띄여, 티어, 티여]	

제6장 경음화

떠먹여 주는 흘.흘.쏘 **제24항~제27항**

1. ❶_____ + 예사 ❷_____ → 된소리
2. 어간 받침 '❸__, ❹__, ❺__, ❻__' 뒤
3. 한자음 '❼__' 뒤 '❽__, ❾__, ❿__'
4. 관형사형 어미 '⓫_____' 뒤 된소리

떠먹여 주는 흘.흘.쏘
❶ 안울림소리 ❷ 안울림소리
❸ ㄴ ❹ ㅁ ❺ ㄻ ❻ ㄿ
❼ ㄹ ❽ ㄷ ❾ ㅅ ❿ ㅈ
⓫ -(으)ㄹ

제23항 | 받침 'ㄱ(ㄲ, ㅋ, ㄳ, ㄹ), ㄷ(ㅅ, ㅆ, ㅈ, ㅊ, ㅌ), ㅂ(ㅍ, ㄼ, ㄿ, ㅄ)' 뒤에 연결되는 'ㄱ, ㄷ, ㅂ, ㅅ, ㅈ'은 된소리로 발음한다.

떠먹여 주는 혼.혼.포 제23항 된소리되기

안울림소리 + 예사 안울림 소리

국밥[국빱]	깎다[깍따]	넋받이[넉빠지]✛
닭장[닥짱]	칡범[칙뻠]	뻗대다[뻗때다]
있던[읻떤]	꽂고[꼳꼬]	꽃다발[꼳따발]
밭갈이[받까리]	솥전[솓쩐]✛	곱돌[곱똘]✛
옆집[엽찝]	넓죽하다[넙쭈카다]	읊조리다[읍쪼리다]
삯돈[삭똔]	옷고름[옫꼬름]	값지다[갑찌다]

✛ **넋받이** : 집 밖에서 죽은 사람의 넋을 위로하고 집으로 데려오기 위하여 하는 앉은굿

✛ **솥전** : 솥 몸의 바깥 중턱에 둘러 댄 전. 솥을 들거나 걸 때 씀.

✛ **곱돌** : 기름과 같은 광택이 있고 만지면 양초같이 매끈매끈한 암석과 광물의 총칭

[Q20] 올바른 표준 발음을 적으시오.

값지다 [갑찌다]	솥전 [솓쩐]
낯설다 [낟썰다]	꽂고 [꼳꼬]
국밥 [국빱]	뻗대다 [뻗때다]
옷고름 [옫꼬름]	있던 [읻떤]
넓죽하다 [넙쭈카다]	넓둥글다 [넙뚱글다]
곱돌 [곱똘]	덮개 [덥깨]
꽃다발 [꼳따발]	닭장 [닥짱]
넋받이 [넉빠지]	칡범 [칙뻠]
옆집 [엽찝]	넋받이 [넉빠지]
읊조리다 [읍쪼리다]	짓밟히다 [진빨피다]

[Q20] 올바른 표준 발음을 적으시오.

값지다 [　　　]	솥전 [　　　]
낯설다 [　　　]	꽂고 [　　　]
국밥 [　　　]	뻗대다 [　　　]
옷고름 [　　　]	있던 [　　　]
넓죽하다 [　　　]	넓둥글다 [　　　]
곱돌 [　　　]	덮개 [　　　]
꽃다발 [　　　]	닭장 [　　　]
넋받이 [　　　]	칡범 [　　　]
옆집 [　　　]	넋받이 [　　　]
읊조리다 [　　　]	짓밟히다 [　　　]

제24항 | 어간 받침 'ㄴ(ㄵ), ㅁ(ㄻ)' 뒤에 결합되는 어미의 첫소리 'ㄱ, ㄷ, ㅅ, ㅈ'은 된소리로 발음한다.

신고[신ː꼬]	껴안다[껴안따]	앉고[안꼬]	얹다[언따]
삼고[삼ː꼬]	더듬지[더듬찌]	닮고[담ː꼬]	젊지[점ː찌]

다만, 피동·사동의 접미사 '-기-'는 된소리로 발음하지 않는다.

안기다[안기다]	감기다[감기다]	굶기다[굼기다]	옮기다[옴기다]

제25항 | 어간 받침 'ㄼ, ㄾ' 뒤에 결합되는 어미의 첫소리 'ㄱ, ㄷ, ㅅ, ㅈ'은 된소리로 발음한다.

넓게[널께]	핥다[할따]	훑소[훌쏘]	떫지[떨ː찌]

🔧 떠먹여 주는 **출.좋.포** 제24항, 제25항 된소리되기

어간 받침 'ㄴ, ㅁ, ㄼ, ㄾ' 뒤

[Q21] 올바른 표준 발음에 ○표 하시오.

신고 [<u>신ː꼬</u>, 신ː고]	앉고 [<u>안꼬</u>, 안고]
안다 [<u>안따</u>, 안다]	알+-ㄴ+다('알다'의 현재형) → 안다 [안따, <u>안다</u>]
삼고 [<u>삼ː꼬</u>, 삼ː고]	명사형 '신기' [<u>신ː끼</u>, 신ː기]
명사형 '삼기' [<u>삼ː끼</u>, 삼ː기]	젊지 [<u>점ː찌</u>, 점ː지]
닮고 [<u>담ː꼬</u>, 담ː고]	안기다 [안ː끼다, <u>안기다</u>]
신기다 [신ː끼다, <u>신기다</u>]	굶기다 [굼ː끼다, <u>굶기다</u>]

[Q21] 올바른 표준 발음에 ○표 하시오.

신고 [신ː꼬, 신ː고]	앉고 [안꼬, 안고]
안다 [안따, 안다]	알+-ㄴ+다('알다'의 현재형) → 안다 [안따, 안다]
삼고 [삼ː꼬, 삼ː고]	명사형 '신기' [신ː끼, 신ː기]
명사형 '삼기' [삼ː끼, 삼ː기]	젊지 [점ː찌, 점ː지]
닮고 [담ː꼬, 담ː고]	안기다 [안ː끼다, 안기다]
신기다 [신ː끼다, 신기다]	굶기다 [굼ː끼다, 굶기다]

[Q22] 올바른 표준 발음에 ○표 하시오.

넓게 [널께, 널게, 넙게, 넙께]	핥소 [할쏘, 할소]
훑지 [훌찌, 훌지, 훈찌, 훈지]	떫지 [떨:찌, 떨:지, 떱:찌, 떱:지]
여덟도 [여덜또, 여덜도, 여덥또, 여덥도]	여덟보다 [여덜뽀다, 여덜보다,
여덟과 [여덜꽈, 여덜과, 여덥꽈, 여덥과]	여덥뽀다, 여덥보다]

[Q22] 올바른 표준 발음에 ○표 하시오.

넓게 [널께, 널게, 넙게, 넙께]	핥소 [할쏘, 할소]
훑지 [훌찌, 훌지, 훈찌, 훈지]	떫지 [떨:찌, 떨:지, 떱:찌, 떱:지]
여덟도 [여덜또, 여덜도, 여덥또, 여덥도]	여덟보다 [여덜뽀다, 여덜보다,
여덟과 [여덜꽈, 여덜과, 여덥꽈, 여덥과]	여덥뽀다, 여덥보다]

제26항| 한자어에서 'ㄹ' 받침 뒤에 연결되는 'ㄷ, ㅅ, ㅈ'은 된소리로 발음한다.

갈등[갈뜽]	발동[발똥]	절도[절또]	말살[말쌀]
불소(弗素)[불쏘]	일시[일씨]	갈증[갈쯩]	물질[물찔]
발전[발쩐]	몰상식[몰쌍식]	불세출[불쎄출]	

다만, 같은 한자가 겹쳐진 단어의 경우에는 된소리로 발음하지 않는다.

　　　　허허실실[허허실실](虛虛實實)　　　　절절-하다[절절하다](切切--)

🧴 떠먹여 주는 春.春.요 제26항

한자어 'ㄹ' 뒤 ❶___, ❷___, ❸___ ('ㄱ'과 'ㅂ'은 된소리되기 안 일어남.)

[Q23] 올바른 표준 발음을 적으시오.

갈증(渴症) [갈쯩]	갈등(葛藤) [갈뜽]
발전(發展) [발쩐]	절도(節度) [절또]
몰상식(沒常識) [몰쌍식]	불세출(不世出) [불쎄출]
허허실실(虛虛實實) [허허실실]	절절(切切)-하다 [절절하다]
말살(抹殺) [말쌀]	일시(日時) [일씨]
불소(弗素) [불쏘]	물질(物質) [물찔]
발동(發動) [발똥]	발달(發達) [발딸]
몰두(沒頭) [몰뚜]	

[Q23] 올바른 표준 발음을 적으시오.

갈증(渴症) [　　　]		갈등(葛藤) [　　　]	
발전(發展) [　　　]		절도(節度) [　　　]	
몰상식(沒常識) [　　　]		불세출(不世出) [　　　]	
허허실실(虛虛實實) [　　　]		절절(切切)-하다 [　　　]	
말살(抹殺) [　　　]		일시(日時) [　　　]	
불소(弗素) [　　　]		물질(物質) [　　　]	
발동(發動) [　　　]		발달(發達) [　　　]	
몰두(沒頭) [　　　]			

[Q24] 올바른 표준 발음에 ○표 하시오.

갈구 [갈꾸, 갈구]	발발 [발빨, 발발]	불법 [불법, 불뻡]	물건 [물건, 물껀]

[Q24] 올바른 표준 발음에 ○표 하시오.

갈구 [갈꾸, 갈구]	발발 [발빨, 발발]	불법 [불법, 불뻡]	물건 [물건, 물껀]

제27항 | 관형사형 '-(으)ㄹ' 뒤에 연결되는 'ㄱ, ㄷ, ㅂ, ㅅ, ㅈ'은 된소리로 발음한다.

할 것을[할꺼슬]	갈 데가[갈떼가]	할 바를[할빠를]
할 적에[할쩌게]	갈 곳[갈꼳]	할 도리[할또리]
할 수는[할쑤는]	만날 사람[만날싸람]	

다만, 끊어서 말할 적에는 예사소리로 발음한다.

붙임 '-(으)ㄹ'로 시작되는 어미의 경우에도 이에 준한다.

할걸[할껄]	할밖에[할빠께]	할세라[할쎄라]
할지라도[할찌라도]	할지언정[할찌언정]	할진대[할찐대]
할수록[할쑤록]		

🧴 떠먹여 주는 **音.흘.효** 제27항 된소리되기

제27항 | 관형사형 어미 '-(으)ㄹ' 뒤 된소리

붙임 '-(으)ㄹ'을 가진 어미 안에서 된소리
　　-(으)ㄹ걸, -(으)ㄹ밖에, -(으)ㄹ세라, -(으)ㄹ지라도,
　　-(으)ㄹ지언정, -(으)ㄹ진대, -(으)ㄹ수록

[Q25] 올바른 표준 발음을 적으시오.

할 것을 [할꺼슬]	갈 곳 [갈꼳]
할 적에 [할쩌게]	할 바를 [할빠를]
갈 데가 [갈떼가]	할밖에 [할빠께]
할걸 [할껄]	할 도리 [할또리]
할 성싶다 [할썽십따]	먹을 데 [머글떼]
먹을 과자 [머글꽈자]	먹은 과자 [머근과자]
할수록 [할쑤록]	할 수는 [할쑤는]
할진대 [할찐대]	만날 사람 [만날싸람]
할지언정 [할찌언정]	할지라도 [할찌라도]
할 듯하다 [할뜨타다]	할세라 [할쎄라]
갈 곳 [갈꼳]	간 사람 [간사람]
살 법하다 [살뻐파다]	날짐승 [날찜승]

[Q25] 올바른 표준 발음을 적으시오.

할 것을 [ ]	갈 곳 [ ]
할 적에 [ ]	할 바를 [ ]
갈 데가 [ ]	할밖에 [ ]
할걸 [ ]	할 도리 [ ]
할 성싶다 [ ]	먹을 데 [ ]
먹을 과자 [ ]	먹은 과자 [ ]
할수록 [ ]	할 수는 [ ]
할진대 [ ]	만날 사람 [ ]
할지언정 [ ]	할지라도 [ ]
할 듯하다 [ ]	할세라 [ ]
갈 곳 [ ]	간 사람 [ ]
살 법하다 [ ]	날짐승 [ ]

제28항 | 표기상으로는 사이시옷이 없더라도, 관형격 기능을 지니는 사이시옷이 있어야 할(휴지가 성립되는) 합성어의 경우에는, 뒤 단어의 첫소리 'ㄱ, ㄷ, ㅂ, ㅅ, ㅈ'을 된소리로 발음한다.

📖 떠먹여 주는 출.좋.표   제28항 사잇소리 현상의 된소리되기

A(어근) + B(어근) = 합성어
A의 끝 음이 ❶ _____ + B의 첫 음이 예사소리

불 임 사잇소리 현상이 일어나지 않는 단어

반창고[반창고]	고무줄[고무줄]	유리잔[유리잔]	인두겁[인두겁]
고래기름[고래기름]	간단(簡單)[간:단]	등기(謄記)[등기]	불장난[불장난]

문-고리[문꼬리]	눈-동자[눈똥자]	신-바람[신빠람]
산-새[산쌔]	손-재주[손째주]	길-가[길까]
물-동이[물똥이]	발-바닥[발빠닥]	굴-속[굴:쏙]
술-잔[술짠]	바람-결[바람껼]	그믐-달[그믐딸]
아침-밥[아침빱]	잠-자리[잠짜리]	강-가[강까]
초승-달[초승딸]	등-불[등뿔]	창-살[창쌀]
강-줄기[강쭐기]		

[Q26] 올바른 표준 발음에 ○표 하시오.

문-고리 [문고리, <u>문꼬리</u>]	산-새 [산새, <u>산쌔</u>]
아침-밥 [아침밥, <u>아침빱</u>]	김-밥 [김:밥, <u>김:빱</u>]
술-잔 [술잔, <u>술짠</u>]	유리-잔 [<u>유리잔</u>, 유리짠]
불법 [<u>불법</u>, 불뻡]	물건 [<u>물건</u>, 물껀]
비빔-밥 [비빔밥, <u>비빔빱</u>]	등-불 [등불, <u>등뿔</u>]
보름-달 [보름달, <u>보름딸</u>]	초승-달 [초승달, <u>초승딸</u>]
손-재주 [<u>손째주</u>, 손재주]	발-바닥 [발바닥, <u>발빠닥</u>]
바람-결 [바람껼, <u>바람결</u>]	그믐-달 [<u>그믐딸</u>, 그믐달]
굴-속 [<u>굴:쏙</u>, 굴속]	마음-속 [<u>마음쏙</u>, 마음속]
물-동이 [<u>물똥이</u>, 물동이]	창-살 [창살, <u>창쌀</u>]
길-가 [<u>길까</u>, 길가]	신-바람 [신바람, <u>신빠람</u>]
손-사래 [손사래, <u>손싸래</u>]	도매-금 [<u>도매끔</u>, 도매금]
강-가 [<u>강까</u>, 강가]	속임수 [소김수, <u>소김쑤</u>]

[Q26] 올바른 표준 발음에 ○표 하시오.

문-고리 [문고리, 문꼬리]	산-새 [산새, 산쌔]
아침-밥 [아침밥, 아침빱]	김-밥 [김ː밥, 김ː빱]
술-잔 [술잔, 술짠]	유리-잔 [유리잔, 유리짠]
불법 [불법, 불뻡]	물건 [물건, 물껀]
비빔-밥 [비빔밥, 비빔빱]	등-불 [등불, 등뿔]
보름-달 [보름달, 보름딸]	초승-달 [초승달, 초승딸]
손-재주 [손째주, 손재주]	발-바닥 [발바닥, 발빠닥]
바람-결 [바람결, 바람껼]	그믐-달 [그믐딸, 그믐달]
굴-속 [굴ː쏙, 굴속]	마음-속 [마음쏙, 마음속]
물-동이 [물똥이, 물동이]	창-살 [창살, 창쌀]
길-가 [길까, 길가]	신-바람 [신바람, 신빠람]
손-사래 [손사래, 손싸래]	도매-금 [도매끔, 도매금]
강-가 [강까, 강가]	속임수 [소김수, 소김쑤]

제7장 **음의 첨가**

제29항 | 합성어 및 파생어에서, 앞 단어나 접두사의 끝이 자음이고 뒤 단어나 접미사의 첫음절이 '이, 야, 여, 요, 유'인 경우에는, 'ㄴ'음을 첨가하여 [니, 냐, 녀, 뇨, 뉴]로 발음한다.

솜-이불[솜ː니불]	홑-이불[혼니불]	막-일[망닐]
삯-일[상닐]	맨-입[맨닙]	꽃-잎[꼰닙]
내복-약[내ː봉냑]	한-여름[한녀름]	남존-여비[남존녀비]
신-여성[신녀성]	색-연필[생년필]	직행-열차[지캥녈차]
늑막-염[능망념]	콩-엿[콩녇]	담-요[담ː뇨]
눈-요기[눈뇨기]	영업-용[영엄뇽]	식용-유[시굥뉴]
백분-율[백뿐뉼]	밤-윷[밤ː뉻]	

다만, 다음과 같은 말들은 'ㄴ'음을 첨가하여 발음하되, 표기대로 발음할 수 있다.

이죽-이죽[이중니죽/이주기죽]✛	야금-야금[야금냐금/야그먀금]
검열[검ː녈/거ː멸]	욜랑-욜랑[욜랑뇰랑/욜랑욜랑]✛
금융[금늉/그뮹]	이글이글 [이글리글/이그리글]

🥄 떠먹여 주는 🅗.🅣.🅟 **제29항 'ㄴ'첨가**

받침 + '이, 야, 여, 요, 유, 이' = 'ㄴ' 첨가

다만, 'ㄴ'을 첨가해야 하지만, 연음도 허용하는 경우 → ❶____ 글자 ❷____

✛ 이죽이죽[이중니죽/이주기죽]:
계속 밉살스럽게 지껄이며 짓궂
게 빈정거리는 모양

✛ 욜랑욜랑[욜랑뇰랑/욜랑욜랑]:
몸의 일부를 가볍게 흔들며 잇따
라 움직이거나 촐싹거리는 모양

떠먹여 주는 🅗.🅣.🅟
❶ 4 ❷ 음성 상징어

[붙임 1] 'ㄹ' 받침 뒤에 첨가되는 'ㄴ' 음은 [ㄹ]로 발음한다.

들-일[들:릴]　　　　　솔-잎[솔립]　　　　　설-익다[설릭따]
물-약[물략]　　　　　불-여우[불려우]　　　　서울-역[서울력]
유월 유두[유월류두]　　휘발-유[휘발류]　　　　유들-유들[유들류들]

[붙임 2] 두 단어를 이어서 한 마디로 발음하는 경우에는 이에 준한다.

한 일[한닐]　　　　옷 입다[온닙따]　　　서른여섯[서른녀섣]　　3 연대[삼년대]
먹은 엿[머근녇]　　할 일[할릴]　　　　잘 입다[잘립따]　　　스물여섯[스물려섣]
1 연대[일련대]　　먹을 엿[머글렫]

다만, 다음과 같은 단어에서는 'ㄴ(ㄹ)' 음을 첨가하여 발음하지 않는다.

6 · 25[유기오]　　　　3 · 1절[시밀쩔]　　　　송별-연[송:벼련]★
월요일[워료일]　　　　목요일[모교일]　　　　금요일[그묘일]
등-용문[등용문]★　　　절약[저략]★

🧴 떠먹여 주는 🔵.🔴.🟡 **제29항 붙임 1, 2, 다만**

[붙임 1] 'ㄴ' 첨가 후 유음화

[붙임 2] 연음이 원칙이지만 두 단어를 이어서 한 마디로 발음하는 경우 ㄴ첨가도 허용함.

	이어서 발음	끊어서 발음
옷 입다	[온닙따]	[오딥따]
서른여섯	[서른녀섣]	[서르녀섣]
스물여섯	[스물려섣]	[스무려섣]
1 연대	[일련대]	[이련대]
3 연대	[삼년대]	[사면대]
먹은 엿	[머근녇]	[머그녇]
먹을 엿	[머글렫]	[머그렫]
잘 입다	[잘립따]	[자립따]
한 일	[한닐]	[하닐]
할 일	[할릴]	[하릴]

다만, 'ㄴ' 첨가 환경임에도 그냥 연음되는 경우
송별-연[❶＿＿＿] / 등-용문[❷＿＿＿] / 절약[❸＿＿＿]

떠먹여 주는 🔵.🔴.🟡
❶ 송:벼련　❷ 등용문　❸ 저략

[Q27] 올바른 표준 발음에 ○표 하시오.

솜-이불 [소미불, 솜ː니불]	홑-이불 [호디불, 혼니불]
막-일 [막닐, 망닐]	삯-일 [상닐, 삭일]
맨-입 [매닙, 맨닙]	꽃-잎 [꼬칩, 꼰닙, 꼰닢, 꼰닙]
내복-약 [내ː보갹, 내ː복냑, 내ː봉냑]	한-여름 [한녀름, 하녀름]
색-연필 [새견필, 생년필]	늑막-염 [능마겸, 능망념]
남존-여비 [남존녀비, 남조녀비]	직행-열차 [지캥열차, 지캥녈차]
신-여성 [시녀성, 신녀성]	콩-엿 [콩연, 콩녇]
눈-요기 [누뇨기, 눈뇨기]	영업-용 [영엄농, 영어붕]
담-요 [담ː뇨, 다묘]	백분-율 [백뿐뉼, 백뿌뉼, 백부뉼]
밤-윷 [밤ː뉻, 바륻]	식용-유 [시공유, 시굥뉴, 싱뇽뉴]
이죽-이죽 [이중니죽, 이주기죽]	야금-야금 [야금냐금, 야그먀금]
검열 [검ː녈, 거ː멸]	욜랑-욜랑 [욜랑뇰랑, 욜랑욜랑]
금융 [금늉, 그뮹]	들-일 [드릴, 들릴]
솔-잎 [솔립, 소립]	불-여우 [불녀우, 부려우, 불려우]
설-익다 [서익따, 설릭따]	유들-유들 [유들류들, 유드류들]
물-약 [물략, 무략]	서울-역 [서우력, 서울력]
휘발-유 [휘바류, 휘발류]	물-엿 [물렫, 무렫]
한 일 [하닐, 한닐]	옷 입다 [오딥따, 온닙따]
슬픈 얘기 [슬프내기, 슬픈내기]	먼 옛날 [먼ː녠날, 머벳날, 머벤날, 머녠날]
서른여섯 [서른녀선, 서른여선, 서르녀선]	3 연대 [삼년대, 사면대]
스물여섯 [스무려선, 스물려선]	잘 입다 [잘립따, 자립따]
할 일 [할릴, 하릴]	먹을 엿 [머그렫, 머글렫]
먹은 엿 [머그년, 머근녇]	1 연대 [일련대, 이련대]
6·25 [유기오, 융니오]	3·1절 [사밀쩔, 삼닐쩔]
송별-연 [송ː별련, 송ː벼련]	등-용문 [등용문, 등농문]
월요일 [워료일, 월료일]	목요일 [모교일, 목뇨일, 몽뇨일]
금요일 [금뇨일, 그묘일]	일요일 [이료일, 일료일, 일뇨일]
절약 [저략, 절략]	

[Q27] 올바른 표준 발음에 ○표 하시오.

솜-이불 [소미불, 솜:니불]	홑-이불 [호디불, 혼니불]
막-일 [막닐, 망닐]	삯-일 [상닐, 삭일]
맨-입 [매닙, 맨닙]	꽃-잎 [꼬칩, 꼰닙, 꼰닢, 꼰닙]
내복-약 [내:보걍, 내:복냑, 내:봉냑]	한-여름 [한녀름, 하녀름]
색-연필 [새견필, 생년필]	늑막-염 [능마겸, 능망념]
남존-여비 [남존녀비, 남조녀비]	직행-열차 [지캥열차, 지캥녈차]
신-여성 [시녀성, 신녀성]	콩-엿 [콩연, 콩녇]
눈-요기 [누뇨기, 눈뇨기]	영업-용 [영엄농, 영어붕]
담-요 [담:뇨, 다묘]	백분-율 [백뿐뉼, 백뿌뉼, 백부뉼]
밤-윷 [밤:뉻, 바뮫]	식용-유 [시공유, 시공뉴, 싱농뉴]
이죽-이죽 [이중니죽, 이주기죽]	야금-야금 [야금냐금, 야그먀금]
검열 [검:녈, 거:멸]	욜랑-욜랑 [욜랑놀랑, 욜랑욜랑]
금융 [금늉, 그뮹]	들-일 [드릴, 들:릴]
솔-잎 [솔립, 소립]	불-여우 [불녀우, 부려우, 불려우]
설-익다 [서믹따, 설릭따]	유들-유들 [유들류들, 유드류들]
물-약 [물략, 무략]	서울-역 [서우력, 서울력]
휘발-유 [휘바류, 휘발류]	물-엿 [물련, 무련]
한 일 [하닐, 한닐]	옷 입다 [오딥따, 온닙따]
슬픈 얘기 [슬프내기, 슬픈내기]	먼 옛날 [먼:녠날, 머넷날, 머변날, 머녠날]
서른여섯 [서른녀섣, 서른여섣, 서르녀섣]	3 연대 [삼년대, 사면대]
스물여섯 [스무려섣, 스물려섣]	잘 입다 [잘립따, 자립따]
할 일 [할릴, 하릴]	먹을 엿 [머그런, 머글련]
먹은 엿 [머그넌, 머근넌]	1 연대 [일련대, 이련대]
6 · 25 [유기오, 융니오]	3 · 1절 [사밀쩔, 삼닐쩔]
송별-연 [송:별련, 송:벼련]	등-용문 [등용문, 등농문]
월요일 [워료일, 월료일]	목요일 [모교일, 목뇨일, 몽뇨일]
금요일 [금뇨일, 그묘일]	일요일 [이료일, 일료일, 일뇨일]
절약 [저략, 절략]	

제30항 | 사이시옷이 붙은 단어는 다음과 같이 발음한다.

1. 'ㄱ, ㄷ, ㅂ, ㅅ, ㅈ'으로 시작하는 단어 앞에 사이시옷이 올 때에는 이들 자음만을 된소리로 발음하는 것을 원칙으로 하되, 사이시옷을 [ㄷ]으로 발음하는 것도 허용한다.

냇가[내ː까/낻ː까]   샛길[새ː낄/샏ː낄]   빨랫돌[빨래똘/빨랟똘]
콧등[코뜽/콛뜽]   깃발[기빨/긷빨]   대팻밥[대ː패빱/대ː팓빱]
햇살[해쌀/핻쌀]   뱃속[배쏙/밷쏙]   뱃전[배쩐/밷쩐]
고갯짓[고개찓/고갣찓]

2. 사이시옷 뒤에 'ㄴ, ㅁ'이 결합되는 경우에는 [ㄴ]으로 발음한다.

콧날[콛날 → 콘날]   아랫니[아랟니 → 아랜니]
툇마루[퇻ː마루 → 퇸ː마루]   뱃머리[밷머리 → 밴머리]

3. 사이시옷 뒤에 '이' 음이 결합되는 경우에는 [ㄴㄴ]으로 발음한다.

베갯잇[베갣닏 → 베갠닏]   깻잎[깯닙 → 깬닙]
나뭇잎[나묻닙 → 나문닙]   도리깻열[도리깯녈 → 도리깬녈]
뒷윷[뒫ː늋 → 뒨ː늋]

🔖 떠먹여 주는 **총.총.효** 제30항 사이시옷이 적힌 단어의 발음

1. 된소리(원칙) / 받침 'ㄷ' + 된소리(허용)

2. 'ㄴ' 덧남 : ❶_____ → ❷_____

3. 'ㄴㄴ' 덧남 : ❸_____ , ❹_____

[Q28] 올바른 표준 발음에 ○표 하시오.

냇가 [내ː까, 낻ː까]	콧날 [콛날, 콘날]
대팻밥 [대ː패빱, 대ː팓빱]	베갯잇 [베갣닏, 베갠닏]
뱃머리 [밷머리, 밴머리]	뒷윷 [뒤ː듄, 뒫ː늋, 뒨ː늋]
도리깻열 [도리깨멷, 도리깯녈, 도리깬녈]	고갯짓 [고개찓, 고갣찓]
뱃전 [배쩐, 밷쩐]	베갯잇 [베갣닏, 베갠닏, 베개딛]
툇마루 [퇸ː마루, 퇻ː마루]	아랫니 [아랜니, 아랟니, 아래디]
깻잎 [깬닙, 깯닙]	햇살 [해쌀, 핻쌀]
나뭇잎 [나무딥, 나묻닙, 나문닙]	꼭짓점 [꼭지�쩜, 꼭짇쩜]
깃발 [기빨, 긷빨]	빨랫돌 [빨래똘, 빨랟똘]
콧등 [코뜽, 콛뜽]	

떠먹여 주는 **총.총.효**

❶ 음절의 끝소리 규칙 ❷ 비음화
❸ 음절의 끝소리 규칙 ❹ ㄴ첨가

[Q28] 올바른 표준 발음에 ○표 하시오.

냇가 [내:까, 낸:까]	콧날 [콘날, 콘날]
대팻밥 [대:패빱, 대:팯빱]	베갯잇 [베갠닏, 베갣닏]
뱃머리 [밷머리, 밴머리]	뒷윷 [뒤:듄, 뒫:늉, 뒫:늉]
도리깻열 [도리깨멸, 도리깯녈, 도리깬녈]	고갯짓 [고개찓, 고갣찓]
뱃전 [배쩐, 밷쩐]	베갯잇 [베갠닏, 베갣닏, 베개딛]
툇마루 [퇻:마루, 퇸:마루]	아랫니 [아랜니, 아랟니, 아래디]
깻잎 [깬닙, 깯닙]	햇살 [해쌀, 핻쌀]
나뭇잎 [나무딥, 나묻닙, 나문닙]	꼭짓점 [꼭지쩜, 꼭짇쩜]
깃발 [기빨, 긷빨]	빨랫돌 [빨래똘, 빨랟똘]
콧등 [코뜽, 콘뜽]	

추가로 인정된 표준 발음(2017. 12. 4. 국립국어원 고시)

2017년 12월 표준 발음으로 추가 인정된 것은 다음과 같다.

표제항	표준 발음	표제항	표준 발음
감언이설	[가먼니설/가머니설]	순이익	[순니익/수니익]
강약	[강약/강냑]	*안간힘	[안깐힘/안간힘]
*교과[01]	[교:과/교:꽈]	연이율	[연니율/여니율]
*관건[02]	[관건/관껀]	영영[01]	[영:영/영:녕]
괴담이설	[괴:담니설/궤:다미설]	의기양양	[의:기양양/의:기양냥]
*반값	[반:갑/반:깝]	*인기척	[인끼척/인기척]
밤이슬	[밤니슬/바미슬]	*점수[06]	[점쑤/점수]
분수[06]	[분쑤/분수]	*함수[04]	[함:쑤/함:수]
*불법[01]	[불법/불뻡]	*효과[01]	[효:과/효:꽈]

무조건 알아야 하는 최빈출 亦功 기출 : 표준 발음법

01 밑줄 친 발음이 표준 발음이 아닌 것은? 2018. 국가직 7급

① 연계[연게] 교육

② 차례[차레] 지내기

③ 충의의[충이의] 자세

④ 논의[노늬]에 따른 방안

정답풀이 표준 발음법 제5항의 '다만 2.'는 '예, 례' 이외의 'ㅖ'는 [ㅔ]로도 발음한다.'는 규정이다. 이것을 풀어보면 '예, 례' 이외의 'ㅖ'는 [ㅖ]로 발음하는 것이 원칙이나, [ㅔ]로도 발음함을 허용한다는 것이다. 또한 '예,례'는 무조건 [ㅖ]로만 발음해야 한다는 것이다. 하지만 ②에서는 '차례'를 [차레]로 발음했으므로 옳지 않다. [차례]로 발음했어야 했다.

오답풀이 ① '예, 례'와 달리 '계, 몌, 폐, 혜'는 [ㅖ](원칙), [ㅔ](허용)으로 발음된다. 따라서 [연계], [연게] 모두 표준 발음이다. ③ 표준 발음법 제5항의 '다만 4.'은 '단어의 첫음절 이외의 '의'는 [ㅣ]로, 조사 '의'는 [ㅔ]로 발음함도 허용한다.'는 규정이다. 이 규정을 풀어보면, 단어의 첫음절 이외의 '의'는 [ㅢ]로 발음하는 것이 원칙이나, [ㅣ]로도 발음함을 허용한다는 것이다. 따라서 [충의의와 [충이] 모두 가능하다. 또 조사 '의'는 [ㅢ]로 발음하는 것이 원칙이나, [ㅔ]로 발음함도 허용한다는 것이다. 따라서 [충의의], [충의에], [충이의], [충이에] 모두 가능하다. ④ '논의'는 연음되어 [노늬]로 발음된다. 표준 발음법 제5항의 '다만 3.'은 '자음을 첫소리로 가지고 있는 음절의 'ㅢ'는 [ㅣ]로 발음한다.'는 규정이다. 이 규정에 따르면 [논의→노늬(자음을 첫소리로 가지는 '늬')→노니]의 과정을 거친다. 따라서 [노늬](원칙), [노니](허용)로도 발음이 가능하다.

02 ㉠~㉣의 발음 중 표준 발음이 아닌 것은?

2016. 교육행정직 9급

> ㉠ 마음의 소리를 듣다.
> 바람이 ㉡ 스쳐 지나간다.
> 건강을 잃으면 모든 걸 ㉢ 잃는다.
> 첨성대의 몸체는 27단으로 ㉣ 되어 있다.

① ㉠ [마으메]

② ㉡ [스처]

③ ㉢ [일는다]

④ ㉣ [되여]

정답풀이 ㉢ : '잃 : 는다.'는 [일른다]로 유음화 현상이 이루어져야 한다.

오답풀이 ① ㉠ : 조사 '의'는 [의](원칙), [에](허용)로 소리난다. 따라서 [마으믜(원칙)/마으메(허용)]이므로 적절한 표준발음이다. ② ㉡ : '저/쳐/쪄'는 단모음으로 발음되므로 [스쳐]가 아니라 [스처]로 발음되어야 한다. ④ ㉣ : 'ㅚ'는 [ㅚ](단모음 발음이 원칙), [ㅞ](이중모음 발음도 허용)으로 발음이 가능하므로 [되어(원칙) / 뒈어(허용)]로 발음된다. 또한 '되'의 'ㅣ'가 뒤의 단모음을 'ㅣ' 소리가 나도록 동화하는 'ㅣ'모음 순행동화도 표준 발음이므로 [되여(허용) / 뒈여(허용)]도 표준 발음에 해당한다.

03 다음과 같은 발음을 바로잡는 데 활용할 수 있는 어문 규범 내용으로 가장 적절한 것은?

2012. 국회직 8급

> 부엌이[부어기], 꽃이[꼬시], 무릎을[무르블]

① 겹받침 'ㄺ, ㄻ, ㄿ'은 어말 또는 자음 앞에서 각각 [ㄱ, ㅁ, ㅂ]으로 발음한다.
② 'ㅎ(ㄶ, ㅀ)' 뒤에 모음으로 시작된 어미나 접미사가 결합되는 경우에는, 'ㅎ'을 발음하지 않는다.
③ 받침소리로는 'ㄱ, ㄴ, ㄷ, ㄹ, ㅁ, ㅂ, ㅇ'의 7개 자음만 발음한다.
④ 홑받침이나 쌍받침이 모음으로 시작된 조사나 어미, 접미사와 결합되는 경우에는, 제 음가대로 뒤 음절 첫소리로 옮겨 발음한다.
⑤ 받침 'ㄱ(ㄲ, ㅋ, ㄳ, ㄺ), ㄷ(ㅅ, ㅆ, ㅈ, ㅊ, ㅌ, ㅎ), ㅂ(ㅍ, ㄼ, ㄿ, ㅄ)'은 'ㄴ, ㅁ' 앞에서 [ㅇ, ㄴ, ㅁ]으로 발음한다.

정답풀이〉 '부엌이[부어키], 꽃이[꼬치], 무릎을[무르플]'을 각각 '부엌+이(모음으로 시작하는 조사), 꽃+이(모음으로 시작하는 조사), 무릎+을(모음으로 시작하는 조사)로서 홑받침이 모음으로 시작하는 조사 앞에서 뒤 음절 첫소리로 옮겨 발음됨을 보여 준다.

오답풀이 ① "겹받침 'ㄺ, ㄻ, ㄿ'은 어말 또는 자음 앞에서 각각 [ㄱ, ㅁ, ㅂ]으로 발음한다."라는 자음군 단순화를 설명한 조항으로 〈보기〉의 발음과는 관련이 없다.
② "'ㅎ(ㄶ, ㅀ)' 뒤에 모음으로 시작된 어미나 접미사가 결합되는 경우에는, 'ㅎ'을 발음하지 않는다."라는 'ㅎ'탈락을 설명한 조항으로 〈보기〉의 발음과는 관련이 없다.
③ "받침소리로는 'ㄱ, ㄴ, ㄷ, ㄹ, ㅁ, ㅂ, ㅇ'의 7개 자음만 발음한다."라는 음절의 끝소리 규칙을 설명한 조항으로 〈보기〉의 발음과는 관련이 없다.
⑤ "받침 'ㄱ(ㄲ, ㅋ, ㄳ, ㄺ), ㄷ(ㅅ, ㅆ, ㅈ, ㅊ, ㅌ, ㅎ), ㅂ(ㅍ, ㄼ, ㄿ, ㅄ)'은 'ㄴ, ㅁ' 앞에서 [ㅇ, ㄴ, ㅁ]으로 발음한다."는 역행 비음화를 설명한 조항으로 〈보기〉의 발음과는 관련이 없다.

04 다음 표현의 발음 중 표준 발음이 아닌 것은?

2014. 경찰 2차

① 밟게 [밥께]
② 핥다 [할따]
③ 맑고 [막꼬]
④ 뚫네 [뚤레]

정답풀이〉 어간의 'ㄺ'뒤에 'ㄱ'으로 시작하는 어미가 오면 'ㄹ'로 발음되므로 [말꼬]가 옳은 발음이다. 따라서 [막꼬]는 표준 발음이 아니다.

오답풀이 ① 사실, 정확한 표준 발음은 [밥:께]였다. '밟-'은 장음 단어이기 때문이다. 하지만 실제 출제된 문제에도 장음 표시가 없어 논란이 되었다.
② 핥다 [할따] : '핥다'는 [할따]가 표준 발음(겹자음 어간 ㄹ이 대표음일 때 뒤의 예사소리가 된소리되기)이다.
④ 뚫네 [뚤레] : 자음군 단순화 후 유음화가 일어나야 하므로 [뚤레]가 옳다.

05 다음 중 단어의 발음이 옳은 것끼리 묶인 것은?

2016. 서울시 9급

① 디귿이[디그시], 홑이불[혼니불]
② 뚫는[뚤는], 밝히다[발키다]
③ 핥다[할따], 넓죽하다[넙쭉카다]
④ 흙만[흑만], 동원령[동 : 원녕]

정답풀이〉 '디귿이'는 연음 법칙에 따라 [디그디]로 발음해야 하지만, 현실 발음을 고려하여 [디그시]를 표준 발음으로 본다. '홑이불'은 '홑+이불'이 합쳐진 파생어로, 자음 받침 뒤에 '이'로 시작하기 때문에 'ㄴ'이 첨가되어 [혼니불]이 표준 발음이 된다. 즉 [홑이불→(음절의 끝소리 규칙)→혿이불→(ㄴ 첨가)→혿니불→(비음 동화)→혼니불]의 과정을 거쳐 발음된다.

오답풀이 ② '뚫는'은 [뚫는→(자음군 단순화)→뚤는→(유음화)→뚤른]의 과정을 거쳐 발음된다.
'밝히다'는 [밝히다→(자음 축약 ㄱ+ㅎ)→발키다]이다.
③ '넓죽하다'는 [넓죽하다→(자음군 단순화)→[넙죽하다]→(된소리되기, 자음 축약)→넙쭉카다]의 과정을 거쳐 발음된다.
'핥다'는 [할따]가 표준 발음(겹자음 어간 ㄹ이 대표음일 때 뒤의 예사소리가 된소리되기)이다.
④ '흙만'은 [흙만→(자음군 단순화)→흑만→(비음 동화)→흥만]의 과정을 거쳐 발음된다.
'동원령[동:원녕]'은 표준 발음법 제20항에 의거하여 'ㄹ의 비음화'로 볼 수 있다. '의견란[의:견난], 임진란[임:진난], 생산량[생산냥], 결단력[결딴녁], 공권력[공꿘녁]' 등 앞말의 받침 'ㄴ' 뒤의 초성 'ㄹ'을 'ㄴ'으로 교체하는 현상이다.

06 다음 중 단어의 표기나 발음이 옳지 않은 것은?

2017. 국회직 8급

① 나는 커서 선생님이 <u>되고[뒈고]</u> 싶다.
② 한글 자모 'ㅌ'의 이름에 조사가 붙을 때의 발음은 '<u>티긑+이[티그시]</u>', '<u>티긑+을[티그슬]</u>'이다.
③ 내 발을 <u>밟지[밥:찌]</u> 마라.
④ <u>웬일[웬:닐]</u>로 학교에 왔니?
⑤ 운동장이 생각보다 <u>넓지[널찌]</u> 않다.

정답풀이 'ㅌ'은 한글 자음 이름을 'ㄷ(디귿)'과 헷갈려서는 안 된다. 'ㅌ'은 '티긑'이 아니라 '티읕'이다. 이는 1933년 한글맞춤법에서 약속한 발음이므로 [티으티], [티으틀]이 아니라 [티으시], [티으슬]로 발음하는 것이 옳다. 주로 음절의 끝소리 규칙에 의해 [ㄷ]으로 발음나는 자음들은 모두 [ㅅ]으로 소리난다. [시오시], [지으시], [치으시], [히으시] 등이 있다.

오답풀이 ① 'ㅚ'는 [ㅚ](단모음 발음이 원칙) [ㅞ](이중모음 발음도 허용)으로 발음이 가능하다. 따라서 '되고'는 [되고/뒈고]로 모두 발음될 수 있다.
③ 'ㄼ'의 대표음은 보통은 [ㄹ]이지만, '밟-'은 예외적으로 [ㅂ]이다. 또한 길게 소리나므로 '밟고, 밟지'는 [밥:꼬], [밥:찌]라 발음한다.
④ 복합어(합성어나 파생어)에서는 앞말이 받침으로 끝나고 뒷말이 'ㅣ, ㅑ, ㅕ, ㅛ, ㅠ'일 때는 [ㄴ] 소리가 첨가된다. '웬일'은 합성어이면서 ㄴ첨가의 환경을 가졌다. 또 '웬'은 '어찌 된'의 뜻을 지닌 관형사로 길게 발음되므로 [웬:닐]이라 소리 난다.
⑤ 'ㄼ' 받침은 일반적으로 대표음이 [ㄹ]이다. 또한 '제25항 어간 받침 'ㄼ, ㄾ' 뒤에 결합되는 어미의 첫소리 'ㄱ, ㄷ, ㅅ, ㅈ'은 된소리로 발음한다.'에 따라 [널찌]로 된소리로 발음하는 것이다. '넓고', '넓지'는 [널꼬], [널찌]라 발음한다.

---

07 밑줄 친 부분의 표준 발음이 옳은 것만을 〈보기〉에서 모두 고르면?

2019. 국회직 8급

─〔보기〕─
㉠ 이번 일을 <u>계기[계:기]</u>로 삼자.
㉡ 퇴임하는 직원을 위한 <u>송별연[송:벼련]</u>을 열다.
㉢ 그의 <u>넓죽한[널쭈칸]</u> 얼굴이 그리웠다.
㉣ 낙엽을 <u>밟고[밥:꼬]</u> 지나가다.
㉤ 월드컵 때문에 축구의 <u>열병[열뼝]</u>이 전국을 휩쓸었다.

① ㉠, ㉡, ㉢
② ㉠, ㉡, ㉣
③ ㉠, ㉢, ㉣
④ ㉡, ㉣, ㉤
⑤ ㉢, ㉣, ㉤

정답풀이 ㉠ '예, 례' 이외의 'ㅖ'는 [ㅖ], [ㅔ] 모두 표준 발음이다. 따라서 [계:기], [게:기] 모두 맞다.
㉡ 표준 발음법 제29항에 따르면 합성어 및 파생어에서, 앞 단어나 접두사의 끝이 자음이고 뒤 단어나 접미사의 첫음절이 '이, 야, 여, 요, 유'인 경우에는, 'ㄴ' 음을 첨가하여 [니, 냐, 녀, 뇨, 뉴]로 발음한다. 하지만 예외가 존재하는데, '송별연[송:벼련]'의 경우에는 'ㄴ(ㄹ)' 음을 첨가하지 않고 바로 연음하여 발음한다. [송:벼련]이 표준 발음이다.
㉣ 표준 발음법 제10항에 따르면 겹받침 'ㄳ', 'ㄵ', 'ㄼ, ㄽ, ㄾ', 'ㅄ'은 어말 또는 자음 앞에서 각각 [ㄱ, ㄴ, ㄹ, ㅂ]으로 발음한다. 다만, '밟-'은 자음 앞에서 [밥]으로 발음한다.

오답풀이 ㉢ '넓-'은 원래는 [널]로 발음되지만 '넓죽하다[넙쭈카다], 넓둥글다[넙뚱글다], 넓적하다[넙쩌카다]' 등의 경우에 [넙]으로 발음한다. 따라서 '넓죽한[넙쭈칸]'이 표준 발음이다.
㉤ 표준 발음법 제26항에 따르면 한자어에서, 'ㄹ' 받침 뒤에 연결되는 'ㄷ, ㅅ, ㅈ'은 된소리로 발음한다. '열병'은 받침 'ㄹ' 뒤에 'ㄷ, ㅅ, ㅈ'가 아니라, 'ㅂ'이므로 [열병]이 표준 발음이다.

---

08 ㉠~㉣에 해당하는 예로 옳지 않은 것은? 2021. 지방직 7급

> **「표준 발음법」 제29항**
> 합성어 및 파생어에서, 앞 단어나 접두사의 끝이 자음이고 뒤 단어나 접미사의 첫음절이 '이, 야, 여, 요, 유'인 경우에는, 'ㄴ' 음을 첨가하여 [니, 냐, 녀, 뇨, 뉴]로 발음한다.
> 예 색-연필[생년필]
> • 다만, 다음과 같은 말들은 'ㄴ' 음을 첨가하여 발음하되, 표기대로 발음할 수 있다. ‥ ㉠
> 예 야금-야금[야금냐금/야그먀금]
> • [붙임 1] 'ㄹ' 받침 뒤에 첨가되는 'ㄴ' 음은 [ㄹ]로 발음한다. ······················ ㉡
> 예 서울-역[서울력]
> • [붙임 2] 두 단어를 이어서 한 마디로 발음하는 경우에도 이에 준한다. ················· ㉢
> 예 잘 입다[잘립따]
> • 다만, 다음과 같은 단어에서는 'ㄴ(ㄹ)' 음을 첨가하여 발음하지 않는다. ·············· ㉣
> 예 3.1절[사밀쩔]

① ㉠ : 혼합약 ② ㉡ : 휘발유
③ ㉢ : 열여덟 ④ ㉣ : 등용문

정답풀이 '혼합약'은 '혼합(명사)+약(명사)' 구성의 합성어이다. 앞의 말이 받침(ㅂ)으로 끝나고 뒤의 말이 '이, 야, 여, 요, 유'로 시작되므로 이는 ㄴ첨가의 예에 해당된다. ㄴ첨가 이후에 'ㄴ'이 앞의 'ㅂ'을 비음으로 만드는 비음화가 일어나 [혼:함냑]으로 발음된다. 하지만 '혼합약'은 반드시 ㄴ첨가되는 합성어로 표기대로 발음되는 단어가 아니므로 ㉠의 예시로 적절하지 않다.

오답풀이 ② '휘발유'는 '휘발(명사)+유(명사)' 구성의 합성어이다. 앞의 말이 받침(ㄹ)으로 끝나고 뒤의 말이 '이, 야, 여, 요, 유'로 시작되므로 이는 ㄴ첨가의 예에 해당된다. 이후 'ㄹ'이 'ㄴ'을 유음화시켜 [휘발류]로 발음되므로 ㉡의 예로 적절하다.
③ '열여덟'은 '열(수사)+여덟(수사)' 구성의 합성어이다. 두 단어를 이어서 한마디로 발음하는 경우에는 'ㄴ' 첨가가 일어나므로 'ㄹ'이 뒤의 'ㄴ'을 유음화시켜 [열려덜]로 발음되므로 ㉢의 예로 적절하다. (참고로 한마디로 이어 발음하지 않고 각각 발음한다면 [여려덜]처럼 'ㄹ'을 연음하여 발음할 수도 있다.)
④ '등용문(등+용문)'도 '3.1절[사밀쩔]'처럼 'ㄴ'첨가가 일어나지 않아 [등용문]으로 발음된다. ㉣의 예로 적절하다. ('절약, 송별연'이라는 예시도 이에 해당한다.) (등용문(登龍門): 용문(龍門)에 오른다는 뜻으로, 어려운 관문을 통과하여 크게 출세하게 됨.)

09 다음 〈보기〉 중 발음이 잘못된 것은 모두 몇 개인가?
2014. 국회직 8급

옷 입다[온닙따]	폭발[폭팔]
밭이랑[바디랑]	피읖에[피으베]
설익다[설릭따]	반창고[반창꼬]
인기척[인기척]	밟고[발꼬]

① 2개 ② 3개
③ 4개 ④ 5개
⑤ 6개

정답풀이 • 폭발: [폭발 → (된소리되기) → 폭빨]
• 밭이랑: [밭이랑 → (음절의 끝소리 규칙, ㄴ첨가) → 받니랑 → (비음화) → 반니랑]
• 반창고: '반창(어근)+고(어근)'의 합성어이면서 앞말의 끝소리가 울림소리(ㅇ)이고 뒤의 소리가 예사소리(ㄱ)인 단어이다. 이 경우 사잇소리 현상으로 인해 [반창꼬]로 발음되는 것이 맞을 것 같지만! 사잇소리현상은 수의적인 현상이므로 환경이 일치하는데도 일어나지 않을 수 있다. 따라서 [반창고]가 옳다.
• 인기척: 한자 '人'에 우리말 '기척'이 더해진 말로 사잇소리 현상의 된소리되기가 일어나 [인끼척]으로 발음된다. 다만, 2017년에 발음이 개정되어 이제 [인기척]도 표준 발음이 되었음을 반드시 기억하여야 한다.
• 밟고: '밟–'은 예외적으로 겹받침 ㄼ이 ㅂ으로 대표음화되는 단어이다. 안울림 소리끼리 만나므로 된소리되기도 일어난다. '밟–'은 장음으로 실현되어야 하므로 [밥:꼬]가 옳다.

오답풀이 • 옷 입다 : 두 단어가 이어지는 경우, 이들을 한 단어처럼 한 마디로 발음하는 경우에는 'ㄴ'이 첨가되어 [온닙따]로 발음된다. [옷 입다 → (음절의 끝소리 규칙, ㄴ첨가) → 온닙다 → (비음화) → 온닙따]
다만, 두 단어로 인식하고 발음하는 경우에는 'ㄴ'의 첨가 없이 [오딥따]로 발음된다.
• 피읖에: 한글 자모의 이름은 음절의 끝소리 규칙이 적용된 채로 받침소리를 연음한다. [피으베]가 옳다. 다만, 음절의 끝소리 규칙에 따라 [ㄷ]받침으로 발음나는 한글 자음은 모두 [ㅅ]이 연음된다.
• 설익다: [설익다 → (ㄴ첨가, 된소리되기) → 설닉따 → (유음화) → 설릭따] 복합어 '설+익다'에서 앞말이 받침으로 끝나고 뒷말이 'ㅣ, ㅑ, ㅕ, ㅛ, ㅠ'로 시작하는 경우에는 ㄴ첨가가 일어난다. 그 이후에 유음화가 일어나므로 [설릭따]가 옳다.

10 표준 발음법상 'ㄹ'의 발음이 동일한 것들을 바르게 묶은 것은?

2018. 서울시 7급(2차)

① 상견례, 의견란, 백리
② 임진란, 공권력, 광한루
③ 대관령, 입원료, 협력
④ 동원령, 구근류, 난로

정답풀이 '상견례, 의견란'은 각각 '상견/례, 의견/란'으로 나누어지는 단어로서, 유음화가 적용되지 않는 예외 사례이다. 유음화 대신에 'ㄹ'의 비음화가 적용되어 [상견녜], [의:견난]으로 발음된다. '백리'는 상호 비음화가 이루어져, [뱅니]로 발음된다.

오답풀이 ② '임진/란' '공권/력'은 'ㄹ'의 비음화가 일어나 각각 [임:진난], [공꿘녁]으로 발음되지만, '광한루'는 유음화가 일어나 [광:할루]가 되므로 'ㄹ' 발음이 동일하지 않다.
③ '대관령'은 유음화로 인해 [대:괄령]으로 발음된다. '입원/료'는 'ㄹ'의 비음화가 일어나 [이붠뇨]로 발음된다. '협력'은 상호 비음화로 [혐녁]으로 발음되므로 'ㄹ' 발음이 동일하지 않다.
④ '동원/령, 구근/류'는 'ㄹ'의 비음화가 일어나 각각 [동:원녕], [구근뉴]로 발음되지만, '난로'는 유음화로 인해 [날로]로 발음되므로 'ㄹ' 발음이 동일하지 않다.

11 다음 중 표준 발음으로 적절하지 않은 것은?

2021. 경찰직 2차

① 그는 나에게 돈을 맡기고[마끼고] 고향으로 돌아갔다.
② 그는 이 문서를 통해서 세상에 진실을 밝혔다[발켣따].
③ 바닷가에 도착한 아이들은 모두 아홉이 아닌 여덟이다[여덜비다].
④ 그녀는 그만둘지언정[그만둘찌언정] 우리에게는 일을 하도록 했다.

정답풀이 [마끼고] → [맏끼고] : [맡기고 → (음절의 끝소리규칙: 교체) → 맏기고 → (된소리되기: 교체) → 맏끼고] 받침 'ㅌ'은 어말 또는 자음 앞에서 대표음 [ㄷ]으로 발음한다.

오답풀이 ② [밝혔다 → (자음 축약) → 발켰다 → (음절의 끝소리규칙:교체) → 발켣다 → (된소리되기) → 발켣따]
③ '여덟이다'에서 '이다'는 서술격 조사로 모음으로 시작하는 형식 형태소이다. 이 경우에는 그대로 연음되므로 [여덜비다]로 발음된다.
④ '그만둘지언정'에서 '-ㄹ지언정'이라는 어미가 결합되어 있다. 관형사형 어미 '-(으)ㄹ' 뒤에도 된소리되기가 일어나는 것처럼, '-(으)ㄹ'로 시작되는 어미의 경우에도 된소리로 발음되므로 [그만둘찌언정]으로 발음된다.

12 다음 중 그 발음이 틀린 것은?

2013. 국회직 9급

① 되어 → 원칙[되어], 허용[되여]
② 피어 → 원칙[피어], 허용[피여]
③ 맛없다 → 원칙[마덥따], 허용[마섭따]
④ 아니오 → 원칙[아니오], 허용[아니요]
⑤ 멋있다 → 원칙[머딛따], 허용[머싣따]

정답풀이 맛없다 : [마덥따]만 표준 발음이다. 다만, '맛있다', '멋있다'의 경우에만 각각 [마딛따(원칙)/마싣따(허용)], [머딛따(원칙)/머싣따(허용)]가 표준발음이 될 수 있다.

오답풀이 나머지는 모두 옳다.

13 다음 중 표준어 규정에 맞게 발음한 문장은?

2016. 서울시 7급

① 불법[불법]으로 고가[고까]의 보석을 훔친 도둑들이 고가[고가]도로로 도망치고 있다.
② 부정한 사건이 묻히지[무치지] 않도록 낱낱이[난나치] 밝혀 부패가 끝이[끄치] 나도록 해야 한다.
③ 꽃 위[꼬 뒤]에 있는[인는] 나비를 잡기 위해 나비 날개의 끝을[끄츨] 잡으려고 했다.
④ 부자[부:자]간에 공동 운영하는 가게에 모자[모자]가 들러 서로 모자[모:자]를 선물했다.

정답풀이 '불법(不法)'은 2017년 12월 ≪표준국어대사전≫에서 된소리 발음을 인정함에 따라 [불법(원칙)/불뻡(허용)] 모두 표준 발음이 되었다. 한편, '비싼 가격'을 의미하는 '고가(高價)'는 [고까]처럼 된소리로 발음되어야 한다. 하지만 '고가도로'의 '고가(高架)'는 된소리로 발음하지 않으므로 [고가]가 옳다.

오답풀이 ② '낱낱이'(×) : [낱낱이 → (음절의 끝소리 규칙) → 낟나티 → (비음화, 구개음화) → 난나치]로 발음된다.
③ '끝을'(×) : '끝을'은 구개음화될 수 없는 환경이므로 [끄츨]이 아니라 [끄틀]로 발음되어야 한다. 구개음화란, 'ㄷ, ㅌ'이 'ㅣ' 혹은 반모음 'ㅣ'로 시작하는 형식 형태소와 결합될 때, 'ㅈ, ㅊ'으로 교체되는 현상이다. 그런데 '끝을'의 '을'은 'ㅣ'로 시작하는 음이 아니므로 구개음화의 대상이 아니다. 따라서 연음하여 '끝을[끄틀]'로 발음해야 한다.
④ '부자(父子)[부자]'와 '모자(帽子)[모자]'는 단음으로 발음되고 '모자(母子)[모:자]'만 장음으로 발음된다.

14 다음의 밑줄 친 ⊙~⑩에 대한 표준 발음으로 옳은 것을 모두 고르면? 2017. 국회직 8급

> • ⊙ 깃발이 바람에 날리다. − [기빨]
> • ⓒ 불법적인 방법으로 돈을 벌고 있다. − [불법쩍]
> • 나는 오늘 점심을 ⓒ 면류로 간단히 때웠다.
>   − [멸류]
> • ⓔ 도매금은 도매로 파는 가격을 말한다.
>   − [도매금]
> • 준법의 테두리 안에서 시위를 한다면 ⑩ 공권력
>   발동을 최대한 자제할 것이다. − [공ː꿘녁]

① ⊙, ⓒ, ⓒ
② ⊙, ⓒ, ⑩
③ ⊙, ⓒ, ⑩
④ ⓒ, ⓒ, ⓔ
⑤ ⓒ, ⓔ, ⑩

정답풀이〉 ⊙ '깃발'은 '기(旗)+발'의 '어근+어근'의 구성을 가진 합성어이다. 뒤의 어근의 예사소리가 된소리로 발음되어, 사이시옷이 표기된 단어는 2가지로 발음된다. 따라서 '깃발'은 [기빨/긷빨]로 발음할 수 있다.

ⓒ 출제 당시 '불법'의 표준 발음은 [불법]만 인정되었으나, 2017년 12월 ≪표준국어대사전≫에서 '불법'의 된소리 발음을 인정함에 따라 [불법/불뻡] 모두 표준 발음이 되었음을 기억해야 한다. 그리고 '불법적'에서 안울림소리 'ㅂ'과 안울림소리 'ㅈ'이 만났기 때문에 된소리되기가 일어나 [쩍]으로 발음된다. 결론적으로 현재는 [불법쩍/불뻡쩍]으로 둘 다 발음될 수 있다.

ⓒ 'ㄴ'은 'ㄹ'의 앞이나 뒤에서 유음화되어 [ㄹ]로 발음되므로 '면류'는 [멸류]로 발음된다.

오답풀이〉 ⓔ '도매금(都賣金)'은 표기상으로 사이시옷이 없다. 3글자 한자어에는 사이시옷이 올 수 없기 때문이다. 하지만 그렇더라도 '도매가격'의 뜻을 가지는 종속 합성어의 의미를 갖기 때문에 '금'을 된소리로 발음해야 한다. 단어 첫소리를 된소리로 발음한다는 표준 발음법 제28항에 따라 '도매−금'은 [도매끔]으로 발음한다.

⑩ '공권력'의 경우에는 유음화가 일어나지 않는 예외적인 단어이다. 주로 3글자 한자어에서 '공권/력'처럼 2글자+1글자 구성인 경우에는 유음화가 일어나지 않는다. 이러한 경우에는 오히려 비음화가 일어나 'ㄹ'을 [ㄴ]으로 발음하여 [공꿘녁]으로 발음된다. 참고로 '공'과 '권' 사이에는 사잇소리 현상의 된소리되기가 일어난 것이다.

Answer
14 ①

MEMO

박혜선의 亦功국어

콤팩트
어문규정

PART

02

표준어 규정

표준어 규정

2011년 새로 인정된 복수 표준어

▶ 기존 표준어와 같은 뜻으로 추가로 표준어로 인정한 것(11개)

기존 표준어	추가 표준어
간질이다	간지럽히다
남우세스럽다	남사스럽다⁺
목물	등물⁺
만날	맨날
묏자리	묫자리
복사뼈	복숭아뼈
세간	세간살이
쌉싸래하다	쌉싸름하다
고운대	토란대⁺
허섭스레기	허접쓰레기
토담	흙담

▶ 현재 표준어와 별도의 표준어로 추가로 인정한 것(24개)

기존 표준어	추가된 표준어	뜻 차이
~기에	~길래	~길래: '~기에'의 구어적 표현
괴발개발	개발새발	'괴발개발'은 '고양이의 발과 개의 발'이라는 뜻이고, '개발새발'은 '개의 발과 새의 발'이라는 뜻임.
날개	나래	'나래'는 '날개'의 문학적 표현
냄새	내음	'내음'은 향기롭거나 나쁘지 않은 냄새로 제한됨.
눈초리	눈꼬리	• 눈초리: 어떤 대상을 바라볼 때 눈에 나타나는 표정, 눈의 한 부분 예 매서운 눈초리 • 눈꼬리: 눈의 귀 쪽으로 째진 부분
떨어뜨리다	떨구다	'떨구다'에 '시선을 아래로 향하다'라는 뜻 있음.
뜰	뜨락⁺	'뜨락'에는 추상적 공간을 비유하는 뜻이 있음.
먹을거리	먹거리	먹거리: 사람이 살아가기 위하여 먹는 음식을 통틀어 이름.
메우다	메꾸다	'메꾸다'에 '무료한 시간을 적당히 또는 그럭저럭 흘러가게 하다.'라는 뜻이 있음.
손자(孫子)	손주	• 손자: 아들의 아들. 또는 딸의 아들 • 손주: 손자와 손녀를 아울러 이르는 말

[여백 주석]

+ 남사스럽다/남우세스럽다: 남에게 놀림과 비웃음을 받을 만한 데가 있다.
+ 등물/목물: 팔다리를 뻗고 구부린 사람의 허리 위에서 목까지를 물로 씻는 일. 또는 그 물
+ 토란대/고운대: 토란의 잎 밑에 묻은 줄거리
+ 뜨락/뜰: 집 안의 앞뒤나 좌우로 가까이 있는 평평한 땅

기존 표준어	추가된 표준어	뜻 차이
어수룩하다	어리숙하다	'어수룩하다'는 '순박함/순진함'의 뜻이 강한 반면에, '어리숙하다'는 '어리석음'의 뜻이 강함.
연방	연신	'연신'이 반복성을 강조한다면, '연방'은 연속성을 강조
휭허케	휭하니+	휭허케 : '휭하니'의 예스러운 표현
거치적거리다	걸리적거리다	자음 또는 모음의 차이로 인한 어감 및 뜻 차이 존재
끼적거리다	끄적거리다	〃
두루뭉술하다	두리뭉실하다	〃
맨송맨송	맨숭맨숭/맹숭맹숭+	〃
바동바동	바둥바둥	〃
새치름하다	새초롬하다	〃
아웅다웅	아옹다옹	〃
야멸치다	야멸차다+	〃
오순도순	오손도손	〃
찌뿌듯하다	찌뿌둥하다	〃
치근거리다	추근거리다+	〃

▶ 휭하니/휭허케 : 지체하지 않고 매우 빨리 가는 모양

▶ 맨숭맨숭/맨송맨송 : 몸에 털이 있을 곳에 털이 없어 반반한 모양

▶ 야멸차다/야멸치다 : 남의 사정을 돌보지 않고 제 일만 생각하다.

▶ 추근거리다/치근거리다 : 몹시 싫어하도록 은근히 자꾸 귀찮게 굴다.

▶ 두 가지 표기를 모두 표준어로 인정한 것(3개)

기존 표준어	추가 표준어
태껸	택견
품세	품새+
자장면	짜장면

▶ 품새/품세 : 태권도 수련 방법의 한 가지

2014년 새로 인정된 복수 표준어

▶ 현재 표준어와 같은 뜻을 가진 표준어로 인정한 것(5개)

기존 표준어	추가 표준어
구안괘사(口眼喎斜)	구안와사(口眼喎斜)+
굽실, 굽실거리다, 굽실대다, 굽실하다, 굽실굽실	굽신, 굽신거리다, 굽신대다, 굽신하다, 굽신굽신+
눈두덩	눈두덩이
삐치다	삐지다
작장초	초장초+

▶ 구완와사/구완괘사 : 입과 눈이 한쪽으로 쏠리어 비뚤어지는 병

▶ '굽신'이 표준어로 인정됨에 따라, '굽신거리다, 굽신대다, 굽신하다, 굽신굽신, 굽신굽신하다' 등도 표준어로 함께 인정됨.

▶ 초장초/작장초 : 괭이밥과의 여러해살이풀

▶ 현재 표준어와 뜻이나 어감이 차이가 나는 별도의 표준어로 인정한 것(8개)

기존 표준어	추가 표준어	뜻 차이
개개다	개기다	• 개기다 : (속되게) 명령이나 지시를 따르지 않고 버티거나 반항하다. • 개개다 : 성가시게 달라붙어 손해를 끼치다.
꾀다	꼬시다	• 꼬시다 : '꾀다'를 속되게 이르는 말 • 꾀다 : 그럴듯한 말이나 행동으로 남을 속이거나 부추겨서 자기 생각대로 끌다.
장난감	놀잇감	• 놀잇감 : 놀이 또는 아동 교육 현장 따위에서 활용되는 물건이나 재료 • 장난감 : 아이들이 가지고 노는 여러 가지 물건
딴죽	딴지	• 딴지 : (주로 '걸다, 놓다'와 함께 쓰여) 일이 순순히 진행되지 못하도록 훼방을 놓거나 어기대는 것 • 딴죽 : 이미 동의하거나 약속한 일에 대하여 딴전을 부림을 비유적으로 이르는 말
사그라지다	사그라들다	• 사그라들다 : 삭아서 없어져 가다. • 사그라지다 : 삭아서 없어지다.
섬뜩	섬찟+	• 섬찟 : 갑자기 소름이 끼치도록 무시무시하고 끔찍한 느낌이 드는 모양 • 섬뜩 : 갑자기 소름이 끼치도록 무섭고 끔찍한 느낌이 드는 모양 '섬찟'이 표준어로 인정됨에 따라, '섬찟하다, 섬찟섬찟, 섬찟섬찟하다' 등도 표준어로 함께 인정됨.
속병	속앓이	• 속앓이 : ① 속이 아픈 병. 또는 속에 병이 생겨 아파하는 일 　　　　　② 겉으로 드러내지 못하고 속으로 걱정하거나 괴로워하는 일 • 속병 : ① 몸속의 병을 통틀어 이르는 말 　　　　 ② '위장병01'을 일상적으로 이르는 말 　　　　 ③ 화가 나거나 속이 상하여 생긴 마음의 심한 아픔
허접스럽다	허접하다	• 허접하다 : 허름하고 잡스럽다. • 허접스럽다 : 허름하고 잡스러운 느낌이 있다.

＋ '섬찟'이 표준어로 인정됨에 따라, '섬찟하다, 섬찟섬찟, 섬찟섬찟하다' 등도 표준어로 함께 인정됨.

2015년 새로 인정된 복수 표준어

▶ 복수 표준어 : 현재 표준어와 같은 뜻을 가진 표준어로 인정한 것(4개)

기존 표준어	추가 표준어	비고
마을	마실	• '이웃에 놀러 다니는 일'의 의미에 한하여 표준어로 인정함. '여러 집이 모여 사는 곳'의 의미로 쓰인 '마실'은 비표준어임. • '마실꾼, 마실방, 마실돌이, 밤마실'도 표준어로 인정함. 예 나는 아들의 방문을 열고 이모네 마실 갔다 오라고 말했다.
예쁘다	이쁘다	• '이쁘장스럽다, 이쁘장스레, 이쁘장하다, 이쁘디이쁘다'도 표준어로 인정함. 예 어이구, 내 새끼 이쁘기도 하지.
차지다	찰지다	• 사전에서 '차지다'의 원말로 풀이함. 예 화단의 찰진 흙에 하얀 꽃잎이 화사하게 떨어져 날리곤 했다.
-고 싶다	-고프다	• 사전에서 '-고 싶다'가 줄어든 말로 풀이함. 예 그 아이는 엄마가 보고파 앙앙 울었다.

▶ 별도 표준어 : 현재 표준어와 뜻이 다른 표준어로 인정한 것(5개)

기존 표준어	추가 표준어	뜻 차이
가오리연	꼬리연	• 꼬리연 : 긴 꼬리를 단 연 예 행사가 끝날 때까지 하늘을 수놓았던 대형 꼬리연도 비상을 꿈꾸듯 끊임없이 창공을 향해 날아올랐다. • 가오리연 : 가오리 모양으로 만들어 꼬리를 길게 단 연. 띄우면 오르면서 머리가 아래위로 흔들린다.
의논	의론	• 의론(議論) : 어떤 사안에 대하여 각자의 의견을 제기함. 또는 그런 의견 예 이러니저러니 의론이 분분하다. • 의논(議論) : 어떤 일에 대하여 서로 의견을 주고 받음. 》 '의론되다, 의론하다'도 표준어로 인정함.
이키	이크	• 이크 : 당황하거나 놀랐을 때 내는 소리. '이키'보다 큰 느낌을 준다. 예 이크, 이거 큰일 났구나 싶어 허겁지겁 뛰어갔다. • 이키 : 당황하거나 놀랐을 때 내는 소리. '이끼'보다 거센 느낌을 준다.
잎사귀	잎새	• 잎새 : 나무의 잎사귀. 주로 문학적 표현에 쓰인다. 예 잎새가 몇 개 남지 않은 나무들이 창문 위로 뻗어올라 있었다. • 잎사귀 : 낱낱의 잎. 주로 넓적한 잎을 이른다.
푸르다	푸르르다	• 푸르르다 : '푸르다'를 강조할 때 이르는 말 예 겨우내 찌푸리고 있던 잿빛 하늘이 푸르르게 맑아 오고 어디선지도 모르게 흙냄새가 뭉클하니 풍겨 오는 듯한 순간 벌써 봄이 온 것을 느낀다. • 푸르다 : 맑은 가을 하늘이나 깊은 바다, 풀의 빛깔과 같이 밝고 선명하다. 》 '푸르르다'는 '으 불규칙 용언'으로 분류함.

▶ 복수 표준형 : 현재 표준적인 활용형과 용법이 같은 활용형으로 인정한 것(2개)

기존 표준형	추가 표준형	비고

마
마라
마요
	말아
	말아라
	말아요
		• '말다'에 명령형 어미 '-아', '-아라', '-아요' 등이 결합할 때는 어간 끝의 'ㄹ'이 탈락하기도 하고 탈락하지 않기도 함.
		예 내가 하는 말 농담으로 듣지 마/말아.
		  얘야, 아무리 바빠도 제사는 잊지 마라/말아라.
		  아유, 말도 마요/말아요.

노라네
동그라네
조그마네
...
	노랗네
	동그랗네
	조그맣네
	...
		• ㅎ 불규칙 용언이 어미 '-네'와 결합할 때는 어간 끝의 'ㅎ'이 탈락하기도 하고 탈락하지 않기도 함.
		• '그렇다, 노랗다, 동그랗다, 뿌옇다, 어떻다, 조그맣다, 커다랗다' 등등 모든 ㅎ불규칙용언의 활용형에 적용됨.
		예 생각보다 훨씬 노랗네/노라네. (노랗니, 노랗냐 / 노라니, 노라냐)
		  이 빵은 동그랗네/동그라네. (동그랗니, 동그랗냐 / 동그라니, 동그라냐)
		  건물이 아주 조그맣네/조그마네. (조그맣니, 조그맣냐 / 조그마니, 조그마냐)

2016년 새로 인정된 복수 표준어

▶ 추가 표준어(4항목)

기존 표준어	추가 표준어	뜻 차이
거방지다	걸판지다	걸판지다 : [형용사] ① 매우 푸지다. 예 술상이 걸판지다 / 마침 눈먼 돈이 생긴 것도 있으니 오늘 저녁은 내가 걸판지게 사지. ② 동작이나 모양이 크고 어수선하다. 　예 싸움판은 자못 걸판져서 구경거리였다. / 소리판은 옛날이 걸판지고 소리할 맛이 났었지. 거방지다 : [형용사] ① 몸집이 크다. ② 하는 짓이 점잖고 무게가 있다. ③ = 걸판지다①
건울음	겉울음	겉울음 : [명사] ① 드러내 놓고 우는 울음 예 꼭꼭 참고만 있다 보면 간혹 속울음이 겉울음으로 터질 때가 있다. ② 마음에도 없이 겉으로만 우는 울음 예 눈물도 안 나면서 슬픈 척 겉울음 울지 마. 건울음 : [명사] = 강울음 강울음 : [명사] 눈물 없이 우는 울음, 또는 억지로 우는 울음
까다롭다	까탈스럽다	까탈스럽다 : [형용사] ① 조건, 규정 따위가 복잡하고 엄격하여 적응하거나 적용하기에 어려운 데가 있다. '가탈스럽다①'보다 센 느낌을 준다. 예 까탈스러운 공정을 거치다. / 규정을 까탈스럽게 정하다. / 가스레인지에 길들여진 현대인들에게 지루하고 까탈스러운 숯 굽기 작업은 쓸데없는 시간 낭비로 비칠 수도 있겠다. ② 성미나 취향 따위가 원만하지 않고 별스러워 맞춰 주기에 어려운 데가 있다. '가탈스럽다②'보다 센 느낌을 준다. 예 까탈스러운 입맛 / 성격이 까탈스럽다. / 딸아이는 사 준 옷이 맘에 안 든다고 까탈스럽게 굴었다. 》 같은 계열의 '가탈스럽다'도 표준어로 인정함. 까다롭다 : [형용사] ① 조건 따위가 복잡하거나 엄격하여 다루기에 순탄하지 않다. ② 성미나 취향 따위가 원만하지 않고 별스럽게 까탈이 많다.
실몽당이	실뭉치	실뭉치 : [명사] 실을 한데 뭉치거나 감은 덩이 예 뒤엉킨 실뭉치 / 실뭉치를 풀다 / 그의 머릿속은 엉클어진 실뭉치같이 갈피를 못 잡고 있었다. 실몽당이 : [명사] 실을 풀기 좋게 공 모양으로 감은 뭉치

▶ 추가 표준형(2항목)

기존 표준형	추가 표준형	비고
에는	엘랑	• 표준어 규정 제25항에서 '에는'의 비표준형으로 규정해 온 '엘랑'을 표준형으로 인정함. • '엘랑' 외에도 'ㄹ랑'에 조사 또는 어미가 결합한 '에설랑, 설랑, −고설랑, −어설랑, −질랑'도 표준형으로 인정함. • '엘랑, −고설랑' 등은 단순한 조사/어미 결합형이므로 사전 표제어로는 다루지 않음. 　예 서울엘랑 가지를 마오. / 교실에설랑 떠들지 마라. 　　나를 앞에 앉혀 놓고설랑 자기 아들 자랑만 하더라.
주책없다	주책이다	• 표준어 규정 제25항에 따라 '주책없다'의 비표준형으로 규정해 온 '주책이다'를 표준형으로 인정함. • '주책이다'는 '일정한 줏대가 없이 되는 대로 하는 짓'을 뜻하는 '주책'에 서술격 조사 '이다'가 붙은 말로 봄. • '주책이다'는 단순한 명사+조사 결합형이므로 사전 표제어로는 다루지 않음. 　예 이제 와서 오래 전에 헤어진 그녀를 떠올리는 나 자신을 보며 '나도 참 주책이군.' 하는 생각이 들었다.

제1장 총 칙

제1항 | 표준어는 <u>교양 있는 사람들이 두루 쓰는</u> <u>현대</u> <u>서울말</u>로 정함을 원칙으로 한다.
         사회적(계층적) 조건   시대적 조건 지역적 조건

제2항 | 외래어는 따로 사정한다.

제2장 발음 변화에 따른 표준어 규정

제1절 자 음

제3항 | 다음 단어들은 거센소리를 가진 형태를 표준어로 삼는다.

표준어(○)	비표준어(×)	비 고
*끄나풀+	끄나불	
나팔-꽃	나발-꽃	
*녘	녁	동녘, 들녘, 새벽녘, 동틀 녘
부엌	부억	
*살-쾡이	삵-괭이	삵
칸	간	1. 칸막이, 빈칸, 방 한 칸 2. '초가삼간, 윗간'의 경우에는 '간'임.
*털어-먹다	떨어-먹다	재물을 다 없애다.

제4항 | 다음 단어들은 거센소리로 나지 않는 형태를 표준어로 삼는다.

표준어(○)	비표준어(×)	비 고
*가을-갈이+	가을-카리	
*거시기+	거시키	
*분침(分針)	푼침	

+ 끄나풀: 남의 앞잡이 노릇을 하는 사람.

+ 가을갈이: 다음 해의 농사에 대비하여, 가을에 논밭을 미리 갈아 두는 일

+ 거시기: 이름이 얼른 생각나지 않거나 바로 말하기 곤란한 사람 또는 사물을 가리키는 대명사

제5항 | 어원에서 멀어진 형태로 굳어져서 널리 쓰이는 것은, 그것을 표준어로 삼는다.

표준어(○)	비표준어(×)	비 고
*강낭-콩	강남-콩	
*고삿	고샅	지붕을 이을 때 쓰는 새끼. 겉고삿, 속고삿
*사글-세	삭월-세	'월세'는 표준어임.
*울력-성당	위력-성당	떼를 지어서 으르고 협박하는 일

다만, 어원적으로 원형에 더 가까운 형태가 아직 쓰이고 있는 경우에는, 그것을 표준어로 삼는다.

표준어(○)	비표준어(×)	비 고
*갈비	가리	갈비구이, 갈비찜, 갈빗-대
갓모	갈모	1. 사기 만드는 물레 밑 고리 2. '갈모'는 갓 위에 쓰는, 유지로 만든 우비
굴-젓	구-젓	
*말-곁+	말-겻	
*물-수란+	물-수랄	
*밀-뜨리다+	미-뜨리다	
*적이+	저으기	적이-나, 적이나-하면
휴지	수지	

+ **말곁** : 남이 말하는 곁에서 덩달아 참견하는 말
+ **물수란** : 끓는 물에 달걀을 깨 넣어 반쯤 익힌 음식
+ **밀뜨리다** : 갑자기 힘 있게 밀어 버리다.
+ **적이** : 약간, 다소, 조금, 얼마간

제6항 | 다음 단어들은 의미를 구별함이 없이, 한 가지 형태만을 표준어로 삼는다.

표준어(○)	비표준어(×)	비 고
돌	돐	생일, 주기
둘-째	두-째	'제2, 두 개째'의 뜻
셋-째	세-째	'제3, 세 개째'의 뜻
넷-째	네-째	'제4, 네 개째'의 뜻
빌리다	빌다	1. 빌려주다, 빌려 오다 2. '용서를 빌다'는 '빌다'임.

***다만**, '둘째'는 십 단위 이상의 서수사에 쓰일 때에 '두째'로 한다.

열두-째 스물두-째	순서 예 이 줄 열두째에 앉아 있다. → **수사** 그녀는 스물두째 생일을 맞이하였다. → **수관형사**
열둘째 스물둘째 (명사)	개수 예 이 채점 답안지는 열둘째이다. → **명사** 이 과자는 스물둘째이다. → **명사**

[Q1] 표준말에 ○표 하시오.

<u>끄나풀</u>, 끄나불	<u>분침(分針)</u>, 푼침	<u>스물두째</u>, <u>스물둘째</u>
나발꽃, <u>나팔꽃</u>	강낭콩, 강남콩	(자리를)빌다, (자리를)<u>빌리다</u>
<u>동녘</u>, 동역	<u>고삿</u>, 고샅	<u>갈비</u>, 가리
<u>부엌</u>, 부억	<u>사글세</u>, 삭월세	<u>갓모</u>, 갈모
삵괭이, <u>살쾡이</u>	위력성당, 울력성당	구젓, <u>굴젓</u>
<u>칸막이</u>, 간막이	돌, 돐	말졌, 말곁
<u>초가삼간</u>, 초려삼칸	두째, <u>둘째</u>	<u>물수란</u>, 물수랄
<u>털어먹다</u>, 떨어먹다	세째, <u>셋째</u>	미뜨리다, 밀뜨리다
<u>가을갈이</u>, 가을카리	네째, <u>넷째</u>	<u>적이</u>, 저으기
<u>거시기</u>, 거시키	<u>열두째</u>, <u>열둘째</u>	수지, <u>휴지</u>

[Q1] 표준말에 ○표 하시오.

끄나풀, 끄나불	분침(分針), 푼침	스물두째, 스물둘째
나발꽃, 나팔꽃	강낭콩, 강남콩	(자리를)빌다, (자리를)빌리다
동녘, 동역	고삿, 고샅	갈비, 가리
부엌, 부억	사글세, 삭월세	갓모, 갈모
삵괭이, 살쾡이	위력성당, 울력성당	구젓, 굴젓
칸막이, 간막이	돌, 돐	말졌, 말곁
초가삼간, 초려삼칸	두째, 둘째	물수란, 물수랄
털어먹다, 떨어먹다	세째, 셋째	미뜨리다, 밀뜨리다
가을갈이, 가을카리	네째, 넷째	적이, 저으기
거시기, 거시키	열두째, 열둘째	수지, 휴지

복수 정답이었던 문제이다. ①의 '수 캉아지, 수탕나귀, 수평아리'는 모두 표준어이다. 접두사 다음에서 나는 거센소리를 인정하는 단어는 '개(강 아지), 돼지, 닭(병아리), 당나귀, 것, 돌쩌귀, 기와'의 총 9개의 단어이다. → 개돼지닭당 것돌기!!!!
④의 '깡충깡충', '오뚝이', '아지랑 이'도 모두 표준어이다. 🔒 ④

오답풀이 ② 돐(×): '태어난 뒤에 해마다 돌아오는 그날'은 '돐'이 아니 라 '돌'이다. 나머지는 모두 옳다. '황 소'와 '수소'는 모두 '수컷 소'를 뜻하 는 표준어이다. '장끼'와 '수꿩'도 모두 '수컷 꿩'을 뜻하는 표준어.
③ 삵괭이(×), 끄나불(×): 각각 '살 괭이' '끄나풀'이 옳은 표준어이다. 이 두 단어는 모두 거센소리 형태를 표준어로 삼은 단어이다. '사글세'는 올바른 표준어이다. 어원에서 멀어 진 형태로 굳어져서 널리 쓰이는 것 을 표준어로 삼기 때문이다. '삭'과 '월세'의 의미에서 멀어졌다고 본다.

➕ **수사돈**: 사위 쪽의 사돈
　　↔ 암사돈 : 며느리 쪽의 사돈

➕ **수키와** : 두 암키와 사이를 엎어 잇는 기와

➕ **수톨쩌귀** : 문짝에 박아서 문설 주에 있는 암톨쩌귀에 꽂게 되어 있는, 뾰족한 촉이 달린 돌쩌귀

💬 다만 1.과 다만 2. 이외의 단어 에서는 무조건 '수-'로 통일된다.

│최빈출 亦功 기출│

다음 중 표준어끼리 올바르게 연결된 것은?

2018. 경찰 1차

① 수캉아지 – 수탕나귀 – 수평아리

② 황소 – 장끼 – 돐(생일)

③ 삵괭이 – 사글세 – 끄나불

④ 깡충깡충 – 오뚝이 – 아지랑이

제7항│ 수컷을 이르는 접두사는 '수-'로 통일한다.

표준어(○)	비표준어(×)	비 고
수-꿩	수-퀑, 숫-꿩	'장끼'도 표준어임.
수-나사	숫-나사	
수-놈	숫-놈	
수-사돈➕	숫-사돈	
수-소	숫-소	'황소'도 표준어임.
수-은행나무	숫-은행나무	

다만 1. 다음 단어에서는 접두사 다음에서 나는 거센소리를 인정한다. 접두사 '암-'이 결합 되는 경우에도 이에 준한다.

표준어(○)	비표준어(×)	표준어(○)	비표준어(×)
수-캉아지	숫-강아지	수-캐	숫-개
수-컷	숫-것	수-키와➕	숫-기와
수-탉	숫-닭	수-탕나귀	숫-당나귀
수-톨쩌귀➕	숫-돌쩌귀	수-퇘지	숫-돼지
수-평아리	숫-병아리		

다만 2. 다음 단어의 접두사는 '숫-'으로 한다.

표준어(○)	비표준어(×)	표준어(○)	비표준어(×)
숫-양	수-양	숫-염소	수-염소
숫-쥐	수-쥐		

떠먹여 주는 春.春.포 제7항 수ㅎ, 숫, 수

제7항| 수컷을 이르는 접두사는 '수-'로 통일한다.

1. 수ㅎ (암ㅎ) → 총 9개

❶	❷	❸	❹	❺	❻	❼
(강아지)		(병아리)			쩌귀	와

2. 숫 → 총 3개

❽	❾	❿
		소

3. 수 → 대부분

[Q2] 표준말에 ○표 하시오.

수퀑, <u>수꿩</u>, 숫꿩	<u>수탉</u>, 숫닭
<u>수나사</u>, 숫나사	숫돼지, <u>수퇘지</u>
<u>수놈</u>, 숫놈	<u>수컷</u>, 숫것
숫사돈, <u>수사돈</u>	숫당나귀, <u>수탕나귀</u>
숫소, <u>수소</u>	숫병아리, <u>수평아리</u>
<u>수은행나무</u>, 숫은행나무	<u>수양</u>, 수양
숫강아지, <u>수캉아지</u>	수염소, 숫염소
<u>수키와</u>, 숫기와	<u>숫쥐</u>, 수쥐
<u>수톨쩌귀</u>, 숫돌쩌귀	숫개, <u>수캐</u>

[Q2] 표준말에 ○표 하시오.

수퀑, 수꿩, 숫꿩	수탉, 숫닭
수나사, 숫나사	숫돼지, 수퇘지
수놈, 숫놈	수컷, 숫것
숫사돈, 수사돈	숫당나귀, 수탕나귀
숫소, 수소	숫병아리, 수평아리
수은행나무, 숫은행나무	숫양, 수양
숫강아지, 수캉아지	수염소, 숫염소
수키와, 숫기와	숫쥐, 수쥐
수톨쩌귀, 숫돌쩌귀	숫개, 수캐

떠먹여 주는 春.春.포

❶ 개 ❷ 돼지 ❸ 닭
❹ 당나귀 ❺ 것 ❻ 돌 ❼ 기
❽ 양 ❾ 염 ❿ 쥐

제2절 모음

제8항 | 양성 모음이 음성 모음으로 바뀌어 굳어진 다음 단어는 음성 모음 형태를 표준어로 삼는다.

표준어(○)	비표준어(×)	비 고
깡충-깡충	깡총-깡총	큰말은 '껑충껑충'임.
-둥이	-동이	← 童-이. 귀둥이, 막둥이, 선둥이, 쌍둥이, 검둥이, 바람둥이, 흰둥이
발가-숭이	발가-송이	센말은 '빨가숭이', 큰말은 '벌거숭이, 뻘거숭이'임.
보퉁이+	보통이	
봉죽+	봉족	← 奉足. 봉죽꾼, 봉죽들다
뻗정-다리+	뻗장-다리	
아서, 아서라	앗아, 앗아라	하지 말라고 금지하는 말
오뚝-이+	오똑-이	부사도 '오뚝-이'임.
주추+	주초	← 柱礎. 주춧-돌

+ **보퉁이**: 물건을 보에 싸서 꾸려 놓은 덩이
+ **봉죽**: 일을 주장하는 사람을 곁에서 도와줌.
+ **뻗정다리**: 꾸부렸다 폈다 하지 못하고 늘 뻗어 있는 다리. 또는 그런 다리를 가진 사람
+ **오뚝이**: 아무렇게나 굴려도 오뚝오뚝 일어나게 만든 아이들의 장난감
+ **주추**: 기둥 밑에 괴는 돌 따위

다만, 어원 의식이 강하게 작용하는 다음 단어에서는 양성 모음 형태를 그대로 표준어로 삼는다.

표준어(○)	비표준어(×)	비 고
부조(扶助)+	부주	부조금, 부좃-술
사돈(査頓)	사둔	밭사돈, 안사돈
삼촌(三寸)	삼춘	시삼촌, 외삼촌, 처삼촌

+ **부조**: 잔칫집·상가(喪家) 등에 돈이나 물건을 보냄. 또는 그 돈이나 물건

🔊 떠먹여 주는 🔴.🔵.🔣 제8항

❶ ___성 모음 형태를 표준어로 삼는다.

제9항 | ' ㅣ ' 역행 동화 현상에 의한 발음은 원칙적으로 표준 발음으로 인정하지 아니하되, 다만 다음 단어들은 그러한 동화가 적용된 형태를 표준어로 삼는다.

표준어(○)	비표준어(×)	비 고
-내기	-나기	서울내기, 시골내기, 신출내기, 풋내기
냄비	남비	
동댕이-치다	동당이-치다	

떠먹여 주는 🔴.🔵.🔣

❶ 음

PART
02

🔊 떠먹여 주는 💧.💧.🔊 제9항

'ㅣ' 역행 동화 현상은 원래는 인정하지 않는다. 다만 이 단어들만은 'ㅣ' 역행 동화 현상이 적용되어야만 표준어이다.

❶_____가 ❷_____를 ❸_____치고 불을 ❹_____.

붙임1 다음 단어는 'ㅣ' 역행 동화가 일어나지 아니한 형태를 표준어로 삼는다.
아지랑이(○) - 아지랭이(×)

붙임2 기술자에게는 '-장이', 그 외에는 '-쟁이'가 붙는 형태를 표준어로 삼는다.

표준어(○)	비표준어(×)	표준어(○)	비표준어(×)
미장이+	미쟁이	유기장이+	유기쟁이
멋쟁이	멋장이	소금쟁이	소금장이
담쟁이-덩굴	담장이-덩굴	골목쟁이+	골목장이
발목쟁이+	발목장이		

+ 미장이: 건축 공사에서 벽이나 천장, 바닥 따위에 흙, 회, 시멘트 따위를 바르는 일을 작업으로 하는 사람
+ 유기장이: 키버들로 고리짝이나 키 따위를 만들어 파는 일을 직업으로 하는 사람
+ 골목쟁이: 골목에서 좀 더 깊숙이 들어간 좁은 곳
+ 발목쟁이: '발'이나 '발목'을 속되게 이르는 말

🔊 떠먹여 주는 💧.💧.🔊 제9항 붙임 1, 2

붙임1 '❺_____'만 표준어이다.

붙임2 손을 사용하는 기술자인 '❻___장이, ❼_____장이'는 '장이'를 사용한다.

제10항┃ 다음 단어는 모음이 단순화한 형태를 표준어로 삼는다.

표준어(○)	비표준어(×)	비 고
괴팍-하다	괴퍅-하다/괴팩-하다	'강퍅하다+, 퍅하다+, 퍅성+'은 표준어이다.
-구먼	-구면	
미루-나무	미류-나무	← 美柳~
미륵	미력	← 彌勒. 미륵보살, 미륵불, 돌미륵
여느+	여늬	마찬가지로 '늬나노'가 아니라 '니나노'가 표준어이다.
온-달	왼-달	만 한 달
으레+	으례	
케케-묵다+	켸켸-묵다	
허우대	허위대	
허우적-허우적	허위적-허위적	허우적-거리다

+ 강퍅하다: 성미가 까다롭고 고집이 세다.
+ 퍅하다: 성질이 좁고 비꼬여 걸핏하면 성을 내고 뽀로통하다.
+ 퍅성: 실없는 사람을 낮잡아 이르는 말
+ 여느: 보통의
+ 으레: 두말할 것 없이, 당연히.
+ 케케묵다: 일이나 물건, 생각 등이 씩 오래 묵어서 그리 쓸모가 없다.

떠먹여 주는 💧.💧.🔊
❶ 풋내기 ❷ 냄비 ❸ 동댕이
❹ 댕겼다 ❺ 아지랑이
❼ 미 ❽ 유기

제11항 | 다음 단어에서는 모음의 발음 변화를 인정하여, 발음이 바뀌어 굳어진 형태를 표준어로 삼는다.

표준어(○)	비표준어(×)	비 고
-구려	-구료	
깍쟁이	깍정이	1. 서울깍쟁이, 알깍쟁이, 찰깍쟁이 2. 도토리, 상수리 등의 받침은 '깍정이'임.
나무라다	나무래다	
미수	미시	미숫-가루
*바라다	바래다	'바램[所望]'은 비표준어임.
상추	상치	상추쌈
*시러베-아들+	실업의-아들	
*주책+	주착	← 主着. 주책망나니, 주책없다
*지루-하다	지리-하다	← 支離
*튀기+	트기	
*허드레	허드래	허드렛-물, 허드렛-일
호루라기	호루루기	

+ 시러베아들: 실없는 사람을 낮잡아 이르는 말
+ 주책: 일정한 줏대가 없이 되는 대로 하는 짓
+ 튀기: 혈통이 다른 종족 사이에서 태어난 아이. 혼혈아

[Q3] 표준말에 ○표 하시오.

<u>깡충깡충</u>, 깡총깡총	<u>아지랑이</u>, 아지랭이	켸켸묵다, <u>케케묵다</u>
-둥이, <u>-둥이</u>	<u>미장이</u>, 미쟁이	허위대, <u>허우대</u>
<u>발가숭이</u>, 발가송이	소금장이, <u>소금쟁이</u>	허우적허우적, 허위적허위적
<u>보퉁이</u>, 보통이	<u>발목쟁이</u>, 발목장이	<u>-구려</u>, -구료
봉족, 봉죽	<u>유기장이</u>, 유기쟁이	<u>깍쟁이</u>, 깍정이
<u>뻗정다리</u>, 뻗장다리	<u>담쟁이덩굴</u>, 담장이덩굴	나무래다, <u>나무라다</u>
<u>아서</u>, <u>아서라</u>, 앗아, 앗아라	멋쟁이, <u>멋쟁이</u>	<u>미수</u>, 미시
오똑이, <u>오뚝이</u>	<u>골목쟁이</u>, 골목장이	wish : 바래다, <u>바라다</u>
<u>주추</u>, 주초	<u>괴팍하다</u>, 괴괍하다, 괴퍅하다	<u>상추</u>, 상치
부주, <u>부조(扶助)</u>	-구면, <u>-구먼</u>	시러베아들, 실업의아들
<u>사돈(査頓)</u>, 사둔	<u>미루나무</u>, 미류나무	주착, <u>주책</u>
<u>삼촌(三寸)</u>, 삼춘	미력, <u>미륵</u>	지리하다, <u>지루하다</u>
서울나기, <u>서울내기</u>	여늬, <u>여느</u>	<u>튀기</u>, 트기
<u>냄비</u>, 남비	<u>온달</u>, 왼달	<u>허드레</u>, 허드래
<u>동댕이치다</u>, 동당이치다	<u>으레</u>, 으례	호루루기, <u>호루라기</u>

[Q3] 표준말에 ○표 하시오.

깡충깡충, 깡총깡총	아지랑이, 아지랭이	켸켸묵다, 케케묵다
-동이, -둥이	미장이, 미쟁이	허위대, 허우대
발가숭이, 발가송이	소금장이, 소금쟁이	허우적허우적, 허위적허위적
보퉁이, 보통이	발목쟁이, 발목장이	-구려, -구료
봉족, 봉죽	유기장이, 유기쟁이	깍쟁이, 깍정이
뻗정다리, 뻗장다리	담쟁이덩굴, 담장이덩굴	나무래다, 나무라다
아서, 아서라, 앗아, 앗아라	멋쟁이, 멋장이	미수, 미시
오뚝이, 오똑이	골목쟁이, 골목장이	wish : 바래다, 바라다
주추, 주초	괴팍하다, 괴퍅하다, 괴팩하다	상추, 상치
부주, 부조(扶助)	-구면, -구먼	시러베아들, 실업의아들
사돈(查頓), 사둔	미루나무, 미류나무	주착, 주책
삼촌(三寸), 삼춘	미력, 미륵	지리하다, 지루하다
서울나기, 서울내기	여늬, 여느	튀기, 트기
냄비, 남비	온달, 왼달	허드레, 허드래
동댕이치다, 동당이치다	으레, 으례	호루루기, 호루라기

제12항 | '웃-' 및 '윗-'은 명사 '위'에 맞추어 '윗-'으로 통일한다.

표준어(○)	비표준어(×)	비 고
윗-넓이	웃-넓이	
윗-눈썹	웃-눈썹	
윗-니	웃-니	
윗-당줄➕	웃-당줄	
윗-덧줄➕	웃-덧줄	
윗-도리	웃-도리	
윗-동아리	웃-동아리	준말은 '윗동'임.
윗-막이➕	웃-막이	
윗-머리	웃-머리	
윗-목	웃-목	
윗-몸	웃-몸	윗몸 운동
윗-바람	웃-바람	
윗-배	웃-배	
윗-벌	웃-벌	
윗-변	웃-변	수학 용어
윗-사랑	웃-사랑	

➕ 윗당줄 : 망건당(망건의 윗부분)에 꿴 당줄

➕ 윗덧줄 : 악보의 오선(五線) 위에 덧붙여 그 이상의 음높이를 나타내기 위하여 짧게 긋는 줄

➕ 윗막이 : 물건의 위쪽 머리를 막은 부분

윗-세장+	웃-세장	
윗-수염	웃-수염	
윗-입술	웃-입술	
윗-잇몸	웃-잇몸	
윗-자리	웃-자리	
윗-중방+	웃-중방	

다만 1. 된소리나 거센소리 앞에서는 '위-'로 한다.

표준어(○)	비표준어(×)	비 고
위-짝	웃-짝	
위-쪽	웃-쪽	
위-채	웃-채	
위-층	웃-층	
위-치마	웃-치마	
위-턱	웃-턱	위턱구름[上層雲]
위-팔	웃-팔	

다만 2. '아래, 위'의 대립이 없는 단어는 '웃-'으로 발음되는 형태를 표준어로 삼는다.

표준어(○)	비표준어(×)	비 고
웃-국+	윗-국	
웃-기+	윗-기	
웃-돈+	윗-돈	
웃-비+	윗-비	웃비걷다
웃-어른	윗-어른	
웃-옷+	윗-옷	

» '위'와 '아래'의 대립이 없는 단어는 '웃-'의 형태를 표준어로 삼는다는 조항이다.

🔫 떠먹여 주는 🥤.🥤.🥤 제12항 '웃/위, 윗'

1. 웃: '위, 아래'의 대립이 없음.
   ❶_____에 **❷**_____가 내리면 **❸**_____들이 **❹**_____는다.

2. 위/윗: '위, 아래'의 대립이 있음.
   위: '**❺**_____소리, **❻**_____소리' 앞
   윗: 나머지

惠旋 콤팩트 어문규정

PART
02

[Q4] 표준말에 ○표 하시오.

윗넓이, 웃넓이	웃바람, **윗바람**	웃짝, **위짝**
웃눈썹, **윗눈썹**	웃배, **윗배**	**위쪽**, 웃쪽
윗니, 웃니	**윗벌**, 웃벌	웃채, **위채**
웃당줄, **윗당줄**	웃변, **윗변**	**위층**, 웃층
웃덧줄, **윗덧줄**	웃사랑, **윗사랑**	웃치마, **위치마**
웃도리, **윗도리**	**윗세장**, 웃세장	웃턱, **위턱**
웃동아리, **윗동아리**	웃수염, **윗수염**	**위팔**, 웃팔
윗막이, 웃막이	웃입술, **윗입술**	윗국, **웃국**
윗머리, 웃머리	**윗잇몸**, 웃잇몸	윗기, **웃기**
윗목, 웃목	**윗자리**, 웃자리	**웃돈**, 윗돈
웃몸, **윗몸**	**윗중방**, 웃중방	윗비, **웃비**
윗어른, **웃어른**	**웃옷**, 윗옷	

[Q4] 표준말에 ○표 하시오.

윗넓이, 웃넓이	웃바람, 윗바람	웃짝, 위짝
웃눈썹, 윗눈썹	웃배, 윗배	위쪽, 웃쪽
윗니, 웃니	윗벌, 웃벌	웃채, 위채
웃당줄, 윗당줄	웃변, 윗변	위층, 웃층
웃덧줄, 윗덧줄	웃사랑, 윗사랑	웃치마, 위치마
웃도리, 윗도리	윗세장, 웃세장	웃턱, 위턱
웃동아리, 윗동아리	웃수염, 윗수염	위팔, 웃팔
윗막이, 웃막이	웃입술, 윗입술	윗국, 웃국
윗머리, 웃머리	윗잇몸, 웃잇몸	윗기, 웃기
윗목, 웃목	윗자리, 웃자리	웃돈, 윗돈
웃몸, 윗몸	윗중방, 웃중방	윗비, 웃비
윗어른, 웃어른	웃옷, 윗옷	

제13항 | 한자 '구(句)'가 붙어서 이루어진 단어는 '귀'로 읽는 것을 인정하지 아니하고, '구'로 통일한다.

표준어(○)	비표준어(×)	비 고
구법(句法)⁺	귀법	
구절(句節)	귀절	
구점(句點)	귀점	구절 끝에 찍는 점
결구(結句)	결귀	
경구(警句)	경귀	
경인구(警人句)⁺	경인귀	
난구(難句)⁺	난귀	
단구(短句)	단귀	
단명구(短命句)⁺	단명귀	
대구(對句)	대귀	대구법(對句法)
문구(文句)	문귀	
성구(成句)⁺	성귀	성구어(成句語)
★시구(詩句)	시귀	
어구(語句)	어귀	
연구(聯句)⁺	연귀	
인용구(引用句)	인용귀	
절구(絕句)	절귀	

다만, 다음 단어는 '귀'로 발음되는 형태를 표준어로 삼는다.

　　★귀글(○) − 구글(×)　　　　　　　　글귀(○) − 글구(×)

[Q5] 표준말에 ○표 하시오.

귀법(句法), <u>구법(句法)</u>	난구(難句), 난귀(難句)	<u>시구(詩句)</u>, 시귀(詩句)
귀절(句節), <u>구절(句節)</u>	<u>단구(短句)</u>, 단귀(短句)	<u>어구(語句)</u>, 어귀(語句)
<u>구점(句點)</u>, 귀점(句點)	<u>단명구(短命句)</u>, 단명귀(短命句)	<u>연구(聯句)</u>, 연귀(聯句)
<u>결구(結句)</u>, 결귀(結句)	대귀(對句), <u>대구(對句)</u>	<u>인용구(引用句)</u>, 인용귀(引用句)
경귀(警句), <u>경구(警句)</u>	문귀(文句), <u>문구(文句)</u>	절귀(絕句), <u>절구(絕句)</u>
<u>경인구(警人句)</u>, 경인귀(警人句)	<u>성구(成句)</u>, 성귀(成句)	
<u>귀글</u>, 구글	<u>글귀</u>, 글구	

+ 구법(句法): 시문(詩文) 따위의 구절을 만들거나 배열하는 방법

+ 경인구(警人句): 사람을 놀라게 할 만큼 잘 지은 시구(詩句)

+ 난구(難句): 이해하기 어려운 문장이나 구절

+ 단명구(短命句): 글쓴이의 목숨이 짧으리라는 징조가 드러나 보이는 글귀

+ 성구(成句): 하나의 뭉뚱그려진 뜻을 나타내는 글귀. 또는 예로부터 내려오는 관용구

+ 연구(聯句): 한 사람이 각각 한 구씩을 지어 이를 합하여 만든 시

[Q5] 표준말에 ○표 하시오.

귀법(句法), 구법(句法)	난구(難句), 난귀(難句)	시구(詩句), 시귀(詩句)
귀절(句節), 구절(句節)	단구(短句), 단귀(短句)	어구(語句), 어귀(語句)
구점(句點), 귀점(句點)	단명구(短命句), 단명귀(短命句)	연구(聯句), 연귀(聯句)
결구(結句), 결귀(結句)	대귀(對句), 대구(對句)	인용구(引用句), 인용귀(引用句)
경귀(警句), 경구(警句)	문귀(文句), 문구(文句)	절귀(絶句), 절구(絶句)
경인구(警人句), 경인귀(警人句)	성구(成句), 성귀(成句)	
귀글, 구글	글귀, 글구	

제3절 준 말

제14항 | 준말이 널리 쓰이고 본말이 잘 쓰이지 않는 경우에는, 준말만을 표준어로 삼는다.

표준어(○)	비표준어(×)	비 고
*귀찮다	귀치 않다	
김	기음	김매다
*똬리+	또아리	
무	무우	무강즙, 무말랭이, 무생채, 가랑무, 갓무, 왜무, 총각무
미다	무이다	1. 털이 빠져 살이 드러나다. 2. 찢어지다
*뱀	배암	
뱀-장어	배암-장어	
빔+	비음	설빔, 생일빔
샘	새암	샘바르다, 샘바리
생-쥐	새앙-쥐	
솔개	소리개	
온-갖	온-가지	
장사-치	장사-아치	

✛ **똬리**: 짐을 머리에 일 때 머리에 받치는 고리 모양의 물건

✛ **빔**: 명절이나 잔치 때에 새 옷을 차려입음. 또는 그 옷의 뜻을 나타내는 말

제15항 | 준말이 쓰이고 있더라도, 본말이 널리 쓰이고 있으면 본말을 표준어로 삼는다.

표준어(○)	비표준어(×)	비 고
*경황-없다	경-없다	
*궁상-떨다	궁-떨다	
*귀-이개	귀-개	
낌새	낌	
*낙인-찍다	낙-하다/낙-치다	
*내왕-꾼+	냉-꾼	
돗-자리	돗	
*뒤웅-박+	뒝-박	
뒷물-대야	뒷-대야	
마구-잡이	막잡이	
*맵자-하다	맵자다	모양이 제격에 어울리다.
모이	모	
벽-돌	벽	
*부스럼+	부럼	정월 보름에 쓰는 '부럼'은 표준어임.
살얼음-판	살-판	
수두룩-하다	수둑-하다	
*암-죽+	암	
*어음+	엄	
일구다	일다	
죽-살이	죽-살	1. 삶과 죽음을 아울러 이르는 말 2. 죽고 사는 것을 다투는 정도의 고생
*퇴박-맞다+	퇴-맞다	
*한통-치다+	통-치다	

+ **내왕꾼**: 절에서 심부름하는 일반 사람

+ **뒤웅박**: 박을 쪼개지 않고 꼭지 근처에 구멍만 뚫어 속을 파낸 바가지

+ **부스럼**: 피부에 나는 종기를 통틀어 이르는 말

+ **암죽**: 곡식이나 밤의 가루로 묽게 쑨 죽

+ **어음**: 일정한 금액을 일정한 날짜와 장소에서 지급하기로 약속한 유가 증권. 약속 어음과 환어음이 있음.

+ **퇴박맞다**: 마음에 들지 아니하여 거절당하거나 물리침을 받다.

+ **한통치다**: 나누지 아니하고 한곳에 합치다.

[붙임] 다음과 같이 명사에 조사가 붙은 경우에도 이 원칙을 적용한다.

아래로(○) − 알로(×)

[Q6] 표준말에 ○표 하시오.

<u>귀찮다</u>, 귀치 않다	<u>장사치</u>, 장사아치	모, <u>모이</u>
<u>김</u>, 기음	경없다, <u>경황없다</u>	벽돌, 벽
또아리, <u>따리</u>	<u>궁상떨다</u>, 궁떨다	부럼, <u>부스럼</u>
무우, <u>무</u>	귀개, <u>귀이개</u>	살판, <u>살얼음판</u>
<u>미다</u>, 무이다	<u>낌새</u>, 낌	<u>수두룩하다</u>, 수둑하다
배암, <u>뱀</u>	낙하다/낙치다, <u>낙인찍다</u>	<u>암죽</u>, 암
배암장어, <u>뱀장어</u>	<u>내왕꾼</u>, 냉꾼	엄, <u>어음</u>
비음, <u>빔</u>	돗, <u>돗자리</u>	일다, <u>일구다</u>
샘, 새암	<u>뒤웅박</u>, 뒝박	<u>죽살이</u>, 죽살
새앙쥐, <u>생쥐</u>	뒷물대야, 뒷대야	<u>퇴박맞다</u>, 퇴맞다
<u>솔개</u>, 소리개	<u>마구잡이</u>, 막잡이	통치다, <u>한통치다</u>
온가지, <u>온갖</u>	맵자다, 맵자하다	알로, <u>아래로</u>

[Q6] 표준말에 ○표 하시오.

귀찮다, 귀치 않다	장사치, 장사아치	모, 모이
김, 기음	경없다, 경황없다	벽돌, 벽
또아리, 따리	궁상떨다, 궁떨다	부럼, 부스럼
무우, 무	귀개, 귀이개	살판, 살얼음판
미다, 무이다	낌새, 낌	수두룩하다, 수둑하다
배암, 뱀	낙하다/낙치다, 낙인찍다	암죽, 암
배암장어, 뱀장어	내왕꾼, 냉꾼	엄, 어음
비음, 빔	돗, 돗자리	일다, 일구다
샘, 새암	뒤웅박, 뒝박	죽살이, 죽살
새앙쥐, 생쥐	뒷물대야, 뒷대야	퇴박맞다, 퇴맞다
솔개, 소리개	마구잡이, 막잡이	통치다, 한통치다
온가지, 온갖	맵자다, 맵자하다	알로, 아래로

제16항 | 준말과 본말이 다 같이 널리 쓰이면서 준말의 효용이 뚜렷이 인정되는 것은 두 가지를 다 표준어로 삼는다.

본말(표준어)	준말(표준어)	비 고
거짓-부리	거짓-불	작은말은 '가짓부리, 가짓불'임.
*노을	놀	저녁노을, 저녁놀
막대기	막대	
망태기	망태	
*머무르다	머물다	준말에는 자음 어미만 결합 가능함.
*서두르다	서둘다	
*서투르다	서툴다	
석새-삼베⁺	석새-베	
*시-누이	시-뉘/시-누	
*오-누이	오-뉘/오-누	
*외우다	외다	외우며, 외워 : 외며, 외어
*이기죽-거리다⁺	이죽-거리다	
*찌꺼기	찌끼	'찌꺽지'는 비표준어임.

💬 '머무르다'와 같은 형태인 '짓무르다'는 준말이 없으므로 '짓물다'는 비표준어임에 유의하자.

➕ 석새삼베 : 240올의 날실로 짠 성글고 굵은 베

💬 '외우다, 외다' 모두 표준어이다.
예 영단어를 외워 보았다.(○)
영단어를 외어 보았다.(○)

➕ 이기죽거리다 : 자꾸 밉살스럽게 지껄이며 짓궂게 빈정거리다.

제4절 단수 표준어

제17항 | 비슷한 발음의 몇 형태가 쓰일 경우, 그 의미에 아무런 차이가 없고, 그중 하나가 더 널리 쓰이면, 그 한 형태만을 표준어로 삼는다.

표준어(○)	비표준어(×)	비 고
*거든-그리다	거둥-그리다	1. 거든하게 거두어 싸다. 2. 작은말은 '가든-그리다'임.
*구어-박다	구워-박다	사람이 한곳에서만 지내다.
귀-고리	귀엣-고리	
*귀-띔	귀-틤	
*귀-지	귀에-지	
까딱-하면	까땍-하면	
꼭두-각시	꼭둑-각시	
내색	나색	감정이 나타나는 얼굴빛
*내숭-스럽다	내흉-스럽다	
냠냠-거리다	얌냠-거리다	냠냠-하다

표준어(○)	비표준어(×)	비 고
냠냠-이[+]	얌냠-이	
너[四]	네	너 돈, 너 말, 너 발, 너 푼
넉[四]	너/네	넉 냥, 넉 되, 넉 섬, 넉 자
*다다르다	다닫다	
*댑-싸리[+]	대-싸리	
*더부룩-하다	더뿌룩-하다/ 듬뿌룩-하다	덥수룩하다
*-던	-든	'-던'은 회상의 뜻을 나타내는 어미. 선택, 무관의 뜻을 나타내는 어미는 '-든'임. 가-든(지) 말-든(지), 보-든(가) 말-든(가)
-던가	-든가	
-던걸	-든걸	
-던고	-든고	
-던데	-든데	
-던지	-든지	
*-(으)려고	-(으)ㄹ려고/ -(으)ㄹ라고	
-(으)려야	-(으)ㄹ려야/ -(으)ㄹ래야	
망가-뜨리다	망그-뜨리다	
*멸치	며루치/메리치	
*반빗-아치	반비-아치	'반빗' 노릇을 하는 사람. 찬비(饌婢) '반비'는 밥 짓는 일을 맡은 계집종
보습	보십/보섭	
*본새[+]	뽄새	
*봉숭아	봉숭화	'봉선화'도 표준어임.
뺨-따귀	뺨-따귀/ 뺨-따구니	'뺨'의 비속어임.
뻐개다[斫]	뻐기다	두 조각으로 가르다.
뻐기다[誇]	뻐개다	뽐내다.
*사자-탈	사지-탈	
*상-판대기	쌍-판대기	'상판때기'가 아님에 유의할 것! (기출됨)
서[三]	세/석	서 돈, 서 말, 서 발, 서 푼
석[三]	세	석 냥, 석 되, 석 섬, 석 자
설령(設令)	서령	
-습니다	-읍니다	먹습니다, 갔습니다, 없습니다, 있습니다, 좋습니다 모음 뒤에는 '-ㅂ니다'임.

+ 냠냠이: 어린아이의 말로, 먹고 싶은 음식을 이르는 말 / 맛있는 음식을 먹고 싶어 하는 일을 비유적으로 이르는 말

💬 '다닫다'는 옛말 '다다'에서 온 말이지만, 현대에는 '다다르다'만 쓰게 되었으므로 표준어에서 제외하였다.

+ 댑싸리: 명아줏과의 한해살이풀. 높이 1.5m 정도, 가지가 많음.

+ 본새: 어떤 물건의 본디의 생김새 / 어떠한 동작이나 버릇의 됨됨이

표준어(○)	비표준어(×)	비 고
시름-시름	시늠-시늠	
씀벅-씀벅	썸벅-썸벅	눈꺼풀을 움직이며 눈을 자꾸 감았다 떴다 하는 모양
아궁이	아궁지	
아내	안해	
어-중간	어지-중간	
*오금-팽이+	오금-탱이	'오금'은 무릎의 구부러지는 오목한 안쪽 부분
오래-오래	도래-도래	돼지 부르는 소리
-올시다	-올습니다	
*옹골-차다+	공골-차다	
우두커니	우두머니	작은말은 '오도카니'임.
잠-투정	잠-투세/잠-주정	
재봉-틀	자봉-틀	발재봉틀, 손재봉틀
*짓-무르다	짓-물다	
짚-북데기+	짚-북세기	'짚북더기'도 비표준어임.
쪽	짝	편(便). 이쪽, 그쪽, 저쪽. 다만, '아무-짝'은 '짝'임.
*천장(天障)	천정	'천정부지(天井不知)+'는 '천정'임.
코-맹맹이	코-맹녕이	
*흉-업다+	흉-헙다	

좌측 주석:
- '썸벅썸벅'이 '잘 드는 칼에 쉽게 자꾸 베어지는 모양이나 그 소리'의 뜻일 때는 표준어로 인정한다.

- + 오금팽이: 구부러진 물건에서 오목하게 굽은 자리의 안쪽

- + 옹골차다: 매우 옹골지다. (실속이 있게 속이 꽉 차 있다.)

- + 짚북데기: 아무렇게나 엉클어진 볏짚의 북데기
- + 천정부지: 천정을 모른다는 뜻으로, 물가 따위가 한없이 오르기만 함을 이르는 말
- + 흉업다: 말이나 행동 따위가 불쾌할 정도로 흉하다.

제5절   복수 표준어

제18항 | 다음 단어는 하나를 원칙으로 하고, 다른 하나도 허용한다.

원칙	허용	비 고
*네	예	감탄사 '네, 예'의 반대말은 '아니오'가 아니라 감탄사 '아니요'이다.
*쇠-	소-	쇠(소)가죽, 쇠(소)고기, 쇠(소)기름, 쇠(소)머리, 쇠(소)뼈
*괴다	고이다	물이 괴다(고이다). 밑을 괴다(고이다).
*꾀다	꼬이다	어린애를 꾀다(꼬이다). 벌레가 꾀다(꼬이다).
*쐬다	쏘이다	바람을 쐬다(쏘이다).
*죄다	조이다	나사를 죄다(조이다).
*쬐다	쪼이다	볕을 쬐다(쪼이다).

좌측 주석:
- '괴이다, 꾀이다, 쐬이다, 죄이다, 쬐이다'와 같은 말은 자주 쓰이기는 하나, 국어의 일반적인 음운 현상으로 설명하기 어려우므로 표준어로 인정하지 않는다.

제19항 | 어감의 차이를 나타내는 단어 또는 발음이 비슷한 단어들이 다 같이 널리 쓰이는 경우에는, 그 모두를 표준어로 삼는다.

표준어	표준어	비 고
★거슴츠레-하다	게슴츠레-하다	졸리거나 술에 취해서 눈이 흐리멍덩하며 거의 감길 듯하다.
★고까✛	꼬까	고까(꼬까)신, 고까(꼬까)옷
★고린-내	코린-내	'고리다/코리다', '구리다/쿠리다' 역시 모두 표준어이다.
★교기(驕氣)	갸기	교만한 태도
★구린-내	쿠린-내	
★꺼림-하다	께름-하다	께름직하다, 께름칙하다
★나부랭이	너부렁이	

✛ 고까: 어린아이의 말로, 알록달록하게 곱게 만든 아이의 옷이나 신발 따위를 이르는 말

[**Q7**] 표준말에 ○표 하시오.

<u>네</u>, <u>예</u>	<u>죄다</u>, <u>조이다</u>	<u>갸기</u>, <u>교기(驕氣)</u>
<u>쇠-</u>, <u>소-</u>	<u>쐬다</u>, <u>쏘이다</u>	<u>구린-내</u>, <u>쿠린-내</u>
<u>고이다</u>, <u>괴다</u>	<u>거슴츠레-하다</u>, <u>게슴츠레-하다</u>	<u>꺼림-하다</u>, <u>께름-하다</u>
<u>꼬이다</u>, <u>꾀다</u>	<u>꼬까</u>, <u>고까</u>	<u>너부렁이</u>, <u>나부랭이</u>
<u>쐬다</u>, <u>쏘이다</u>	<u>코린-내</u>, <u>고린-내</u>	

[**Q7**] 표준말에 ○표 하시오.

네, 예	죄다, 조이다	갸기, 교기(驕氣)
쇠-, 소-	쐬다, 쏘이다	구린-내, 쿠린-내
고이다, 괴다	거슴츠레-하다, 게슴츠레-하다	꺼림-하다, 께름-하다
꼬이다, 꾀다	꼬까, 고까	너부렁이, 나부랭이
쐬다, 쏘이다	코린-내, 고린-내	

제3장 어휘 선택의 변화에 따른 표준어 규정

제1절 고 어

제20항 | 사어(死語)가 되어 쓰이지 않게 된 단어는 고어로 처리하고, 현재 널리 사용되는 단어를 표준어로 삼는다.

표준어(○)	비표준어(×)	비 고
난봉+	봉	難捧 : 빚으로 준 돈이나 물건을 못 받게 되는 일
낭떠러지	낭	
설거지-하다	설겆다	
애달프다	애닯다	
오동-나무	머귀-나무	
자두	오얏	

+ 난봉 : 허랑방탕한 짓. 허랑방탕한 짓을 일삼는 사람(=난봉꾼)

[Q8] 표준말에 ○표 하시오.

난봉, 봉	설겆다, 설겆이하다, 설거지하다	애달프다, 애닯다
오동나무, 머귀나무	오얏, 자두	낭떠러지, 낭

[Q8] 표준말에 ○표 하시오.

난봉, 봉	설겆다, 설겆이하다, 설거지하다	애달프다, 애닯다
오동나무, 머귀나무	오얏, 자두	낭떠러지, 낭

제2절 한자어

제21항 | 고유어 계열의 단어가 널리 쓰이고 그에 대응되는 한자어 계열의 단어가 용도를 잃게 된 것은 고유어 계열의 단어만을 표준어로 삼는다.

🎤 떠먹여 주는 🔑.🔑.🔑 제21항

❶_____어 계열의 단어만을 표준어로 삼는다.

표준어(○)	비표준어(×)	비 고
*가루-약(藥)	말(末)-약(藥)	
*구들-장	방(房)-돌	
길품-삯	보행(步行)-삯	남이 갈 길을 대신 가 주고 받는 삯 ≒ 보행료, 보행전
*까막-눈	맹(盲)-눈	
*꼭지-미역	총각(總角)-미역	한 줌 안에 들어올 만큼을 모아서 잡아맨 미역
나뭇-갓⁺	시장(柴場)-갓	
늙-다리	노(老)-닥다리	1. 늙은 짐승 2. '늙은이'를 낮잡아 이르는 말
두껍-닫이⁺	두껍-창(窓)	
*떡-암죽(粥)	병(餠)-암죽(粥)	말린 흰무리를 빻아 묽게 쑨 죽
*마른-갈이	건(乾)-갈이	마른논에 물을 넣지 않고 논을 가는 일
*마른-빨래	건(乾)-빨래	
메-찰떡	반(半)-찰떡	
*박달-나무	배달-나무	
*밥-소라	식(食)-소라	밥, 떡국, 국수 따위를 담는 큰 놋그릇
*사래-논	사래-답(畓)	묘지기나 마름이 수고의 대가로 부쳐 먹는 논
*사래-밭	사래-전(田)	
삯-말⁺	삯-마(馬)	
성냥	화(火)곽	
솟을-무늬	솟을-문(--紋)	피륙 따위에 조금 도드라지게 놓은 무늬
외-지다	벽(壁)-지다	
*움-파⁺	동(冬)-파	
잎-담배	잎-초(草)	
*잔-돈	잔-전(錢)	
조-당수	조-당죽(粥)	좁쌀을 물에 불린 다음 갈아서 묽게 쑨 음식
죽데기	피-죽(粥)	'죽더기'도 비표준어임.
지겟-다리	목(木)-발	지게 동발의 양쪽 다리
짐-꾼	부지-군(負持-)	
*푼-돈	분-전(錢)/ 푼-전(錢)	
흰-말	백(白)-말/ 부루(夫老)-말	'백마'는 표준어임.
흰-죽	백(白)-죽	

+ 나뭇갓: 나무를 가꾸는 말림갓

+ 두껍닫이: 미닫이를 열 때, 문짝이 들어가 가리어지게 된 빈 곳

+ 삯말: 세를 주고 빌려 쓰는 말

+ 움파: 움 속에서 자란, 빛이 누런 파

[Q9] 표준말에 ○표 하시오.

길품삯, 보행삯	까막눈, 맹눈	구들장, 방돌
꼭지미역, 총각미역	시장갓, 나뭇갓	늙다리, 노닥다리
두껍닫이, 두껍창	건갈이, 마른갈이	병암죽, 떡암죽
반찰떡, 메찰떡	가루약, 말약	마른빨래, 건빨래
박달나무, 배달나무	식소라, 밥소라	사래답, 사래논
성냥, 화곽	삯말, 삯마	사래밭, 사래전
솟을문, 솟을무늬	외지다, 벽지다	동파, 움파
조당수, 조당죽	잔전, 잔돈	잎담배, 잎초
짐꾼, 부지군	죽데기, 피죽	목발, 지겟다리
푼돈, 분전, 푼전	백말, 부루말, 흰말	흰죽, 백죽

[Q9] 표준말에 ○표 하시오.

길품삯, 보행삯	까막눈, 맹눈	구들장, 방돌
꼭지미역, 총각미역	시장갓, 나뭇갓	늙다리, 노닥다리
두껍닫이, 두껍창	건갈이, 마른갈이	병암죽, 떡암죽
반찰떡, 메찰떡	가루약, 말약	마른빨래, 건빨래
박달나무, 배달나무	식소라, 밥소라	사래답, 사래논
성냥, 화곽	삯말, 삯마	사래밭, 사래전
솟을문, 솟을무늬	외지다, 벽지다	동파, 움파
조당수, 조당죽	잔전, 잔돈	잎담배, 잎초
짐꾼, 부지군	죽데기, 피죽	목발, 지겟다리
푼돈, 분전, 푼전	백말, 부루말, 흰말	흰죽, 백죽

제22항 | 고유어 계열의 단어가 생명력을 잃고 그에 대응되는 한자어 계열의 단어가 널리 쓰이면, 한자어 계열의 단어를 표준어로 삼는다.

떠먹여 주는 **홀·훌·표** 제22항

❶ ＿＿＿어 계열의 단어만을 표준어로 삼는다.

표준어(○)	비표준어(×)	비 고
*개다리-소반(小盤)	개다리-밥상	
*겸상(兼牀)	맞-상	
*고봉(高捧)-밥	높은-밥	그릇 위로 수북하게 높이 담은 밥
*단(單)-벌	홑-벌	
*마방(馬房)-집	마바리-집	馬房~. 말을 두고 삯짐 싣는 일을 업으로 하는 집
*민망(憫惘)-스럽다 / 면구(面灸)-스럽다	민주-스럽다	
*방(房)-고래	구들-고래	방의 구들장 밑으로 나 있는, 불길과 연기가 통하여 나가는 길
*부항(附缸)-단지	뜸-단지	부항을 붙이는 데 쓰는 작은 단지
산(山)-누에	멧-누에	
산(山)-줄기	멧-줄기/ 멧-발	
*수삼(水蔘)✛	무-삼	
심(心)-돋우개✛	불-돋우개	
*양(洋)-파	둥근-파	
*어질-병(病)✛	어질-머리	
*윤(閏)-달✛	군-달	
장력(壯力)-세다	장성-세다	씩씩하고 굳세어 무서움을 타지 아니하다.
제석(祭席)	젯-돗	제사를 지낼 때 까는 돗자리
*총각(總角)-무	알-무/ 알타리-무	
*칫(齒)-솔	잇-솔	
*포수(砲手)	총-댕이	

✛ **수삼(水蔘)** : 말리지 않은 인삼

✛ **심돋우개** : 등잔의 심지를 돋우는 쇠꼬챙이

✛ **어질병(病)** : 정신이 어지럽고 혼미해지는 병

✛ **윤달** : 윤년에 드는 달. 달력의 계절과 실제 계절과의 차이를 조절하기 위하여, 1년 중의 달수가 어느 해보다 많은 달을 이른다.

떠먹여 주는 **홀·훌·표**
❶ 한자

[Q10] 표준말에 ○표 하시오.

<u>개다리소반</u>, 개다리밥상	<u>방고래</u>, 구들고래	뜸단지, <u>부항단지</u>
멧누에, <u>산누에</u>	마방집, 마바리집	단벌, <u>홑벌</u>
멧줄기, <u>산줄기</u>	무삼, <u>수삼</u>	<u>심돋우개</u>, 불돋우개
<u>고봉밥</u>, 높은밥	둥근파, <u>양파</u>	총각무, 알무, 알타리무
<u>윤달</u>, 군달	장성세다, <u>장력세다</u>	젯둣, <u>제석</u>
<u>민망스럽다</u>, <u>면구스럽다</u>, 민주스럽다	어질머리, <u>어질병</u>	잇솔, <u>칫솔</u>
총댕이, <u>포수</u>	<u>겸상</u>, 맞상	

[Q10] 표준말에 ○표 하시오.

개다리소반, 개다리밥상	방고래, 구들고래	뜸단지, 부항단지
멧누에, 산누에	마방집, 마바리집	단벌, 홑벌
멧줄기, 산줄기	무삼, 수삼	심돋우개, 불돋우개
고봉밥, 높은밥	둥근파, 양파	총각무, 알무, 알타리무
윤달, 군달	장성세다, 장력세다	젯둣, 제석
민망스럽다, 면구스럽다, 민주스럽다	어질머리, 어질병	잇솔, 칫솔
총댕이, 포수	겸상, 맞상	

제3절 방 언

제23항 | 방언이던 단어가 표준어보다 더 널리 쓰이게 된 것은, 그것을 표준어로 삼는다. 이 경우, 원래의 표준어는 그대로 표준어로 남겨 두는 것을 원칙으로 한다.

떠먹여 주는 출.좋.포 제23항

❶ _____ 과 ❷ _____ 모두 표준어로 삼는다.

표준어(방언)	표준어	비 고
*멍게	우렁쉥이	
*물-방개	선두리	
*애-순	어린-순	나무나 풀의 새로 돋아나는 어린싹

떠먹여 주는 출.좋.포

❶ 방언 ❷ 기존 표준어

제24항 | 방언이던 단어가 널리 쓰이게 됨에 따라 표준어이던 단어가 안 쓰이게 된 것은 방언이던 단어를 표준어로 삼는다.

떠먹여 주는 출.좋.포 제24항

❶ _____ 만 표준어로 삼는다.

표준어(○)	비표준어(×)	비 고
*귀밑-머리➕	귓-머리	
까-뭉개다➕	까-무느다	
막상	마기	
*빈대-떡	빈자-떡	
*생인-손➕	생안-손	준말은 '생-손'임.
*역-겹다	역-스럽다	
*코-주부	코-보	'코가 큰 사람'을 농조로 이르는 말

➕ 귀밑머리 : 이마의 좌우로 갈라 귀 뒤로 넘겨 땋은 머리.

➕ 까뭉개다 : 높은 데를 파서 깎아 내리다. / 인격이나 문제 따위를 무시해 버리다.

➕ 생인손 : 손가락 끝에 나는 종기

[Q11] 표준말에 ○표 하시오.

멍게, 우렁쉥이	까뭉개다, 까무느다	역겹다, 역스럽다
선두리, 물방개	막상, 마기	코보, 코주부
어린순, 애순	빈자떡, 빈대떡	
귓머리, 귀밑머리	생인손, 생안손	

[Q11] 표준말에 ○표 하시오.

멍게, 우렁쉥이	까뭉개다, 까무느다	역겹다, 역스럽다
선두리, 물방개	막상, 마기	코보, 코주부
어린순, 애순	빈자떡, 빈대떡	
귓머리, 귀밑머리	생인손, 생안손	

떠먹여 주는 출.좋.포

❶ 방언

제4절 단수 표준어

제25항 | 의미가 똑같은 형태가 몇 가지 있을 경우, 그중 어느 하나가 압도적으로 널리 쓰이면, 그 단어만을 표준어로 삼는다.

표준어(○)	비표준어(×)	비 고
-게끔	-게시리	
겸사-겸사	겸지-겸지/겸두-겸두	
고구마	참-감자	
고치다	낫우다	병을 고치다.
골목-쟁이+	골목-자기	
★광주리	광우리	
★괴통	호구	자루를 박는 부분
국-물	멀-국/말-국	
★군-표+	군용-어음	
★길-잡이	길-앞잡이	'길라잡이'도 표준어임.
까치-발	까치-다리	선반 따위를 받치는 물건
꼬창-모	말뚝-모	꼬챙이로 구멍을 뚫으면서 심는 모
나룻-배	나루	'나루[津]'는 표준어임.
납-도리+	민-도리	
★농-지거리+	기롱-지거리	다른 의미의 '기롱지거리'는 표준어임.
다사-스럽다	다사-하다	간섭을 잘하다.
다오	다구	이리 다오.
담배-꽁초	담배-꼬투리/담배-꽁치/담배-꽁추	
담배-설대	대-설대	
대장-일+	성냥-일	
★뒤져-내다+	뒤어-내다	
뒤통수-치다	뒤꼭지-치다	
등-나무	등-칡	
등-때기	등-떠리	'등'의 낮은 말
등잔-걸이+	등경-걸이	
★떡-보+	떡-충이	
똑딱-단추	딸꼭-단추	
매-만지다	우미다	

표준어(○)	비표준어(×)	비 고
먼-발치	먼-발치기	
★며느리-발톱➕	뒷-발톱	
명주-붙이	주-사니	
목-메다	목-맺히다	
밀짚-모자	보릿짚-모자	
바가지	열-바가지/열-박	
바람-꼭지	바람-고다리	튜브의 바람을 넣는 구멍에 붙은, 쇠로 만든 꼭지
★반-나절➕	나절-가웃	
반두	독대	그물의 한 가지
★버젓-이	뉘연-히	
본-받다	법-받다	
★부각➕	다시마-자반	
부끄러워-하다	부끄리다	
★부스러기	부스럭지	
부지깽이➕	부지팽이	
★부항-단지	부항-항아리	부스럼에서 피고름을 빨아내기 위하여 부항을 붙이는 데 쓰는 자그마한 단지
★붉으락-푸르락	푸르락-붉으락	
비켜-덩이	옆-사리미	김맬 때에 흙덩이를 옆으로 빼내는 일, 또는 그 흙덩이
★빙충-이➕	빙충-맞이	작은말은 '뱅충이'
★빠-뜨리다	빠-치다	'빠트리다'도 표준어임.
뻣뻣-하다	왜긋다	
뽐-내다	느물다	
사로-잠그다	사로-채우다	자물쇠나 빗장 따위를 반 정도만 걸어 놓다.
살-풀이➕	살-막이	
상투-쟁이	상투-꼬부랑이	상투 튼 이를 놀리는 말
★새앙-손이➕	생강-손이	'생인손(제24항)'과는 다른 말
★샛-별	새벽-별	
선-머슴	풋-머슴	
섭섭-하다	애운-하다	
속-말	속-소리	국악 용어 '속소리'는 표준어임.
손목-시계	팔목-시계/팔뚝-시계	
손-수레	손-구루마	'구루마'는 일본어임.
쇠-고랑	고랑-쇠	

➕ 며느리발톱 : 사람의 새끼발톱 뒤에 덧달린 작은 발톱 / 말이나 소 따위 짐승의 뒷발에 달린 발톱

➕ 반나절 : 1. 한나절의 반.
2. 하룻낮의 반(半)

➕ 부각 : 다시마 조각, 깻잎, 고추 따위에 찹쌀 풀을 발라 말렸다가 기름에 튀긴 반찬

➕ 부지깽이 : 아궁이 따위에 불을 땔 때, 불을 헤치거나 끌어내거나 하는 데 쓰는 막대기

➕ 빙충이 : 똘똘하지 못하고 어리석으며 수줍음을 잘 타는 사람

➕ 살풀이 : 타고난 살(煞)을 풀기 위하여 하는 굿

➕ 새앙손이 : 손가락 모양이 생강처럼 생긴 사람

표준어(○)	비표준어(×)	비 고
*수도-꼭지	수도-고동	
숙성-하다	숙-지다	
순대	골집	
술-고래	술-꾸러기/술-부대/ 술-보/술-푸대	
식은-땀	찬-땀	
신기-롭다	신기-스럽다	'신기하다'도 표준어임.
*쌍동-밤⁺	쪽-밤	
쏜살-같이	쏜살-로	
아주	영판	
안-걸이	안-낚시	씨름 용어
*안다미-씌우다	안다미-시키다	제가 담당할 책임을 남에게 넘기다.
안쓰럽다⁺	안-슬프다	
*안절부절-못하다	안절부절-하다	
앉은뱅이-저울	앉은-저울	
알-사탕	구슬-사탕	
암-내	곁땀-내	
앞-지르다	따라-먹다	
애-벌레	어린-벌레	
얕은-꾀	물탄-꾀	
언뜻	편뜻	
언제나	노다지	
얼룩-말	워라-말	
열심-히	열심-으로	
입-담⁺	말-담	
자배기	너벅지	운두가 과히 높지 않고 아가리가 둥글넓적한 질그릇
전봇-대	전선-대	
*쥐락-펴락	펴락-쥐락	
-지만	-지만서도	← -지마는
짓고-땡⁺	지어-땡/짓고-땡이	
짧은-작⁺	짜른-작	
찹-쌀	이-찹쌀	
청대-콩⁺	푸른-콩	
*칡-범⁺	갈-범	

+ **쌍동밤**: 한 톨 아넹 두 쪽이 들어 있는 밤

+ **안쓰럽다**: 손아랫사람이나 약자에게 도움을 받거나 폐를 끼쳤을 때 마음에 미안하고 딱하다. / 손아랫사람이나 약자의 딱한 형편이 마음이 아프고 가엽다.

+ **입담**: 말하는 솜씨나 힘

+ **짓고땡**: 화투 노름의 하나 / 하는 일이 뜻대로 잘되어 가는 것을 속되게 이르는 말
+ **짧은작**: 길이가 짧은 화살
+ **청대콩**: 콩의 한 품종. 열매의 껍질과 속살이 다 푸르다.
+ **칡범**: 몸에 칡덩굴 같은 어룽어룽한 줄무늬가 있는 범

[Q12] 표준말에 ○표 하시오.

<u>게끔</u>, 게시리	<u>바람꼭지</u>, 바람고다리	<u>쏜살같이</u>, 쏜살로
<u>겸사겸사</u>, 겸지겸지, 겸두겸두	나절가웃, <u>반나절</u>	<u>아주</u>, 영판
참감자, <u>고구마</u>	독대, <u>반두</u>	안낚시, <u>안걸이</u>
낫우다, <u>고치다</u>	<u>버젓이</u>, 뉘연히	<u>안다미시키다</u>, <u>안다미씌우다</u>
<u>골목쟁이</u>, 골목자기	<u>본받다</u>, 법받다	<u>안쓰럽다</u>, 안슬프다
<u>광주리</u>, 광우리	다시마자반, <u>부각</u>	<u>안절부절못하다</u>, 안절부절하다
호구, <u>괴통</u>	<u>부끄러워하다</u>, 부끄리다	앉은저울, <u>앉은뱅이저울</u>
<u>국물</u>, <u>멀국</u>, 말국	<u>부스러기</u>, 부스럭지	<u>알사탕</u>, 구슬사탕
군용어음, <u>군표</u>	<u>부지깽이</u>, 부지깽이	곁땀내, <u>암내</u>
<u>길잡이</u>, 길앞잡이	부항항아리, <u>부항단지</u>	따라먹다, <u>앞지르다</u>
<u>까치발</u>, 까치다리	<u>붉으락푸르락</u>, 푸르락붉으락	어린벌레, <u>애벌레</u>
말뚝모, <u>꼬창모</u>	옆사리미, <u>비켜덩이</u>	<u>얕은꾀</u>, 물탄꾀
<u>나룻배</u>, 나루	빙충맞이, <u>빙충이</u>	<u>언뜻</u>, 펀뜻
<u>민도리</u>, 납도리	<u>빠뜨리다</u>, 빠치다	노다지, <u>언제나</u>
기롱지거리, <u>농지거리</u>	<u>뻣뻣하다</u>, 왜긋다	워라말, <u>얼룩말</u>
<u>다사스럽다</u>, 다사하다	<u>뽐내다</u>, 느물다	<u>열심히</u>, 열심으로
다구, <u>다오</u>	사로채우다, <u>사로잠그다</u>	말담, <u>입담</u>
<u>담배꽁초</u>, 담배꼬투리, 담배꽁초, 담배꽁추	살막이, <u>살풀이</u>	<u>자배기</u>, 너벅지
<u>담배설대</u>, 대설대	<u>상투쟁이</u>, 상투꼬부랑이	전선대, <u>전봇대</u>
<u>대장일</u>, 성냥일	<u>새앙손이</u>, 생강손이	<u>쥐락펴락</u>, 펴락쥐락
뒤어내다, <u>뒤져내다</u>	새벽별, <u>샛별</u>	-지만서도, <u>ㅡ지만</u>
뒤꼭지치다, <u>뒤통수치다</u>	<u>선머슴</u>, 풋머슴	<u>짓고땡</u>, 지어땡, 짓고땡이
등칡, <u>등나무</u>	애운하다, <u>섭섭하다</u>	짜른작, <u>짧은작</u>
<u>등때기</u>, 등떠리	<u>속말</u>, 속소리	<u>찹쌀</u>, 이찹쌀
등경걸이, <u>등잔걸이</u>	<u>손목시계</u>, 팔목시계, 팔뚝시계	<u>청대콩</u>, 푸른콩
<u>떡보</u>, 떡충이	손구루마, <u>손수레</u>	<u>칡범</u>, 갈범
<u>똑딱단추</u>, 딸꼭단추	<u>쇠고랑</u>, 고랑쇠	
우미다, <u>매만지다</u>	<u>수도꼭지</u>, 수도고동	
<u>먼발치기</u>, 먼발치	<u>숙성하다</u>, 숙지다	
며느리발톱, <u>뒷발톱</u>	골집, <u>순대</u>	
주사니, <u>명주붙이</u>	<u>술고래</u>, 술꾸러기, 술부대, 술보, 술푸대	
<u>목메다</u>, 목메이다, 목맷히다	찬땀, <u>식은땀</u>	
보릿짚모자, <u>밀짚모자</u>	신기스럽다, <u>신기롭다</u>	
<u>바가지</u>, 열바가지, 열박	<u>쪽밤</u>, 쌍동밤	

[Q12] 표준말에 ○표 하시오.

게끔, 게시리	바람꼭지, 바람고다리	쏜살같이, 쏜살로
겸사겸사, 겸지겸지, 겸두겸두	나절가웃, 반나절	아주, 영판
참감자, 고구마	독대, 반두	안낚시, 안걸이
낫우다, 고치다	버젓이, 뉘연히	안다미시키다, 안다미씌우다
골목쟁이, 골목자기	본받다, 법받다	안쓰럽다, 안슬프다
광주리, 광우리	다시마자반, 부각	안절부절못하다, 안절부절하다
호구, 괴통	부끄러워하다, 부끄리다	앉은저울, 앉은뱅이저울
국물, 멀국, 말국	부스러기, 부스럭지	알사탕, 구슬사탕
군용어음, 군표	부지깽이, 부지깽이	곁땀내, 암내
길잡이, 길앞잡이	부항항아리, 부항단지	따라먹다, 앞지르다
까치발, 까치다리	붉으락푸르락, 푸르락붉으락	어린벌레, 애벌레
말뚝모, 꼬창모	옆사리미, 비켜덩이	얕은꾀, 물탄꾀
나룻배, 나루	빙충맞이, 빙충이	언뜻, 펀뜻
민도리, 납도리	빠뜨리다, 빠치다	노다지, 언제나
기롱지거리, 농지거리	뻣뻣하다, 왜긋다	워라말, 얼룩말
다사스럽다, 다사하다	뽐내다, 느물다	열심히, 열심으로
다구, 다오	사로채우다, 사로잠그다	말담, 입담
담배꽁초, 담배꼬투리, 담배꽁초, 담배꽁추	살막이, 살풀이	자배기, 너벅지
담배설대, 대설대	상투쟁이, 상투꼬부랑이	전선대, 전봇대
대장일, 성냥일	새앙손이, 생강손이	쥐락펴락, 펴락쥐락
뒤어내다, 뒤져내다	새벽별, 샛별	-지만서도, -지만
뒤꼭지치다, 뒤통수치다	선머슴, 풋머슴	짓고땡, 지어땡, 짓고땡이
등칡, 등나무	애운하다, 섭섭하다	짜른작, 짧은작
등때기, 등떠리	속말, 속소리	찹쌀, 이찹쌀
등경걸이, 등잔걸이	손목시계, 팔목시계, 팔뚝시계	청대콩, 푸른콩
떡보, 떡충이	손구루마, 손수레	칡범, 갈범
똑딱단추, 딸꼭단추	쇠고랑, 고랑쇠	
우미다, 매만지다	수도꼭지, 수도고동	
먼발치기, 먼발치	숙성하다, 숙지다	
며느리발톱, 뒷발톱	골집, 순대	
주사니, 명주붙이	술고래, 술꾸러기, 술부대, 술보, 술푸대	
목메다, 목메이다, 목맷히다	찬땀, 식은땀	
보릿짚모자, 밀짚모자	신기스럽다, 신기롭다	
바가지, 열바가지, 열박	쪽밤, 쌍동밤	

제5절 복수 표준어

제26항 | 한 가지 의미를 나타내는 형태 몇 가지가 널리 쓰이며 표준어 규정에 맞으면, 그 모두를 표준어로 삼는다.

복수 표준어(○)	비 고
*가는-허리/잔-허리	
*가락-엿/가래-엿	
*가뭄/가물	'가뭄철/가물철', '왕가뭄/왕가물'도 복수 표준어
*가엾다/가엽다	가엾어/가여워, 가엾은/가여운
*감감-무소식/감감-소식	
*개수-통/설거지-통	'설겆다'는 '설거지-하다'로
개숫-물/설거지-물	
*갱-엿/검은-엿	
-거리다/-대다	가물거리다(대다), 출렁거리다(대다)
*거위-배/횟-배	회충으로 인한 배앓이
것/해	내 것(해), 네 것(해), 뉘 것(해)
*게을러-빠지다/게을러-터지다	
*고깃-간/푸줏-간	'고깃-관, 푸줏-관, 다림-방'은 비표준어임.
곰곰/곰곰-이	
관계-없다/상관-없다	
*교정-보다/준-보다✛	
*구들-재/구재	방고래에 앉은 그을음과 재
귀퉁-머리/귀퉁-배기	'귀퉁이'의 비어임.
*극성-떨다/극성-부리다	
*기세-부리다/기세-피우다	남에게 영향을 끼칠 기운이나 태도를 드러내 보이다.
*기승-떨다/기승-부리다	1. 성미가 억척스럽고 굳세어 좀처럼 굽히려고 하지 않다. 2. 기운이나 힘 따위가 성해서 좀처럼 누그러들지 않다.
*깃-저고리/배내-옷/ 배냇-저고리✛	
*꼬까/때때/고까	꼬까(때때/고까)신, 꼬까(때때/고까)옷
꼬리-별/살-별✛	
꽃-도미/붉-돔	
나귀/당-나귀	
날-걸/세-뿔	윷판의 끝에서 셋째 자리. 날윷과 날개의 사이

복수 표준어의 활용
1. '가엾다'는 '가엾어, 가엾으니'와 같이 활용하는 규칙 활용 용언이다. '가엽다'는 '가여워, 가여우니'와 같이 활용하는 'ㅂ' 불규칙 활용 용언이다.
2. '서럽다'는 '서러워, 서러우니'와 같이 활용하고 '섧다'는 '설워, 설우니'와 같이 활용하므로 둘 다 'ㅂ' 불규칙 활용 용언이다.
3. '여쭙다'는 '여쭈워, 여쭈우니'와 같이 활용하는 'ㅂ' 불규칙 활용 용언이다. '여쭈다'는 '여쭈어(여쭤), 여쭈니'와 같이 규칙 활용한다.

✛ 교정보다/준보다: 인쇄물의 오자·배열·색 따위를 바로잡다.

✛ 깃저고리/배내옷/배냇저고리: 깃과 섶을 달지 않은, 갓난아이의 저고리
✛ 꼬리별(= 살별): 혜성

복수 표준어(○)	비 고
내리-글씨/세로-글씨	
*넝쿨/덩굴	'덩쿨'은 비표준어임.
녘/쪽	동녘(쪽), 서녘(쪽)
*눈-대중/눈-어림/눈-짐작	
느리-광이/느림-보/늘-보	
늦-모/마냥-모	← 만이앙-모. 제철보다 늦게 내는 모
다기-지다/다기-차다	마음이 굳고 야무지다.
다달-이/매-달	
-다마다/-고말고	
다박-나룻/다박-수염	다보록하게(수염이나 머리털 따위가 짧고 촘촘하게 많이 나서 소담하다) 난 짧은 수염
닭의-장/닭-장	
댓-돌/툇-돌	
덧-창/겉-창	
독장-치다/독판-치다	어떠한 판을 혼자서 휩쓸다.
동자-기둥/쪼구미	들보 위에 세우는 짧은 기둥
돼지-감자/뚱딴지*	
되우/된통/되게	
두동-무니/두동-사니	윷놀이에서, 두 동이 한데 포개어져 가는 말
뒷-갈망/뒷-감당	
뒷-말/뒷-소리	
들락-거리다/들랑-거리다	
들락-날락/들랑-날랑	
딴-전/딴-청	딴-죽
*땅-콩/호-콩	
땔-감/땔-거리	
*-뜨리다/-트리다	깨뜨리다(트리다), 떨어뜨리다(트리다), 쏟뜨리다(트리다)
뜬-것/뜬-귀신	떠돌아다니는 못된 귀신
마룻-줄/용총-줄	돛대에 매어 놓은 줄. '이어줄'은 비표준어임.
마-파람/앞-바람	뱃사람들의 은어로, '남풍'을 이르는 말
만장-판/만장-중(滿場中)	많은 사람이 모인 곳. 또는 그 많은 사람
*만큼/만치	
말-동무/말-벗	

'마냥모'는 종래 '만이앙모(晩移秧-)'에서 온 말이라 하여 '만양모'로 적었으나 현대에는 어원을 거의 인식하지 못하므로 소리 나는 대로 표기하도록 하였다.

+ 닭의장/닭장: 닭을 가두어 두는 집

+ 돼지감자/뚱딴지: 땅속줄기는 감자 모양이고 줄기에는 잔털이 났으며, 늦여름에 황색 꽃이 핌. 덩이줄기는 사료나 알코올의 원료로 씀.

+ 되우(= 된통, 되게): 몹시

'되우'는 이제 그 쓰임이 활발치 못하나 고어로 처리하기에는 이르다 하여 복수 표준어로 인정하였다.

+ 뒷갈망(= 뒷감당): 일의 뒤끝을 맡아서 처리함.

+ 딴전(= 딴청): 그 일과는 전혀 관계가 없는 일이나 행동

PART
02

복수 표준어(○)	비 고
매-갈이/매-조미[+]	
매-통/목-매	곡물의 껍질을 벗기는 농기구
먹-새/먹음-새	음식을 먹는 태도. '먹음-먹이'는 비표준어임.
*멀찌감치/멀찌가니/멀찍이	'일찌감치/일찌거니/일찍이', '널찌감치/널찍이', '느지감치/느지거니/느직이'도 표준어
*멱통/산-멱/산-멱통	살아 있는 동물의 목구멍
면-치레/외면-치레	체면이 서도록 일부러 어떤 행동을 함. 또는 그 행동
모-내다/모-심다	모-내기/모-심기
*모쪼록/아무쪼록[+]	
목판-되/모-되	네 모가 반듯하게 된 되
목화-씨/면화-씨	
*무심-결/무심-중	
*물-봉숭아/물-봉선화	
물-부리/빨-부리[+]	
물-심부름/물-시중	
물추리-나무/물추리-막대	
물-타작/진-타작[+]	
*민둥-산/벌거숭이-산[+]	
밑-층/아래-층	
*바깥-벽/밭-벽	
바른/오른[右]	바른(오른)손, 바른(오른)쪽, 바른(오른)편
발-모가지/발-목쟁이	'발목'의 비속어임.
*버들-강아지/버들-개지[+]	
*벌레/버러지	'벌거지, 벌러지'는 비표준어임.
변덕-스럽다/변덕-맞다	
*보-조개/볼-우물	
*보통-내기/여간-내기/예사-내기	'행-내기'는 비표준어임.
볼-따구니/볼-퉁이/볼-때기	'볼'의 비속어임.
부침개-질/부침-질/지짐-질	'부치개-질'은 비표준어임.
불똥-앉다/등화-지다/등화-앉다	심지 끝에 등화(등잔불이나 촛불의 심지 끝이 타서 맺힌 불똥을 비유적으로 이르는 말)가 생기다.
불-사르다/사르다	
비발/비용(費用)	드는 돈

+ **매갈이/매조미** : 벼를 매통에 갈아서 왕겨만 벗기고 속겨는 벗기지 아니한 쌀을 만드는 일

+ **모쪼록/아무쪼록** : 될 수 있는 대로

+ **물부리/빨부리** : 담배를 끼워서 빠는 물건

+ **물타작/진타작** : 베어 말릴 사이 없이 물벼 그대로 이삭을 떨어서 낟알을 거둠. 또는 그 타작 방법

+ **민둥산**(= 벌거숭이산) : 나무가 없는 번번한 산

+ **버들강아지/버들개지** : 버드나무의 꽃

복수 표준어(○)	비 고
*뽀두라지/뽀루지	
*살-쾡이/삵	삵-피(살쾡이의 가죽)
삽살-개/삽사리	
상두-꾼/상여-꾼	'상도-꾼, 향도-꾼'은 비표준어임.
상-씨름/소-걸이⁺	
*생/새앙/생강	
생-뿔/새앙-뿔/생강-뿔	'쇠뿔'의 형용
생-철/양-철	1. '서양-철'은 비표준어임. 2. '生鐵'은 '무쇠'임.
*서럽다/섧다	'설다'는 비표준어임. 모두 'ㅂ' 불규치 용언이다.
서방-질/화냥-질⁺	
*성글다/성기다⁺	
*-(으)세요/-(으)셔요	'이시어요'의 준말. 주체 높임 선어말 어미 '시'가 쓰임
송이/송이-버섯	
수수-깡/수숫-대	
술-안주/안주	
-스레하다/-스름하다	거무스레하다(거무스름하다), 발그스레하다(발그스름하다)
시늉-말/흉내-말	
시새/세사(細沙)⁺	
신/신발	
*신주-보/독보(櫝褓)⁺	
심술-꾸러기/심술-쟁이	
씁쓰레-하다/씁쓰름-하다	
아귀-세다/아귀-차다	마음이 굳세어 남에게 잘 꺾이지 아니하다.
아래-위/위-아래	
*아무튼/어떻든/어쨌든/하여튼/여하튼	
앉음-새/앉음-앉음	
*알은-척/알은-체	'어떤 일에 관심을 가지는 듯한 태도를 보임', '사람을 보고 인사하는 표정을 지음'이라는 뜻
애-갈이/애벌-갈이	논이나 밭을 첫 번째 가는 일
애꾸눈-이/외눈-박이	'외대-박이, 외눈-퉁이'는 비표준어임.
양념-감/양념-거리	
어금버금-하다/어금지금-하다⁺	

+ 상씨름/소걸이 : 상으로 소를 걸고 겨루는 씨름

+ 서방질/화냥질 : 자기 남편이 아닌 남자와 정을 통하는 짓

+ 성글다/성기다 : 물건의 사이가 배지 않고 뜨다.

+ 시새/세사(細沙) : 가늘고 고운 모래

+ 신주보(= 독보) : 신주를 모셔 두는 궤를 덮는 보

'아는 척/체'는 모르는데도 아는 것처럼 말하거나 행동함을 이르는 말로, 의미가 완전히 다르다.

+ 어금버금하다/어금지금하다 : 서로 엇비슷하여 정도나 수준에 큰 차이가 없다.

복수 표준어(○)	비 고
어기여차/어여차	
어림-잡다/어림-치다	
어이-없다/어처구니-없다	
*어저께/어제	
*언덕-바지/언덕-배기⁺	
얼렁-뚱땅/엄벙-뗑	
여왕-벌/장수-벌	
*여쭈다/여쭙다	여쭈어/여쭈워
*여태/입때	'여직'은 비표준어임.
*여태-껏/이제-껏/입때-껏	'여지-껏'은 비표준어임.
*역성-들다/역성-하다	'편역-들다'는 비표준어임.
*연-달다/잇-달다/잇따르다	'잇달다'가 타동사로 쓰이는 경우에는 복수 표준어가 될 수 없다.
*엿-가락/엿-가래	
엿-기름/엿-길금	
엿-반대기/엿-자박⁺	
오사리-잡놈/오색-잡놈	온갖 못된 짓을 거침없이 하는 잡놈. '오합-잡놈'은 비표준어임.
*옥수수/강냉이	옥수수(강냉이)떡, 옥수수(강냉이)묵, 옥수수(강냉이)밥, 옥수수(강냉이)튀김
왕골-기직/왕골-자리⁺	
외겹-실/외올-실/홑-실	'홑겹-실, 올-실'은 비표준어임.
외손-잡이/한손-잡이	
욕심-꾸러기/욕심-쟁이	
*우레/천둥	우렛-소리/천둥-소리 '우뢰'는 표준어가 아니다.
*우지/울-보	
을러-대다/을러-메다⁺	
의심-스럽다/의심-쩍다	
*-이에요/-이어요	
이틀-거리/당-고금	학질의 일종임.
일일-이/하나-하나	
*일찌감치/일찌거니	

+ 언덕바지/언덕배기: 언덕의 꼭대기

💬 '화물칸을 객차 뒤에 잇달았다.'와 같은 예에서 '잇달다' 대신에 '연달다, 잇따르다'를 쓰는 것은 옳지 않다.

+ 엿반대기/엿자박: 엿으로 만든 가루를 반죽한 것이나 삶은 무성귀 등을 편편하고 둥글넓적하게 만든 조각

+ 왕골기직/왕골자리: 왕골껍질을 굵게 쪼개어 엮어 만든 기직

+ 을러대다/을러메다: 위협적인 언동으로 을러서 남을 억누르다. 을러메다.

복수 표준어(○)	비 고
입찬-말/입찬-소리	자기의 지위나 능력을 믿고 지나치게 장담하는 말
자리-옷/잠-옷	
*자물-쇠/자물-통	
*장가-가다/장가-들다	'서방-가다'는 비표준어임.
*재롱-떨다/재롱-부리다	
제-가끔/제-각기	
좀-처럼/좀-체	'좀-체로, 좀-해선, 좀-해'는 비표준어임.
줄-꾼/줄-잡이[+]	
*중신/중매[+]	
짚-단/짚-뭇	
쪽/편	오른쪽(편), 왼쪽(편)
차차/차츰	
*책-씻이/책-거리[+]	
*척/체	모르는 척(체), 잘난 척(체)
*천연덕-스럽다/천연-스럽다	
철-따구니/철-딱서니/철-딱지	'철-때기'는 비표준어임.
*추어-올리다/추어-주다	실제보다 과장되게 칭찬하다. ≒ 추켜올리다, 치켜올리다, 추어세우다, 추켜세우다, 치켜세우다
축-가다/축-나다	일정한 양이나 수에서 부족이 생기다.
침-놓다/침-주다	
통-꼭지/통-젖	통에 붙은 손잡이
파자-쟁이/해자-쟁이	점치는 이
편지-투/편지-틀	편지글의 격식이나 본보기. 또는 그것을 적은 책
한턱-내다/한턱-하다	
해웃-값/해웃-돈	기생, 창기 따위와 관계를 가지고 그 대가로 주는 돈 '해우-차'는 비표준어임.
혼자-되다/홀로-되다	
*흠-가다/흠-나다/흠-지다	

+ 줄꾼(= 줄잡이): 가래질할 때 줄을 당기는 사람

+ 중신(= 중매): 결혼이 이루어지게 중간에서 사람을 소개하는 일

+ 책씻이/책거리: 글방 따위에서 학생이 책 한 권을 다 읽어 떼거나 다 베껴 쓰고 난 뒤에 선생과 동료들에게 한턱내는 일

01 다음 중 표준어로만 짝지어진 것은? 2015. 서울시 9급

① 덩쿨—눈두덩이—놀이감
② 윗어른—호루라기—딴지
③ 계면쩍다—지리하다—삐지다
④ 주책—두루뭉술하다—허드레

정답풀이 • '주책'은 '일정하게 자리 잡힌 주장이나 판단력'을 뜻하여 '주책없다'로 주로 쓰였다. 하지만 2016년 새로 인정된 복수 표준어에서 '주책이다'도 '주책없다'와 마찬가지로 '줏대 없이 이랬다저랬다 해서 몹시 실없다.'의 의미도 갖는 것으로 정해졌다.
• '두루뭉술하다', '두리뭉실하다' 모두 표준어이다.
• '허드레'는 '그다지 중요하지 아니하고 허름하여 함부로 쓸 수 있는 물건'을 의미하는 표준어이다.

오답풀이 ① 넝쿨(×) – 눈두덩이(○) – 놀이감(×)
• 덩쿨(×) : '넝쿨', '덩굴'만 표준어이다.
• 눈두덩이(○) : '눈두덩이', '눈두덩' 모두 표준어이다.
• 놀잇감(○) : '놀이+감'이 결합한 합성어로 고유어+고유어 구성이다. 발음도 [놀이깜 / 놀읻깜]으로 된소리로 소리나므로 사이시옷을 표기해야 한다. '장난감'과 함께 표준어이다.
② 윗어른(×) – 호루라기(○) – 딴지(○)
• '웃어른'은 위, 아래 대립이 없으므로 '웃어른'으로 적는다.
• '딴지'와 '딴죽' 모두 표준어이다.
③ 계면쩍다(○) – 지리하다(×) – 삐지다(○)
• '계면쩍다', '겸연쩍다' 모두 표준어이다. '멋쩍다'와 마찬가지로 [쩍]으로 소리나면 소리나는 대로 적는 경우이다.
• '지리하다' : '지루하다'의 잘못이다. '지루하다'가 표준어이다.
• 삐지다 : 2014년 새로 인정된 복수 표준어로 '삐치다'와 함께 표준어이다.

02 다음 〈보기〉의 밑줄 친 ㉠~㉤ 중 표준어를 모두 고르면? 2016. 국회직 8급

〔보기〕
ㄱ. 너는 시험이 코앞인데 ㉠ 맨날 놀기만 하니?
ㄴ. 당신은 돌아가는 상황을 잘 알면서도 ㉡ 딴청을 붙이시는군요.
ㄷ. 아버지의 사랑방에는 밤이면 밤마다 ㉢ 마을꾼들이 모여들었다.
ㄹ. 총소리에 그는 얼마나 급했던지 옷도 ㉣ 가꾸로 입고 밖으로 나왔다.
ㅁ. 형은 사정없이 구둣발로 그 사람을 ㉤ 조져 대더니 막판에는 돌멩이를 집어 들었다.

① ㉠, ㉡, ㉢
② ㉠, ㉣, ㉤
③ ㉡, ㉢, ㉣
④ ㉠, ㉡, ㉢, ㉤
⑤ ㉠, ㉡, ㉢, ㉣, ㉤

정답풀이 ㉠ '만날–맨날(추가)' 모두 2011년 새로 인정된 복수 표준어이다.
㉡ '딴죽–딴지(추가)–딴전–딴청' 모두 2014년 새로 인정된 복수 표준어이다. 모두 '이미 동의하거나 약속한 일에 대하여 딴전을 부림을 비유적으로 이르는 말'이다. '~을 피우다'의 구성으로 잘 쓰인다.
㉢ '마을꾼–마실꾼(추가)'은 모두 2015년 새로 인정된 복수 표준어이다. 모두 '이웃에 놀러 다니는 사람'을 의미한다. '마실꾼, 마실방, 마실돌이, 밤마실'도 표준어로 인정한다. 참고로 '마실'은 놀러가다의 의미가 있을 때만 사용 가능하다.
㉣ '가꾸로/거꾸로'는 모두 표준어이다.
㉤ '조지다(호되게 때리다)'도 표준어이다.

Answer

01 ④ **02** ⑤

03 다음 중 표준어로만 묶인 것은? 2016. 서울시 9급

① 끄나풀 – 새벽녘 – 삵쾡이 – 떨어먹다
② 뜬게질 – 세째 – 수평아리 – 애닯다
③ 치켜세우다 – 사글세 – 설거지 – 수캉아지
④ 보조개 – 숫양 – 광우리 – 강남콩

정답풀이) 치켜세우다(○) – 추켜세우다(○), 사글세(○), 설거지 (○), 수캉아지(○)

오답풀이) ① 삵쾡이(×) → 살쾡이(○), 떨어먹다(×) → 털어먹다(○) '끄나풀, 새벽녘'은 옳다.
② 세째(×) → 셋째(○), 애닯다(×) → 애달프다(○) '애닯다'는 사어(死語)이므로 표준어로 삼지 않는다. 다만 '애달프다'를 표준어로 삼는다. '뜬게질, 수평아리'는 옳다. 참고로 '뜬게질'이란 해지고 낡아서 입지 못하게 된 옷이나 빨래할 옷의 솔기를 뜯어내는 일을 의미한다.
④ 광우리(×) → 광주리(○), 강남콩(×) → 강낭콩(○) '보조개, 숫양'은 옳다. 보조개의 복수 표준어는 '볼우물'이다.

04 다음 중 표준어의 개수를 바르게 나타낸 것은? 2016. 국회직 8급

① 눈엣가시, 석박지, 뒷꿈치, 돌멩이 〈1개〉
② 이쁘다, 마실, 복숭아뼈, 창란젓 〈3개〉
③ 걸판지다, 움츠리다, 마늘종, 주구장창 〈3개〉
④ 골차다, 끄적이다, 푸르르다, 손주 〈2개〉
⑤ 새치름하다, 누레지다, 삐진, 개기다 〈3개〉

정답풀이) '이쁘다/예쁘다, 마실/마을, 복숭아뼈/복사뼈' 모두 표준어이므로 표준어 3개가 맞다. 참고로 '마실'은 '이웃에 놀러 다니는 일'을 의미하는 경우에만 쓰인다는 점에서 일반적인 '마을'보다 쓰임의 범위가 한정적이다. '창란젓(×)'은 비표준어이다. '창난젓(○)'이 표준어이다.

오답풀이) ①에서 표준어는 1개가 아니라 2개이다. '눈엣가시, 돌멩이'가 표준어이다. 나머지 '석박지'와 '뒷꿈치'는 비표준어이다. 각각 '섞박지, 뒤꿈치'가 표준어이다.
③에서 표준어는 3개가 아니라 2개이다. '걸판지다, 움츠리다'가 표준어이다. '마늘쫑, 주구장창'은 비표준어이다. 이들은 각각 '마늘종, 주야장천(○)'이 표준어이다.
④와 ⑤는 모두 표준어이다. 참고로 '골차다'는 '옹골차다(매우 옹골지다.)'의 의미를 갖는다.

05 밑줄 친 말이 표준어인 것은? 2017. 지방직 9급(1차)

① 큰 죄를 짓고도 그는 <u>뉘연히</u> 대중 앞에 나섰다.
② 아주머니는 부엌에서 갖가지 양념을 <u>뒤어내고</u> 있었다.
③ 사업에 실패했던 원인을 이제야 <u>깨단하게</u> 되었다.
④ 그 사람은 <u>허구헌</u> 날 팔자 한탄만 한다.

정답풀이) 깨단 – 하다「동사」[…을] : 오랫동안 생각해 내지 못하던 일 따위를 어떠한 실마리로 말미암아 깨닫거나 분명히 알다. 예 사업에 실패했던 원인을 이제야 <u>깨단하게</u> 되다니.

오답풀이) ① 뉘연히(×) → 버젓이(○): '버젓하다'의 어근 '버젓' + 부사 파생 접미사 '이'= 버젓이(부사)
버젓이「부사1」: 남의 시선을 의식하여 조심하거나 굽히는 데가 없이
예 큰 죄를 짓고도 그는 백주(白晝)에 <u>버젓이</u> 대중 앞에 나섰다.
버젓이「부사2」: 남의 축에 빠지지 않을 정도로 번듯하게
예 <u>버젓이</u> 개업한 의사가 월급쟁이 앞에서 엄살을 떨다니.
② 뒤어내고(×) → 뒤져내고(○): '뒤져내다'의 활용형
뒤져 – 내다「동사」[…에서 …을]: 샅샅이 뒤져서 들춰내거나 찾아내다.
예 서랍에서 돈을 <u>뒤져내다</u> / 농을 뒤져 옷가지를 마구 꺼내기도 했고, 부엌에서 갖가지 양념을 <u>뒤져내기도</u> 했고, 작은방에서는 쌀을 마구 퍼내기도 했다. ≪하근찬, 야호≫
④ 허구헌(×) → 허구한(○): '허구하다'의 활용형
허구 – 하다01(許久——)「형용사」: (('허구한' 꼴로 쓰여)) 날, 세월 따위가 매우 오래다.
예 <u>허구한</u> 세월 / <u>허구한</u> 날 팔자 한탄만 한다. / 그는 살 궁리는 안 하고 <u>허구한</u> 날 술만 퍼마시고 다녔다.

06 밑줄 친 것 중 어법에 맞게 수정하지 않은 것은? 2013. 기상직 9급

① 친구가 <u>윗층</u>으로 이사를 왔다. (윗층 → 위층)
② 그는 <u>동틀 녁</u>에 그곳을 떠났다. (동틀 녁 → 동틀 녘)
③ 내일은 동생의 <u>스무두째</u> 생일이다. (스무두째 → 스물두째)
④ <u>숫쥐</u>들이 들판을 떼를 지어 달리고 있었다. (숫쥐 → 수쥐)

정답풀이 '숫쥐'는 옳기 때문에 '수쥐'로 고치면 안 된다. '숫'이 붙는 단어는 '숫양, 숫염소, 숫쥐'가 있다. 양념치킨처럼, 각 동물의 앞의 말을 따서 '(숫)양, (숫)념(숫)쥐'로 외우면 아주 쉽다.

오답풀이 ① '위층'이 옳다. 사이시옷은 뒤의 말이 거센소리거나 된소리인 경우에는 올 수 없기 때문이다.
② 시간과 방향을 나타내는 접미사는 '녘'이므로 옳다.
③ '스무두째'가 아니라 '스물두째'이다. '스무 살, 스무 마리'처럼 관형사의 경우에는 '스무'로 쓰이지만, '스물두째'는 서수사로 '스물두 번째'를 의미하므로 '스물두째'로 고치는 것이 옳다. (참고로, '스물둘째'는 '스물두 개째'를 뜻한다. 다만, '열두째', '열둘째', '스물두째', '스물둘째' 외에는 '두째'와 '둘째'를 구분하지 않고 '둘째'만 표준어로 삼는다.)

07 다음 중 표준어로만 묶인 것은?

2013. 국회직 8급

① 끄적거리다, 맨날, 접때, 삐친, 맛쩍은
② 두리뭉실하다, 먹거리, 오순도순, 널빤지, 후드득 후드득
③ 남사스럽다, 점쟁이, 짜장면, 떠벌이, 핼쑥하다
④ 쌉싸름하다, 뒷꿈치, 개발새발, 뾰두라지, 셋째
⑤ 새초롬하다, 덩굴, 뜨락, 얼레리꼴레리, 소싯적

정답풀이 '두리뭉실하다/두루뭉술하다, 먹거리/먹을거리, 오순도순/오손도손'은 복수 표준어들이다.

오답풀이 ① 맛쩍은(×) → 맛적은(○): 이 경우에는 된소리로 적으면 안 된다. 예사 안울림소리(ㅅ)와 예사 안울림소리(ㅈ)가 만나는 경우에는 아주 자연스럽게 뒤의 소리가 된소리([맛쩌근])가 되므로 굳이 된소리로 표기할 필요가 없기 때문이다. (물론 이 환경에도 된소리로 표기되는 단어가 있기는 하다.) 참고로 '맛적다'는 재미나 흥미가 거의 없어 싱겁다는 뜻이다.
③ 떠벌이(×) → 떠버리(○): '떠버리'는 자주 수다스럽게 떠드는 사람을 낮잡아 이르는 말이다.
④ 뒷꿈치(×) → 뒤꿈치(○): 사이시옷은 뒤의 소리가 된소리이거나 거센소리일 경우에는 표기될 수 없다.
⑤ 얼레리꼴레리(×) → 알나리깔나리(○)

08 〈보기〉에 공통적으로 적용되는 표준어 규정으로 가장 옳은 것은?

2020. 서울시 9급

〔보기〕
강낭콩, 고샅, 사글세

① 어원에서 멀어진 형태로 굳어져서 널리 쓰이는 것은, 그것을 표준어로 삼는다.
② 어원적으로 원형에 더 가까운 형태가 아직 쓰이고 있는 경우에는, 그것을 표준어로 삼는다.
③ 모음의 발음 변화를 인정하여, 발음이 바뀌어 굳어진 형태를 표준어로 삼는다.
④ 비슷한 발음의 몇 형태가 쓰일 경우, 그 의미에 아무런 차이가 없고, 그중 하나가 더 널리 쓰이면, 그 한 형태만을 표준어로 삼는다.

정답풀이 표준어 규정 제5항에 따라 답은 ①이다. 하지만 이것이 아니더라도 문제를 충분히 맞힐 수 있다. '사글세'만 보더라도 '삭월+세'에서 어간의 원형을 밝혀적지 않았음을 알 수 있다. 이는 어원에서 멀어진 형태이다. '강낭콩'과 '고샅'도 언중이 어원을 인식하지 않고 발음한 것이므로 ①에 해당한다.

오답풀이 ②의 예는 다음과 같다. '표준어 규정 제5항의 다만'에서 갈비, 갓모, 휴지(休紙)'는 변화된 형태인 '가리, 갈모, 수지' 등도 각각 쓰였으나, 본래의 형태가 더 널리 쓰이므로 '갈비, 갓모, 휴지'의 형태를 표준어로 인정하였다.
③의 예는 다음과 같다. 표준어 규정 제11항 다음 단어에서는 모음의 발음 변화를 인정하여, 발음이 바뀌어 굳어진 형태를 표준어로 삼는다.
지리-하다(×) → 지루-하다(○), 나무래다(×) → 나무라다(○), 트기(×) → 튀기(○)
④의 예는 다음과 같다. 표준어 규정 제17항 비슷한 발음의 몇 형태가 쓰일 경우, 그 의미에 아무런 차이가 없고, 그중 하나가 더 널리 쓰이면, 그 한 형태만을 표준어로 삼는다.
거둥-그리다(×) → 거든-그리다(○), 귀엣-고리(×) → 귀-고리(○), 반비아치(×) → 반빗아치(○)

09 다음은 복수 표준어에 대한 설명이다. 이에 따른 표기로 가장 옳지 않은 것은?
2019. 서울시 9급(1차)

> 한 가지 의미를 나타내는 형태 몇 가지가 널리 쓰이며 표준어 규정에 맞으면, 그 모두를 표준어로 삼는다.

① 가는허리 / 잔허리
② 고깃간 / 정육간
③ 관계없다 / 상관없다
④ 기세부리다 / 기세피우다

정답풀이 '고깃간/푸줏간'은 표준어로 존재하지만, '정육간'은 사전에 등재되어 있지 않은 단어이다.

오답풀이 나머지는 모두 복수 표준어에 해당된다.

10 표준어끼리 묶인 것으로 가장 옳지 않은 것은?
2018. 서울시 9급

① 등물, 남사스럽다, 쌉싸름하다, 복숭아뼈
② 까탈스럽다, 걸판지다, 주책이다, 겉울음
③ 찰지다, 잎새, 꼬리연, 푸르르다
④ 개발새발, 이쁘다, 덩쿨, 마실

정답풀이 덩쿨(×) → 넝쿨/덩굴(○): '덩쿨'은 '넝쿨'과 '덩굴'의 잘못이다. 한편, '개발새발(2011년 추가 표준어)'과 '괴발개발', '이쁘다(2015년 추가 표준어)'와 '예쁘다', '마실(2015년 추가 표준어)'과 '마을'은 모두 표준어이다.

오답풀이 나머지는 모두 표준어로 잘 묶였다.

11 다음 중 표준어로만 묶인 것은?
2017. 기상직 7급

① 메꾸다, 찌뿌듯하다, 내음, 맨날
② 까탈스럽다, 꼬시다, 눈꼽, 품세
③ 새치롬하다, 이쁘다, 구안괘사, 마실
④ 두리뭉실하다, 찰지다, 개발새발, 늘상

정답풀이 '메우다-메꾸다(추가)', '찌뿌듯하다-찌뿌둥하다(추가)-찌뿌드드하다(추가)', '냄새-내음(추가)', '만날-맨날(추가)' 모두 2011년 새로 인정된 복수 표준어이다.

오답풀이 ② 눈꼽(×) : '눈꼽'이 아니라 '눈곱'이 표준어이다. 나머지는 모두 표준어이다. '까다롭다-까탈스럽다(추가)-가탈스럽다(추가)'는 2016년, '꾀다-꼬시다(추가)'는 2014년, '품세-품새(추가)'는 2011년에 모두 새로 인정된 복수 표준어이다.
③ 새치롬하다(×) : '새치롬하다'는 '새치름하다'가 잘못 표기된 것이다. '새치름하다-새초롬하다'는 2011년 새로 인정된 복수 표준어이다. '예쁘다-이쁘다(추가)'와 '마을-마실(추가 : 단, 놀러 가다의 의미일 때만 쓸 수 있음.)'은 2015년 새로 인정된 복수 표준어이다. '구안괘사 -구안와사(추가)'는 2014년 새로 인정된 복수 표준어이다.
④ 늘상(×) : '늘'의 비표준어이다. '두루뭉술하다-두리뭉실하다(추가)'는 2011년 새로 인정된 복수 표준어이다. '차지다-찰지다(추가)'는 2015년 새로 인정된 복수 표준어이다. '괴발개발-개발새발(추가)'은 2011년 새로 인정된 복수 표준어이다.

12 동일한 의미의 복수 표준어가 아닌 것은?
2015. 지방직 7급

① 짜장면/자장면
② 간지럽히다/간질이다
③ 복숭아뼈/복사뼈
④ 손주/손자

정답풀이 '손주'는 '손자(자식의 아들)'와 '손녀(자식의 딸)'를 함께 이르는 말이다. '손자'가 '손주'에 속하는 말이므로 동일한 의미의 복수 표준어가 아니다.

오답풀이 나머지는 모두 동일한 의미의 복수 표준어이다.
① 짜장면(추가)/자장면 (2011년 개정 복수 표준어)
② 간지럽히다(추가)/간질이다 (2011년 개정 복수 표준어)
③ 복숭아뼈(추가)/복사뼈 (2011년 개정 복수 표준어)

13 다음 중 복수 표준어가 아닌 것은? 2013 서울시 9급

① 자장면–짜장면
② 메우다–메꾸다
③ 날개–나래
④ 먹을거리–먹거리
⑤ 허섭쓰레기–허접쓰레기

정답풀이 '허섭쓰레기'가 아니라 '허섭스레기, 허접쓰레기'가 표준어이다.

오답풀이 ① 자장면–짜장면(추가) (2011년 개정 복수 표준어)
② 메우다–메꾸다(추가) (2011년개정 복수 표준어)
③ 날개–나래(추가) (2011년 개정 복수 표준어)
④ 먹을거리(추가)–먹거리 (2011년 개정 복수 표준어)

14 밑줄 친 단어 중 표준어가 아닌 것은? 2014. 지방직 7급

① 담벼락에는 <u>개발새발</u> 아무렇게나 낙서가 되어 있었다.
② 어제 딴 <u>쪽밤</u>을 아이들이 몰래 까서 먹고 있다.
③ 창을 통해서 <u>뜨락</u>을 바라보니 완연한 가을이었다.
④ "상상의 <u>나래</u>를 펴는 중국어"는 듣기, 말하기 중심의 학습을 도와주는 교재이다.

정답풀이 '쪽밤(×)'이 아니라 '쌍동밤(○)'이 표준어이다.

오답풀이 나머지는 2011년에 새로 추가된 표준어들이다.
① 괴발개발, 개발새발
③ 뜨락, 뜰
④ 날개, 나래

Answer
09 ② 10 ④ 11 ① 12 ④ 13 ⑤ 14 ②

박혜선의 亦功국어

콤팩트
어문규정

PART

03

한글 맞춤법

제1장 총칙

최빈출 亦功 기출

다음 한글 맞춤법 총칙의 내용에 모두 부합하는 것은?

> 한글 맞춤법은 표준어를 ㉠ 소리대로 적되, ㉡ 어법에 맞도록 함을 원칙으로 한다.

	㉠	㉡
①	살코기	드러나다
②	부나비	쌍룡
③	가십시오	돌잔치
④	짭짤하다	곱빼기

해설

'불+나비'에서 ㄹ이 탈락된 것이므로 소리대로 적은 ㉠에 해당한다. ㉡ '쌍룡'은 龍(용 룡)에서 두음법칙이 적용되지 않은 채 표기된 것이므로 ㉡에 해당한다. (만일 두음법칙이 적용되는 환경이었다면 ㉠에 해당한다.) 🔒②

오답풀이 ① '살ㅎ+고기'는 'ㅎ+ㄱ'의 자음 축약이 일어나므로 ㉠에 해당한다. '드러나다'는 소리대로 적은 것이므로 ㉠에 해당한다.
③ '가십시오'는 [가십씨요]로 소리 나도 '가십시오'로 원형을 밝혀 적고 있으므로 ㉡에 해당한다. '돌잔치'는 소리대로 적은 것이므로 ㉠에 해당한다.
④ '짭짤하다, 곱빼기' 모두 소리대로 적은 것이므로 ㉠에 해당한다.

제1항 │ 한글 맞춤법은 표준어를 소리대로 적되, 어법에 맞도록 함을 원칙으로 한다.

떠먹여 주는 출.좋.포 제1항

1. 한글 맞춤법은 표준어를 소리대로 적되, (= ❶_____이 표기에 반영됨, ❷_____을 밝혀 적음.)
   예 수캉아지, 익명, 바느질, 씁쓸하다

2. 어법에 맞도록 함을 원칙으로 한다. (=❸___을 밝혀 적음.)
   예 [꽃] – 꽃이[꼬치], 꽃을[꼬츨], 꽃에[꼬체]
   　 [꼰] – 꽃나무[꼰나무], 꽃놀이[꼰노리], 꽃망울[꼰망울]
   　 [꼳] – 꽃과[꼳꽈], 꽃다발[꼳따발], 꽃밭[꼳빧]

제2항 │ 문장의 각 단어는 띄어 씀을 원칙으로 한다.

제3항 │ 외래어는 '외래어 표기법'에 따라 적는다.

떠먹여 주는 출.좋.포

❶ 음운 변동 ❷ 표준발음
❸ 원형

제2장 │ 자모

사전 등재 순서에 맞게 배열된 것은?   2014. 지방직 9급

① 두다 - 뒤켠 - 뒤뜰 - 따뜻하다

② 냠냠 - 네모 - 넘기다 - 닐리리

③ 얇다 - 앳되다 - 여름 - 에누리

④ 괴롭다 - 교실 - 구름 - 귀엽다

> **제4항 │** 한글 자모의 수는 스물넉 자로 하고, 그 순서와 이름은 다음과 같이 정한다.

ㄱ(기역)	ㄴ(니은)	ㄷ(디귿)	ㄹ(리을)	ㅁ(미음)	ㅂ(비읍)
ㅅ(시옷)	ㅇ(이응)	ㅈ(지읒)	ㅊ(치읓)	ㅋ(키읔)	ㅌ(티읕)
ㅍ(피읖)	ㅎ(히읗)	ㅏ(아)	ㅑ(야)	ㅓ(어)	ㅕ(여)
ㅗ(오)	ㅛ(요)	ㅜ(우)	ㅠ(유)	ㅡ(으)	ㅣ(이)

붙임1 위의 자모로써 적을 수 없는 소리는 두 개 이상의 자모를 어울러서 적되, 그 순서와 이름은 다음과 같이 정한다.

ㄲ(쌍기역)	ㄸ(쌍디귿)	ㅃ(쌍비읍)	ㅆ(쌍시옷)	ㅉ(쌍지읒)	ㅙ(왜)
ㅐ(애)	ㅒ(얘)	ㅔ(에)	ㅖ(예)	ㅘ(와)	
ㅚ(외)	ㅝ(워)	ㅞ(웨)	ㅟ(위)	ㅢ(의)	

붙임2 사전에 올릴 적의 자모 순서는 다음과 같이 정한다.

자음: ㄱ ㄲ ㄴ ㄷ ㄸ ㄹ ㅁ ㅂ ㅃ ㅅ ㅆ ㅇ ㅈ ㅉ ㅊ ㅋ ㅌ ㅍ ㅎ

모음: ㅏ ㅐ ㅑ ㅒ ㅓ ㅔ ㅕ ㅖ ㅗ ㅘ ㅙ ㅚ ㅛ ㅜ ㅝ ㅞ ㅟ ㅠ ㅡ ㅢ ㅣ

붙임3 받침 글자의 순서는 다음과 같다.

ㄱ ㄲ ㄳ ㄴ ㄵ ㄶ ㄷ ㄹ ㄺ ㄻ ㄼ ㄽ ㄾ ㄿ ㅀ ㅁ ㅂ ㅄ ㅅ ㅆ ㅇ ㅈ ㅊ ㅋ ㅌ ㅍ ㅎ

제3장 소리에 관한 것

제1절 된소리

💬 된소리로 나는 근거
안울림소리＋안울림소리인 경우에는 예외없이 된소리로 발음된다.

제5항| 한 단어 안에서 뚜렷한 까닭 없이 나는 된소리는 다음 음절의 첫소리를 된소리로 적는다.

» 이 조항에서 '한 단어'는 '한 형태소로 이루어진 단어'를 의미하는 것으로 풀이할 수 있다. 따라서 복합어인 '눈곱[눈꼽], 발바닥[발빠닥], 잠자리[잠짜리]'와 같은 표기는 이 조항의 적용을 받지 않는다.

1. 두 모음 사이에서 나는 된소리

소쩍새	어깨	오빠	으뜸	아끼다
기쁘다	깨끗하다	어떠하다	해쓱하다	가끔
거꾸로	부썩	어찌	이따금	

2. 'ㄴ, ㄹ, ㅁ, ㅇ' 받침 뒤에서 나는 된소리

산뜻하다	잔뜩	살짝	훨씬
담뿍	움찔	몽땅	엉뚱하다

다만, 'ㄱ, ㅂ' 받침 뒤에서 나는 된소리는, 같은 음절이나 비슷한 음절이 겹쳐 나는 경우가 아니면 된소리로 적지 아니한다.

국수	깍두기	딱지	색시
싹둑(~싹둑)	법석	갑자기	몹시

🧴 떠먹여 주는 🍯.🎯.🍯 제5항

'❶____, ❷____' 뒤의 예사소리는 뚜렷한 까닭이 있으므로 굳이 된소리를 표기에 반영할 필요가 없다.

[Q1] 올바른 표기에 ○표 하시오.

국수, 국쑤	깍두기, 깎두기, 깍뚜기	닭달, 닭딸, 닥딸, 닥달
언듯, 언뜻	법석, 법썩	딱지, 딱찌
선듯, 선뜻	싹둑, 싹뚝	잔득, 잔뜩
쓸슬하다, 쓸쓸하다	쌉살하다, 쌉쌀하다	쓱싹쓱싹, 쓱삭쓱삭
몽땅연필, 몽당연필	몽당, 몽땅	부석, 부썩
낙지, 낚지, 낙찌	해슥하다, 해쓱하다, 핼쑥하다	이따금, 잇다금
몹시, 몹씨	숫제, 숫쩨, 수쩨	깜박하다, 깜빡하다

[Q1] 올바른 표기에 ○표 하시오.

국수, 국쑤	깍두기, 깎두기, 깍뚜기	닭달, 닭딸, 닥딸, 닥달
언듯, 언뜻	법석, 법썩	딱지, 딱찌
선듯, 선뜻	싹둑, 싹뚝	잔득, 잔뜩
씁슬하다, 씁쓸하다	쌉살하다, 쌉쌀하다	쓱싹쓱싹, 쓱삭쓱삭
몽땅연필, 몽당연필	몽당, 몽땅	부석, 부썩
낙지, 낚지, 낙찌	해슥하다, 해쓱하다, 핼쑥하다	이따금, 잇다금
몹시, 몹씨	숫제, 숫쩨, 수쩨	깜박하다, 깜빡하다

제2절　구개음화

제6항 | 'ㄷ, ㅌ' 받침 뒤에 <u>종속적 관계</u>를 가진 '-이(-)'나, '-히-'가 올 적에는 그 'ㄷ, ㅌ'이 'ㅈ, ㅊ'으로 소리 나더라도 'ㄷ, ㅌ'으로 적는다. → 표의주의

맏이	해돋이	굳이	같이	끝이
핥이다	걷히다	닫히다	묻히다	

제3절　'ㄷ'소리 받침

제7항 | 'ㄷ' 소리로 나는 받침 중에서 'ㄷ'으로 적을 근거가 없는 것은 'ㅅ'으로 적는다.

덧저고리	돗자리	엇셈+	웃어른	핫옷+
무릇	사뭇	얼핏	자칫하면	뭇[衆]
옛	첫	헛		

+ 엇셈 : 서로 주고받을 것을 비겨 없애는 셈
+ 핫옷 : 솜을 두어 지은 옷

🗯 떠먹여 주는 **출.좋.포**　제7항 'ㄷ'으로 적을 근거란?

1. 본래 단어에 'ㄷ' 받침이 있는 경우
   예 곧잘 , 걷잡다(거두잡다), 낟가리, 돋보다(도두보다), 딛다(디디다), 얻다가(어디에다가)

2. 호전 현상 : 받침 'ㄹ'이 변천에 의해 'ㄷ'으로 바뀐 경우
   예 숟가락(술가락), 이튿날(이틀날), 섣부르다(설부르다), 섣달(설달)

제4절 모음

제8항 | '계, 례, 몌, 폐, 혜'의 'ㅖ'는 'ㅔ'로 소리 나는 경우가 있더라도 'ㅖ'로 적는다. → 표의주의

계수(桂樹)	사례(謝禮)	연몌(連袂)+	폐품(廢品)
혜택(惠澤)	계집	핑계	계시다

다만, 다음 말은 본음대로 적는다.

게송(偈頌)+	게시판(揭示板)	휴게실(休憩室)

≫ '계, 례, 몌, 폐, 혜'는 현실에서 [게, 레, 메, 페, 헤]로 발음되는 일이 있다. 그렇지만 발음이 변화한 것과는 달리 표기는 여전히 'ㅖ'로 굳어져 있으므로 'ㅖ'로 적는다. 다만, 한자 '偈, 揭, 憩'는 본음이 [게]이므로 'ㅔ'로 적는다. 따라서 '게구(偈句), 게제(偈諦), 게기(揭記), 게방(揭榜), 게양(揭揚), 게재(揭載), 게판(揭板), 게류(憩流), 게식(憩息), 게휴(憩休)' 등도 'ㅔ'로 적는다.

떠먹여 주는 출.좋.포 제8항

제8항에서 '❶＿＿＿'는 삭제되어야 한다.

[Q2] 올바른 표기에 ○표 하시오.

국기 계양, <u>국기게양</u>	핑계, 핑게	연몌, 연메
휴계실, <u>휴게실</u>	계기, <u>계긔</u>	닐리리, 늴리리

[Q2] 올바른 표기에 ○표 하시오.

국기 계양, 국기게양	핑계, 핑게	연몌, 연메
휴계실, 휴게실	계기, 계긔	닐리리, 늴리리

제9항 | '의'나, 자음을 첫소리로 가지고 있는 음절의 'ㅢ'는 'ㅣ'로 소리 나는 경우가 있더라도 'ㅢ'로 적는다. → 표의주의

의의(意義)	본의(本義)	무늬[紋]	보늬+
오늬+	하늬바람+	늴리리	닁큼+
띄어쓰기	씌어	틔어	희망(希望)
희다	유희(遊戱)		

[Q3] 맞춤법이 옳은 표기에는 ○표, 틀린 표기에는 ×표 하시오.

본의	<u>○</u>, ×	늴리리	○, <u>×</u>	닁큼	<u>○</u>, ×
보늬	<u>○</u>, ×	하늬바람	○, <u>×</u>	띄어쓰기	<u>○</u>, ×

떠먹여 주는 출.좋.포

❶ 례

[Q3] 맞춤법이 옳은 표기에는 ○표, 틀린 표기에는 ×표 하시오.

| 본의 | ○, × | 닐리리 | ○, × | 닝큼 | ○, × |
| 보늬 | ○, × | 하늬바람 | ○, × | 띄어쓰기 | ○, × |

제5절　두음 법칙

제10항 | 한자음 '녀, 뇨, 뉴, 니'가 단어 첫머리에 올 적에는 두음 법칙에 따라 '여, 요, 유, 이'로 적는다. → 표음주의

　　　여자(女子)　　　　　　연세(年歲)　　　　　　요소(尿素)
　　　유대(紐帶)　　　　　　이토(泥土)　　　　　　익명(匿名)

떠먹여 주는 출.좋.포　제10항 두음법칙

머리음 'ㄴ' 뒤에 ❶＿＿＿＿＿＿가 있는 경우에는 'ㄴ'이 탈락된다.

다만, 다음과 같은 의존 명사에서는 '냐, 녀' 음을 인정한다.
　　　금 한 냥(兩)　　　　　　은 두 냥쭝(兩-)　　　　　　십 년(年)

떠먹여 주는 출.좋.포　제10항 다만 두음법칙 적용 ×

의존명사는 무조건 ❷＿＿＿＿를 가지므로 두음이라고 볼 수 없으므로 두음법칙이 적용되지 않는다.

떠먹여 주는 출.좋.포　'연도'와 '년도'의 차이

1. 연도(年度): 「명사」 사무나 회계 결산 따위의 처리를 위하여 편의상 구분한 일 년 동안의 기간. 또는 앞의 말에 해당하는 그 해
　　예 졸업 <u>연도</u>, 회계 <u>연도</u>

2. 년도(年度): 「의존 명사」 (해를 뜻하는 말 뒤에 쓰여) 일정한 기간 단위로서의 그해
　　예 1985<u>년도</u> 출생자, 1970<u>년도</u> 졸업식

떠먹여 주는 출.좋.포

❶ 반모음 'ㅣ'　❷ 관형어

붙임1 단어의 첫머리 이외의 경우에는 본음대로 적는다.

남녀(男女)   당뇨(糖尿)   결뉴(結紐)+   은닉(隱匿)

≫ 단어의 첫머리가 아닌 경우에는 두음 법칙이 적용되지 않으므로 본음대로 적는 것이다.
예 소녀(少女), 만년(晚年), 배뇨(排尿), 비구니(比丘尼), 운니(雲泥), 탐닉(耽溺)

붙임2 접두사처럼 쓰이는 한자가 붙어서 된 말이나 합성어에서, 뒷말의 첫소리가 'ㄴ' 소리로 나더라도 두음 법칙에 따라 적는다.

신여성(新女性)   공염불(空念佛)+   남존여비(男尊女卑)

한편 '신년도, 구년도' 등은 '신년-도, 구년-도'로 분석되는 구조이므로 이 규정이 적용되지 않는다.

🎤 떠먹여 주는 🔴.🟠.🟡 제10항 붙임 2

❶ _____, ❷ _____가 되는 경우에는 두음법칙이 적용된 채로 붙는다.

붙임3 둘 이상의 단어로 이루어진 고유 명사를 붙여 쓰는 경우에도 붙임2에 준하여 적는다.

한국여자대학   대한요소비료회사

[Q4] 올바른 표기에 ○표 하시오.

익명(匿名), 닉명(匿名)	결뉴(結紐), 결유(結紐)
신여성(新女性), 신녀성(新女性)	공염불(空念佛), 공념불(空念佛)
은익(隱匿), 은닉(隱匿)	몇 년대, 몇 연대
년대, 연대	년 1회, 연 1회
남존녀비, 남존여비	남부녀대, 남부여대
신년도, 신연도	구년도, 구연도
은 두 냥쭝(兩一), 은 두 양쭝(兩-)	연 강수량, 년 강수량
생산 연도(年度), 생산 년도(年度)	2022년도, 2022연도

[Q4] 올바른 표기에 ○표 하시오.

익명(匿名), 닉명(匿名)	결뉴(結紐), 결유(結紐)
신여성(新女性), 신녀성(新女性)	공염불(空念佛), 공념불(空念佛)
은익(隱匿), 은닉(隱匿)	몇 년대, 몇 연대
년대, 연대	년 1회, 연 1회
남존녀비, 남존여비	남부녀대, 남부여대
신년도, 신연도	구년도, 구연도
은 두 냥쭝(兩-), 은 두 양쭝(兩-)	연 강수량, 년 강수량
생산 연도(年度), 생산 년도(年度)	2022년도, 2022연도

떠먹여 주는 🔴.🟠.🟡
❶ 파생어 ❷ 합성어

최빈출 亦功 기출

다음 중 밑줄 친 한자어의 한글 표기가 옳은 것은?
2017. 국회직 8급

① 이 요리는 잡지 가정난(家庭欄)에 있는 요리법을 따라 해 본 거야.
② 밀턴의 《실락원(失樂園)》은 기독교적인 이상주의와 청교도적인 세계관을 반영하고 있다.
③ 지방요(脂肪尿)는 지방 성분이 섞인 오줌을 말한다.
④ 봉선이가 이불을 개어 장농(欌籠) 속에 넣고 걸레로 방바닥을 훔치며 물었다.
⑤ 고려 말기, 조선 초기의 문신인 하윤(河崙)은 《태조실록》의 편찬을 지휘하였다.

제11항 | 한자음 '랴, 려, 례, 료, 류, 리'가 단어의 첫머리에 올 적에는 두음 법칙에 따라 '야, 여, 예, 요, 유, 이'로 적는다. → 표음주의

양심(良心)	역사(歷史)	예의(禮儀)
용궁(龍宮)	유행(流行)	이발(理髮)

떠먹여 주는 출.�85.포 제11항 두음법칙

머리음 'ㄹ' 뒤에 ❶＿＿＿＿가 있는 경우에는 'ㄹ'이 탈락된다.

다만, 다음과 같은 의존 명사는 본음대로 적는다.
리(里) : 몇 리냐?　　　　리(理) : 그럴 리가 없다.

떠먹여 주는 출.�85.포 제11항 다만 두음법칙 적용 ×

의존명사는 무조건 ❷＿＿＿를 가지므로 두음이라고 볼 수 없으므로 두음법칙이 적용되지 않는다.

붙임1 단어의 첫머리 이외에는 본음대로 적는다.

개량(改良)	선량(善良)	수력(水力)	협력(協力)
사례(謝禮)	혼례(婚禮)	와룡(臥龍)	쌍룡(雙龍)
하류(下流)	급류(急流)	도리(道理)	진리(眞理)

다만, 모음이나 'ㄴ' 받침 뒤에 이어지는 '렬, 률'은 '열, 율'로 적는다.

나열(羅列)	치열(齒列)	비열(卑劣)	규율(規律)
분열(分裂)	선열(先烈)	진열(陳列)	선율(旋律)
비율(比率)	실패율(失敗率)	전율(戰慄)	백분율(百分率)

떠먹여 주는 출.�85.포
❶ 반모음 'ㅣ'　❷ 관형어

[붙임2] 외자로 된 이름을 성에 붙여 쓸 경우에도 본음대로 적을 수 있다.

　　　　원칙 :　신입(申砬)　　　　최인(崔麟)　　　　채윤(蔡倫)　　　　하윤(河崙)
　　　　허용 :　신립(申砬)　　　　최린(崔麟)　　　　채륜(蔡倫)　　　　하륜(河崙)

떠먹여 주는 출.종.포 제11항 붙임 2

1. 이름은 일반적으로 두음법칙이 적용이 된 채로 붙는다.
2. 외자인 경우에는 두음법칙이 적용되지만 ❶＿＿＿＿＿으로 적는 것을 허용한다. (단, 외자가 아니면 1만 가능하다.)
   두 글자 이름인 경우에는 본음대로 적지 못하고, 두음 법칙이 꼭 일어나야 한다.
   예 박린수(朴仁首)(×), 김례진(金禮進)(×)

[붙임3] 준말에서 본음으로 소리 나는 것은 본음대로 적는다.

　　　　국련(국제 연합)　　　　　　　　　　한시련(한국 시각 장애인 연합회)

[붙임4] 접두사처럼 쓰이는 한자가 붙어서 된 말이나 합성어에서 뒷말의 첫소리가 'ㄴ' 또는 'ㄹ' 소리로 나더라도 두음 법칙에 따라 적는다.

　　　　역이용(逆利用)　　　　　　연이율(年利率)　　　　　　열역학(熱力學)

떠먹여 주는 출.종.포 제11항 붙임 4

❷＿＿＿＿＿, ❸＿＿＿＿＿가 되는 경우에는 두음법칙이 적용된 채로 붙는다.

» 두음 법칙이 적용되지 않은 채로 이미 굳어진 단어: 마립자(微粒子), 소립자(素粒子), 수류탄(手榴彈), 파렴치(破廉恥)

[붙임5] 둘 이상의 단어로 이루어진 고유 명사를 붙여 쓰는 경우나 십진법에 따라 쓰는 수(數)에 준하여 적는다.

　　　　서울여관　　　　　　신흥이발관　　　　　육천육백육십육(六千六百六十六)

다만, '오륙도(五六島), 육륙봉(六六峰)' 등은 '오/육, 육/육'처럼 두 단어로 갈라지는 구조가 아니므로, 본음대로 적는다.

떠먹여 주는 출.종.포 '모난 유희열'과 '양[量] / 난[欄] / 능[陵]'

음운론적 환경	모음, 'ㄴ' 받침	열/율	예 나열, 분열, 실패율, 백분율
	'ㄴ'을 제외한 받침	렬/률	예 행렬, 직렬, 합격률, 체지방률
어휘론적 환경	고유어, 외래어	양/난/능	예 구름-양(量), 허파숨-양(量), 먹이-양(量), 벡터(vector)-양(量), 에너지(energy)-양(量), 어머나-난(欄), 가십(gossip)-난(欄), 어린이-난(欄), 아기-능(陵)
	한자어	량/란/릉	예 운행-량(運行量), 수출-량(輸出量), 공-란(空欄), 투고-란(投稿欄), 동구-릉(東九陵), 서오-릉(西五陵)

떠먹여 주는 출.종.포
❶ 본음　❷ 파생어　❸ 합성어

[Q5] 맞춤법이 옳은 표기에는 ○, 틀린 표기에는 ×표 하시오.

오십 량(輛)	○, ×	오육도(五六島)	○, ×	몇 리	○, ×
쌍용(雙龍)	○, ×	2푼 5리(厘)	○, ×	전률(戰慄)	○, ×
국연(국제 연합)	○, ×	역리용(逆利用)	○, ×	열력학(熱力學)	○, ×
채윤(蔡倫)	○, ×	채륜(蔡倫)	○, ×	김립(金笠)	○, ×
최인(崔麟)	○, ×	백분률(百分率)	○, ×	내재률(內在律)	○, ×
선렬(先烈)	○, ×	선률(旋律)	○, ×	정형율(定形律)	○, ×
구름-량(量)	○, ×	허파숨-량(量)	○, ×	벡터(vector)-양(量)	○, ×
가시-연(蓮)	○, ×	육륙봉(六六峰)	○, ×	초과량(超過量)	○, ×
박린수(朴仁首)	○, ×	김예진(金禮進)	○, ×		

[Q5] 맞춤법이 옳은 표기에는 ○, 틀린 표기에는 ×표 하시오.

오십 량(輛)	○, ×	오육도(五六島)	○, ×	몇 리	○, ×
쌍용(雙龍)	○, ×	2푼 5리(厘)	○, ×	전률(戰慄)	○, ×
국연(국제 연합)	○, ×	역리용(逆利用)	○, ×	열력학(熱力學)	○, ×
채윤(蔡倫)	○, ×	채륜(蔡倫)	○, ×	김립(金笠)	○, ×
최인(崔麟)	○, ×	백분률(百分率)	○, ×	내재률(內在律)	○, ×
선렬(先烈)	○, ×	선률(旋律)	○, ×	정형율(定形律)	○, ×
구름-량(量)	○, ×	허파숨-량(量)	○, ×	벡터(vector)-양(量)	○, ×
가시-연(蓮)	○, ×	육륙봉(六六峰)	○, ×	초과량(超過量)	○, ×
박린수(朴仁首)	○, ×	김예진(金禮進)	○, ×		

제12항 | 한자음 '라, 래, 로, 뢰, 루, 르'가 단어의 첫머리에 올 적에는 두음 법칙에 따라 '나, 내, 노, 뇌, 누, 느'로 적는다. → 표음주의

낙원(樂園)　　　　내일(來日)　　　　노인(老人)
뇌성(雷聲)　　　　누각(樓閣)　　　　능묘(陵墓)

떠먹여 주는 **量·重·表** 제12항 두음법칙

머리음 'ㄹ' 뒤에 ❶＿＿＿＿＿이 있는 경우에는 '❷＿'이 '❸＿'으로 교체된다.

붙임1 단어의 첫머리 이외의 경우에는 본음대로 적는다.

쾌락(快樂)　　　　극락(極樂)　　　　거래(去來)
왕래(往來)　　　　부로(父老)✛　　　연로(年老)
지뢰(地雷)　　　　낙뢰(落雷)　　　　고루(高樓)
광한루(廣寒樓)　　가정란(家庭欄)　　동구릉(東九陵)
강릉(江陵)　　　　태릉(泰陵)　　　　서오릉(西五陵)
공란(空欄)　　　　답란(答欄)　　　　투고란(投稿欄)

✛ 부로(父老) : 한 동네에서 나이가 많은 어른을 높여 이르는 말

떠먹여 주는 **量·重·表**
❶ 단모음('ㅣ' 제외) ❷ ㄹ ❸ ㄴ

[붙임2] 접두사처럼 쓰이는 한자가 붙어서 된 단어는 뒷말을 두음 법칙에 따라 적는다.

| 내-내월(來來月)✚ | 상-노인(上老人)✚ | 중-노동(重勞動) |
| 비-논리적(非論理的) | 실-낙원(失樂園)✚ | |

➤ 단, '高冷地'는 '고냉지'가 아닌 '고랭지'로 적는다. 발음이 [고랭지]이고 '고랭-지'로 분석되기 때문이다.

떠먹여 주는 音.春.꼬 제12항 붙임 2

❶ _____가 되는 경우에는 두음법칙이 적용된 채로 붙는다.

[Q6] 맞춤법이 옳은 표기에는 ○표, 틀린 표기에는 ×표 하시오.

낙원(樂園)	○, ×	능묘(陵墓)	○, ×	동구능(東九陵)	○, ×
아기능(陵)	○, ×	공난(空欄)	○, ×	서오릉(西五陵)	○, ×
극락(極樂)	○, ×	실-락원(失樂園)	○, ×	어머니-난	○, ×
반-라체(半裸體)	○, ×	고랭지	○, ×	사상-루각(沙上樓閣)	○, ×
어린이-난	○, ×	태능(泰陵)	○, ×	내-래월(來來月)	○, ×

[Q6] 맞춤법이 옳은 표기에는 ○, 틀린 표기에는 ×표 하시오.

낙원(樂園)	○, ×	능묘(陵墓)	○, ×	동구능(東九陵)	○, ×
아기능(陵)	○, ×	공난(空欄)	○, ×	서오릉(西五陵)	○, ×
극락(極樂)	○, ×	실-락원(失樂園)	○, ×	어머니-난	○, ×
반-라체(半裸體)	○, ×	고랭지	○, ×	사상-루각(沙上樓閣)	○, ×
어린이-난	○, ×	태능(泰陵)	○, ×	내-래월(來來月)	○, ×

✚ **내-내월(來來月) :** 내달(=이달의 다음 달)의 다음 달

✚ **상노인(上老人):** 여러 노인 가운데 가장 나이가 많은 사람. 상늙은이

✚ **실낙원(失樂園):** 아담과 이브가 지옥을 탈출한 사탄에게 유혹되어 원죄를 짓고 낙원에서 추방되었다가 그리스도의 속죄에 희망을 거는 모습을 그린 작품

떠먹여 주는 音.春.꼬
❶ 파생어

제6절 겹쳐 나는 소리

제13항 | 한 단어 안에서 같은 음절이나 비슷한 음절이 겹쳐 나는 부분은 같은 글자로 적는다.

딱딱	쌕쌕	씩씩	똑딱똑딱
쓱싹쓱싹	연연불망(戀戀不忘)	유유상종(類類相從)	누누이(屢屢-)
꼿꼿하다	놀놀하다✛	눅눅하다	밋밋하다
싹싹하다	쌉쌀하다	씁쓸하다	짭짤하다

✛ **놀놀하다** : 털이나 풀 따위의 빛깔이 노르스름하다.

🖍 떠먹여 주는 🟤.🟤.🟤 제13항

'ㄱ, ㅂ' 받침 뒤라고 하더라도 **❶**_____인 경우에는 **❷**_____로 같은 글자로 적는다.

》 이 조항에서는 고유어뿐 아니라 한자어도 다루고 있는데, 한자어는 두음 법칙의 적용 여부에 따라 표기가 달라진다. 예를 들어 '冷'은 냉수(冷水), 급랭(急冷)과 같이 두음 법칙의 적용 여부에 따라 두 가지 표기가 나타나므로 '冷冷'은 '냉랭'과 같이 적어야 한다.
> 예 낭랑(朗朗)하다, 냉랭(冷冷)하다, 녹록(碌碌)하다, 늠름(凜凜)하다, 연년생(年年生), 염념불망(念念不忘), 역력(歷歷)하다, 인린(燐燐)하다

》 이에 따르면 '연연불망, 유유상종, 누누이'도 두음 법칙을 적용하여 '연련불망, 유류상종, 누루이'로 적어야 한다고 생각할 수 있다. 그렇지만 이들은 발음이 [여:년불망], [유:유상종], [누:누이]이고 같은 음절이 반복되는 구조로 인식되어 왔다는 점에서 차이가 있다.

제4장 형태에 관한 것

제1절 체언과 조사

제14항 | 체언은 조사와 구별하여 적는다.

떡이	떡을	떡에	떡도	떡만	손이	손을
팔이	팔을	팔에	팔도	팔만	밤이	밤을
집이	집을	집에	집도	집만	옷이	옷을
콩이	콩을	콩에	콩도	콩만	낮이	낮을
꽃이	꽃을	꽃에	꽃도	꽃만	밭이	밭을
앞이	앞을	앞에	앞도	앞만	밖이	밖을
넋이	넋을	넋에	넋도	넋만	흙이	흙을
삶이	삶을	삶에	삶도	삶만	값이	값을
곬이	곬을	곬에	곬도	곬만	여덟이	여덟을

🖍 떠먹여 주는 🟤.🟤.🟤
❶ 비슷한 음절 ❷ 된소리

제2절 어간과 어미

제15항 | 용언의 어간과 어미는 구별하여 적는다.

먹다	먹고	먹어	먹으니	신다	신고	신어	신으니
믿다	믿고	믿어	믿으니	울다	울고	울어	(우니)
넘다	넘고	넘어	넘으니	입다	입고	입어	입으니
웃다	웃고	웃어	웃으니	찾다	찾고	찾아	찾으니
좇다	좇고	좇아	좇으니	같다	같고	같아	같으니
높다	높고	높아	높으니	좋다	좋고	좋아	좋으니
깎다	깎고	깎아	깎으니	앉다	앉고	앉아	앉으니
많다	많고	많아	많으니	늙다	늙고	늙어	늙으니
젊다	젊고	젊어	젊으니	넓다	넓고	넓어	넓으니
훑다	훑고	훑어	훑으니	읊다	읊고	읊어	읊으니
옳다	옳고	옳아	옳으니	없다	없고	없어	없으니
있다	있고	있어	있으니				

붙임1 두 개의 용언이 어울려 한 개의 용언이 될 적에, 앞말의 본뜻이 유지되고 있는 것은 그 원형을 밝히어 적고, 그 본뜻에서 멀어진 것은 밝히어 적지 아니한다.

1. 앞말의 본뜻이 유지되고 있는 것

넘어지다	늘어나다	늘어지다	돌아가다	되짚어가다	들어가다
떨어지다	벌어지다	엎어지다	접어들다	틀어지다	흩어지다

2. 본뜻에서 멀어진 것

드러나다	사라지다	쓰러지다
나타나다	바라지다[坼]	부서지다[碎]
배라먹다[乞食]	불거지다[凸]	자빠지다[沛]
부러지다[折]		

붙임2 종결형에서 사용되는 어미 '-오'는 '요'로 소리 나는 경우가 있더라도 그 원형을 밝혀 '오'로 적는다.

이것은 책이오.   이리로 오시오.   이것은 책이 아니오.

붙임3 연결형에서 사용되는 '이요'는 '이요'로 적는다.

이것은 책이요, 저것은 붓이요, 또 저것은 먹이다.

💬 **종결형 '-오'와 '-요'**
종결형 '-오'는 '하오체'
종결형 '-요'는 '해요체'이다.
예 이리로 오시요.(×)
예 당신을 사랑해오.(×)

→ 구분 방법은, 해당 문장의 '-오', '-요'를 빼보는 것이다. 자연스러우면 '-요'가 옳고, 말이 안 되면 '-오'를 쓰는 것이 옳다.

[Q7] 맞춤법이 옳은 표기에는 ○표, 틀린 표기에는 ×표 하시오.

이것은 책이오.	○, ×	이것은 책이 아니요.	○, ×
저기로 가시오.	○, ×		
이것은 책이요, 저것은 붓이요.			○, ×
이것은 책이 아니오, 저것은 붓이오.			○, ×

[Q7] 맞춤법이 옳은 표기에는 ○표, 틀린 표기에는 ×표 하시오.

이것은 책이오.	○, ×	이것은 책이 아니요.	○, ×
저기로 가시오.	○, ×		
이것은 책이요, 저것은 붓이요.			○, ×
이것은 책이 아니오, 저것은 붓이오.			○, ×

제16항 | 어간의 끝음절 모음이 'ㅏ, ㅗ'(양성 모음)일 때에는 어미를 '-아'로 적고, 그 밖의 모음 (음성 모음)일 때에는 '-어'로 적는다.

1. '-아'로 적는 경우

| 나아 | 나아도 | 나아서 | | 막아 | 막아도 | 막아서 | | 얇아 | 얇아도 | 얇아서 |
| 돌아 | 돌아도 | 돌아서 | | 보아 | 보아도 | 보아서 | | | | |

2. '-어'로 적는 경우

개어	개어도	개어서		겪어	겪어도	겪어서		되어	되어도	되어서
베어	베어도	베어서		쉬어	쉬어도	쉬어서		저어	저어도	저어서
주어	주어도	주어서		피어	피어도	피어서		희어	희어도	희어서

🧴 떠먹여 주는 **흘.출.포** 제16항 모음조화

국어에서는 어간과 어미가 결합할 때에는 양성 모음 어간은 양성 모음 '-아' 계열의 어미가 결합하고, 음성모음 어간은 음성 모음 '-어' 계열의 어미가 결합한다.

예 양성 모음은 '❶____, ❷____, ❸____' 음성모음은 나머지 모음에 해당된다.

떠먹여 주는 **흘.출.포**
❶ ㅏ ❷ ㅗ ❸ ㅑ

제17항 | 어미 뒤에 덧붙는 조사 '요'는 '요'로 적는다.

읽어 → 읽어요   참으리 → 참으리요   좋지 → 좋지요

» '참으리요'는 '참으리'에 '요'가 결합한 말이다. '-으리'는 주로 혼잣말로 자신의 의향을 나타내는 데 쓰인다. 그런데 여기에 '요'가 결합하면 청자에게 자신의 의도를 드러내는 의미로 쓰이기도 한다.
　예 이제 고향에 돌아가리요. 우리는 이곳을 지키리요.

» 한편 '참으리오'는 '참-'에 '-으리오'가 결합한 말이다. '-으리오'는 주로 혼잣말에 쓰이며, 미루어 판단하건대 어찌 그러할 것이냐고 반문하는 뜻을 나타낸다. 반문이므로 의문형으로 볼 수 있어, 마침표가 아니라 물음표로 끝내도 된다.
　예 가는 세월을 어찌 막으리오. 모두 행복하다면 얼마나 좋으리오.

떠먹여 주는 출좋포 제17항

-리요 = ❶ ＿＿＿＿＿＿
-리오 = ❷ ＿＿＿＿＿＿ ('하오'체의 의문형 어미)

제18항 | 다음과 같은 용언들은 어미가 바뀔 경우, 그 어간이나 어미가 원칙에 벗어나면 벗어나는 대로 적는다.

1. 어간의 끝 'ㄹ'이 줄어질 적 → 'ㄹ' 탈락

갈다 : 가니	간	갑니다	가시다	가오
놀다 : 노니	논	놉니다	노시다	노오
불다 : 부니	분	붑니다	부시다	부오
둥글다 : 둥그니	둥근	둥급니다	둥그시다	둥그오
어질다 : 어지니	어진	어집니다	어지시다	어지오

» ㄹ 규칙 용언: '갈다, 날다, 말다, 물다, 벌다, 불다, 알다, 울다, 졸다, 팔다' 등 어간 끝 받침이 'ㄹ'인 용언은 모두 이에 해당한다. 예외 없이 'ㄹ'이 탈락한다는 점에서 규칙 활용이다.

[붙임] 다음과 같은 말에서도 'ㄹ'이 준 대로 적는다.

마지못하다(말-+-지+못하다)　　마지않다(말-+지+않다))
(하)다마다(-다+말-+-다)　　(하)자말자(-자+말-+-자)
(하)지 마(아)(← -자+말-+-자)

2. 어간의 끝 'ㅅ'이 줄어질 적 → 'ㅅ' 불규칙

굿다 : 그어　그으니　그었다　　낫다 : 나아　나으니　나았다
잇다 : 이어　이으니　이었다　　짓다 : 지어　지으니　지었다

» 어간만 바뀌는 'ㅅ' 불규칙 용언: 굿다, 낫다, 붓다, 잇다, 잣다, 젓다, 짓다
» 규칙 용언: 벗다, 빗다, 빼앗다, 솟다, 씻다, 웃다

3. 어간의 끝 'ㅎ'이 줄어질 적 → 'ㅎ' 불규칙

그렇다 : 그러니	그럴	그러면	그러오
까맣다 : 까마니	까말	까마면	까마오
동그랗다 : 동그라니	동그랄	동그라면	동그라오
퍼렇다 : 퍼러니	퍼럴	퍼러면	퍼러오
하얗다 : 하야니	하얄	하야면	하야오

» 어간과 어미 모두 바뀌는 'ㅎ' 불규칙 용언: 그렇다, 이렇다, 어떻다, 까맣다, 부옇다, 뽀얗다, 누렇다
» 규칙 용언: 좋다

떠먹여 주는 🔵.🔴.🟡 'ㅎ' 불규칙 용언의 활용형

1. '그렇다, 노랗다, 동그랗다, 뿌옇다, 어떻다, 조그맣다, 커다랗다' 등등 모든 'ㅎ' 불규칙 용언은 '-네' 와 결합할 때 'ㅎ'이 탈락한 형태와 탈락하지 않은 형태 모두 인정한다.
    예 개나리가 <u>노랗네/노라네</u>.
       얼굴이 <u>커다랗네/커다라네</u>.
       좀 <u>그렇네/그러네</u>.

2. 단, 연결형의 경우에는 'ㅎ'이 탈락한 활용형만 인정한다.
    예 은행잎이 <u>노라니</u> 가을의 분위기가 산다.
       하늘이 <u>파라니</u> 공기도 좋다.

> 💬 모음 조화에 따른 'ㅎ' 불규칙 용언의 활용 양상
> '파랗-+-아'='파래'
> '퍼렇-+-어'가 결합하면 '퍼레'

4. 어간의 끝 'ㅜ, ㅡ'가 줄어질 적 → 'ㅜ' 불규칙 / 'ㅡ' 탈락

푸다 : 퍼	펐다		뜨다 : 떠	떴다
크다 : 커	컸다		담그다 : 담가	담갔다
따르다 : 따라	따랐다		바쁘다 : 바빠	바빴다

≫ 어간이 바뀌는 'ㅜ' 불규칙 용언 : '푸다' 하나뿐임.
≫ 'ㅡ' 규칙 용언 : '가쁘다, 고프다, 기쁘다, 끄다, 나쁘다, 담그다, 따르다, 뜨다, 미쁘다, 바쁘다, 슬프다, 아프다, 예쁘다, 잠그다, 치르다, 크다, 트다'
≫ 예외 없이 'ㅡ'가 탈락한다는 점에서 규칙 활용이다.

5. 어간의 끝 'ㄷ'이 'ㄹ'로 바뀔 적 → 'ㄷ' 불규칙

걷다[步] : 걸어	걸으니	걸었다		듣다[聽] : 들어	들으니	들었다
묻다[問] : 물어	물으니	물었다		싣다[載] : 실어	실으니	실었다
눋다[熬] : 눌어	눌으니	눌었다				

≫ 어간 끝 받침 'ㄷ'이 모음 앞에서 'ㄹ'로 바뀌어 나타나는 경우, 바뀐 대로 적는다.
≫ 어간이 바뀌는 'ㄷ' 불규칙 용언 : (걸음을) 걷다, 긷다, 깨닫다, 눋다, 닫다(빨리 뛰다), 듣다, (물음을) 묻다, 붇다, 싣다, 일컫다
≫ 규칙 용언 : (빨래를) 걷다, 곧다, 굳다, (문을) 닫다, 돋다, 뜯다, (땅에) 묻다, 믿다, 받다, 벋다, 뻗다

6. 어간의 끝 'ㅂ'이 'ㅜ'로 바뀔 적 → 'ㅂ' 불규칙

깁다 :	기워	기우니	기웠다
가깝다 :	가까워	가까우니	가까웠다
맵다 :	매워	매우니	매웠다
밉다 :	미워	미우니	미웠다
굽다[炙] :	구워	구우니	구웠다
괴롭다 :	괴로워	괴로우니	괴로웠다
무겁다 :	무거워	무거우니	무거웠다
쉽다 :	쉬워	쉬우니	쉬웠다

다만, '돕-, 곱-'과 같은 단음절 어간에 어미 '-아'가 결합되어 '와'로 소리 나는 것은 '-와'로 적는다.

돕다[助] : 도와   도와서   도와도   도왔다
곱다[麗] : 고와   고와서   고와도   고왔다

≫ 어간이 바뀌는 'ㅂ' 불규칙 용언: 가깝다, 가볍다, 간지럽다, 괴롭다, (고기를) 굽다, 깁다, 노엽다, 눕다, 더럽다, 덥다, 맵다, 메스껍다, 무겁다, 미덥다, 밉다, 사납다, 서럽다, 쉽다, 아니꼽다, 어둡다, 역겹다, 즐겁다, 지겹다, 차갑다, 춥다 / '꽃답다, 슬기롭다, 자연스럽다' 유형 등

≫ 규칙 용언: (추위에 손이) 곱다, (허리가) 굽다, 꼬집다, (손을) 꼽다, 다잡다, 비집다, 뽑다, 수줍다, 씹다, 업다, 잡다, 접다, 좁다, 집다, 헤집다

7. '하다'의 활용에서 어미 '-아'가 '-여'로 바뀔 적 → '여' 불규칙

하다 : 하여   하여서   하여도   하여라   하였다

≫ 어미가 바뀌는 '여' 불규칙 용언: '하다'가 붙은 모든 말

8. 어간의 끝음절 '르' 뒤에 오는 어미 '-어'가 '-러'로 바뀔 적 → '러' 불규칙

이르다[至] : 이르러   이르렀다   누르다 : 누르러   누르렀다
노르다 : 노르러   노르렀다   푸르다 : 푸르러   푸르렀다

≫ 어미가 바뀌는 '러' 불규칙 용언: 이르다[至], 누르다, 노르다, 푸르다

9. 어간의 끝음절 '르'의 'ㅡ'가 줄고, 그 뒤에 오는 어미의 '-아/-어'가 '-라/-러'로 바뀔 적
→ '르' 불규칙

가르다 : 갈라   갈랐다   벼르다 : 별러   별렀다   이르다 : 일러   일렀다
거르다 : 걸러   걸렀다   부르다 : 불러   불렀다   지르다 : 질러   질렀다
구르다 : 굴러   굴렀다   오르다 : 올라   올랐다

≫ 어간이 바뀌는 '르' 불규칙 용언: 벼르다, 이르다, 가르다, 거르다, 구르다, 부르다, 오르다, 지르다

제3절   접미사가 붙어서 된 말

제19항 | 어간에 '-이'나 '-음/-ㅁ'이 붙어서 명사로 된 것과 '-이'나 '-히'가 붙어서 부사로 된 것은 그 어간의 원형을 밝히어 적는다.

1. '-이'가 붙어서 명사로 된 것

길이	깊이	높이	다듬이
땀받이	달맞이	먹이	미닫이
벌이	벼훑이+	살림살이	쇠붙이

2. '-음/-ㅁ'이 붙어서 명사로 된 것

걸음	묶음	믿음	얼음
엮음	울음	웃음	졸음
죽음	앎		

🔖 떠먹여 주는 **출.좋.포** 제19항

어간(= ❶_____, ❷_____) 어간 + '-이, -음/-ㅁ'(=명사화 접미사) = 파생명사

+ **벼훑이** : 두 개의 나뭇가지나 수숫대 또는 댓가지의 한끝을 동여매어 집게처럼 만들고 그 틈에 벼 이삭을 넣고 벼의 알을 훑는 농기구

떠먹여 주는 **출.좋.포**
❶ 동사 ❷ 형용사

3. '-이'가 붙어서 부사로 된 것

같이	굳이	길이	높이
많이	실없이	좋이	짓궂이

4. '-히'가 붙어서 부사로 된 것

밝히	익히	작히

다만, 어간에 '-이'나 '-음'이 붙어서 명사로 바뀐 것이라도 그 어간의 뜻과 멀어진 것은 원형을 밝히어 적지 아니한다.

굽도리✚	다리[髢]✚	목거리(목병)✚	무녀리✚
코끼리	거름(비료)	고름[膿]	노름(도박)

✚ 굽도리: 방 안의 벽의 밑부분
✚ 다리[髢]: 여자의 머리숱이 많아 보이라고 덧넣었던 딴머리
✚ 목거리: 목이 붓고 아픈 병
✚ 무녀리: 한 태에 낳은 여러 마리 새끼 가운데 가장 먼저 나온 새끼 / 말이나 행동이 좀 모자란 듯이 보이는 사람을 비유적으로 이르는 말

🧴 떠먹여 주는 **출.좋.포** 제19항 다만

어간(= ❶_____, ❷_____) + '-이, -히'(=부사화 접미사) = 부사
다만, 어간의 뜻과 멀어진 것은 원형을 밝히지 않는다.

[붙임] 어간에 '-이'나 '-음' 이외의 모음으로 시작된 접미사가 붙어서 다른 품사로 바뀐 것은 그 어간의 원형을 밝히어 적지 아니한다.

1. 명사로 바뀐 것

귀머거리	까마귀	너머	뜨더귀✚
마감	마개	마중	무덤
비렁뱅이	쓰레기	올가미	주검

✚ 뜨더귀: 조각조각으로 뜯어내거나 가리가리 찢어 내는 짓 또는 그 조각

2. 부사로 바뀐 것

거뭇거뭇	너무	도로	뜨덤뜨덤✚
바투	불긋불긋	비로소	오긋오긋
자주	차마		

✚ 뜨덤뜨덤: 글을 서투르게 자꾸 읽는 모양. 말을 느리게 한마디씩 더니거나 더듬거리며 자꾸 말하는 모양

3. 조사로 바뀌어 뜻이 달라진 것

나마	부터	조차

🧴 떠먹여 주는 **출.좋.포** 제19항 붙임

어간에 '-이'나 '-음' 이외의 모음으로 시작된 접미사(= ❸_____인 접미사)
비생산적 접미사는 쓰임이 적으므로 원형을 밝히지 않는다.

떠먹여 주는 **출.좋.포**
❶ 동사 ❷ 형용사 ❸ 비생산적

제20항 | 명사 뒤에 '-이'가 붙어서 된 말은 그 명사의 원형을 밝히어 적는다.

1. 부사로 된 것

곳곳이	낱낱이	몫몫이	샅샅이
앞앞이	집집이		

2. 명사로 된 것

곰배팔이+	바둑이	삼발이	애꾸눈이
육손이	절뚝발이/절름발이		

붙임 '-이' 이외의 모음으로 시작된 접미사가 붙어서 된 말은 그 명사의 원형을 밝히어 적지 아니한다.

꼬락서니	끄트머리	모가치+	바가지	바깥	사타구니
싸라기	이파리	지붕	지푸라기	짜개+	

다만, '모가치, 값어치, 벼슬아치, 반빗아치+'는 예외적인 형식을 취한 것으로, 이는 관용에 따른 것이다.

제21항 | 명사나 혹은 용언의 어간 뒤에 자음으로 시작된 접미사가 붙어서 된 말은 그 명사나 어간의 원형을 밝히어 적는다.

1. 명사 뒤에 자음으로 시작된 접미사가 붙어서 된 것

값지다	홑지다+	넋두리	빛깔	옆댕이	잎사귀

2. 어간 뒤에 자음으로 시작된 접미사가 붙어서 된 것

낚시	늙정이	덮개	뜯게질	갉작갉작하다
갉작거리다	뜯적거리다	뜯적뜯적하다+	굵다랗다	굵직하다
깊숙하다	넓적하다	높다랗다	늙수그레하다	얽죽얽죽하다+

다만, 다음과 같은 말은 소리대로 적는다.

(1) 겹받침의 끝소리가 드러나지 아니하는 것

할짝거리다	널따랗다	널찍하다	말끔하다
말쑥하다	말짱하다	실쭉하다+	실큼하다+
얄따랗다	얄팍하다	짤막하다	실컷

+ 곰배팔이: 팔이 꼬부라져 붙어 펴지 못하거나 팔뚝이 없는 사람을 낮잡아 이르는 말

+ 모가치: 몫으로 돌아오는 물건
+ 짜개: 콩·팥 따위를 둘로 쪼갠 한쪽 / 낚시에서, 들깻묵을 네모꼴로 잘라 실로 묶어 쓰는 미끼
+ 반빗아치: 예전에, 반찬을 만드는 일을 맡아 하던 여자 하인

+ 홑지다: 복잡하지 않고 단순하다.

+ 뜯적뜯적하다: 자꾸 손톱이나 칼끝 따위로 뜯거나 긁집을 내다.
+ 얽죽얽죽하다: 얼굴에 잘고 굵은 것이 섞이어 깊게 얽은 자국이 많다.

+ 실쭉하다: 마음에 차지 아니하여서 약간 고까워하는 데가 있다.
+ 실큼하다: 싫은 생각이 있다.

(2) 어원이 분명하지 아니하거나 본뜻에서 멀어진 것

넙치	올무✛	골막하다✛	납작하다

≫ 겹받침에서 앞의 소리가 발음이 되면 원형을 밝혀 적지 않고, 뒤의 소리가 발음이 되면 원형을 밝혀 적는다.

≫ '넓다'에서 '널따랗다'와 '넓적하다'가 될 때도 이러한 기준이 적용된다. 'ㄼ'에서 앞의 받침이 발음되는 [널따라타]는 '널따랗다'로 적고, 뒤의 받침이 발음되는 [넙쩌카다]는 '넓적하다'로 적는다. 다만 '넓둥글다'와 같이 '넓-'에 접미사가 아니라 실질 형태소가 결합할 때에는 항상 원형을 밝혀 적는다.

[Q8] 올바른 표기에 ○표 하시오.

<u>할짝거리다</u>, 할짝거리다	넓다랗다, <u>널따랗다</u>, 넙따랗다
얇다랗다, <u>얄따랗다</u>, 얍따랗다	넓치, <u>넙치</u>
넓작하다, <u>납작하다</u>	<u>넓적하다</u>, 넙적하다
<u>넓둥글다</u>, 넙둥글다	<u>넓죽하다</u>, 널쭉하다, 넙쭉하다
<u>넓적다리</u>, 넙적다리	<u>납작보리</u>, 낣작보리

[Q8] 올바른 표기에 ○표 하시오.

할짝거리다, 할짝거리다	넓다랗다, 널따랗다, 넙따랗다
얇다랗다, 얄따랗다, 얍따랗다	넓치, 넙치
넓작하다, 납작하다	넓적하다, 넙적하다
넓둥글다, 넙둥글다	넓죽하다, 널쭉하다, 넙쭉하다
넓적다리, 넙적다리	납작보리, 낣작보리

제22항 | 용언의 어간에 다음과 같은 접미사들이 붙어서 이루어진 말들은 그 어간을 밝히어 적는다.

1. '-이-, -히-, -리-, -기-, -우-, -구-, -추-, -으키-, -이키-, -애-'가 붙는 것

맡기다	옮기다	웃기다	쫓기다	뚫리다	울리다
낚이다	쌓이다	핥이다	굳히다	굽히다	넓히다
앉히다	얽히다	잡히다	돋구다	솟구다	돋우다
갖추다	곧추다	맞추다	일으키다	돌이키다	없애다

다만, '-이-, -히-, -우-'가 붙어서 된 말이라도 본뜻에서 멀어진 것은 소리대로 적는다.

도리다(칼로~)	드리다(용돈을~)	고치다	바치다(세금을~)
부치다(편지를~)	거두다	미루다	이루다

2. '-치-, -뜨리-/-트리-'가 붙는 것

놓치다	덮치다	떠받치다	받치다	밭치다	부딪치다
뻗치다	엎치다	부딪뜨리다 / 부딪트리다		쏟뜨리다 / 쏟트리다	
젖뜨리다 / 젖트리다		찢뜨리다 / 찢트리다		흩뜨리다 / 흩트리다	

✛ 올무 : 새나 짐승을 잡기 위하여 만든 올가미 / 제철보다 일찍 되는 무

✛ 골막하다 : 담긴 것이 가득 차지 아니하고 조금 모자라는 듯하다.

PART
03

[붙임] '-업-, -읍-, -브-'가 붙어서 된 말은 소리대로 적는다.

미덥다   우습다   미쁘다⁺

≫ 역사적으로 '미덥다', '미쁘다'는 '믿다'에 접미사 '-업-'과 '-브-'가 결합한 말이고, '우습다'는 '웃다'에 '-읍-'이 결합한 말이다. 그러나 지금은 완전히 하나의 단어로 굳어져 분석이 되지 않으므로 소리 나는 대로 적는다. '기쁘다, 슬프다'도 '미쁘다'와 마찬가지로 접미사 '-브-'가 결합한 말이지만 현재는 하나의 단어로 굳어져 쓰인다.

제23항 | '-하다'나 '-거리다'가 붙는 어근에 '-이'가 붙어서 명사가 된 것은 그 원형을 밝히어 적는다. (ㄱ을 취하고, ㄴ을 버림.)

ㄱ(취함)	ㄴ(버림)	ㄱ(취함)	ㄴ(버림)
깔쭉이	깔쭈기	살살이	살살이
꿀꿀이	꿀꾸리	쌕쌕이	쌕쌔기
눈깜짝이	눈깜짜기	오뚝이	오뚜기
더펄이⁺	더퍼리	코납작이	코납자기
배불뚝이	배불뚜기	푸석이⁺	푸서기
삐죽이	삐주기	홀쭉이	홀쭈기

[붙임] '-하다'나 '-거리다'가 붙을 수 없는 어근에 '-이'나 또는 다른 모음으로 시작되는 접미사가 붙어서 명사가 된 것은 그 원형을 밝히어 적지 아니한다.

개구리   귀뚜라미   기러기   깍두기
쟁과리   날라리   누더기   동그라미
두드러기   딱따구리   매미   부스러기
뻐꾸기   얼루기   칼싹두기

[Q9] 올바른 표기에 ○표 하시오.

얼룩이, <u>얼루기</u>	칼싹둑이, <u>칼싹두기</u>
제트기: <u>쌕쌕이</u>, 쌕쌔기	<u>더펄이</u>, 더퍼리
<u>오뚝이</u>, 오뚜기	믿브다, <u>미쁘다</u>
믿업다, <u>미덥다</u>	젖뜨리다, <u>젖트리다</u>

[Q9] 올바른 표기에 ○표 하시오.

얼룩이, 얼루기	칼싹둑이, 칼싹두기
제트기: 쌕쌕이, 쌕쌔기	더펄이, 더퍼리
오뚝이, 오뚜기	믿브다, 미쁘다
믿업다, 미덥다	젖뜨리다, 젖트리다

제24항 | '-거리다'가 붙을 수 있는 시늉말 어근에 '-이다'가 붙어서 된 용언은 그 어근을 밝히어 적는다.(ㄱ을 취하고, ㄴ을 버림.)

ㄱ(취함)	ㄴ(버림)	ㄱ(취함)	ㄴ(버림)
깜짝이다	깜짜기다	속삭이다	속사기다
꾸벅이다	꾸버기다	숙덕이다	숙더기다
끄덕이다	끄더기다	울먹이다	울머기다
*뒤척이다	뒤처기다	움직이다	움지기다
들먹이다	들머기다	지껄이다	지꺼리다
망설이다	망서리다	퍼덕이다	퍼더기다
번득이다	번드기다	허덕이다	허더기다
번쩍이다	번쩌기다	헐떡이다	헐떠기다

» 국어에서 '-거리다'가 붙는 어근에는 '-이다/-대다'가 붙을 수 있는 경우가 많다.

간질거리다	간질대다	간질이다
깐족거리다	깐족대다	깐족이다
덜렁거리다	덜렁대다	덜렁이다
뒤적거리다	뒤적대다	뒤적이다
들썩거리다	들썩대다	들썩이다
펄럭거리다	펄럭대다	펄럭이다

제25항 | '-하다'가 붙는 어근에 '-히'나 '-이'가 붙어서 부사가 되거나, 부사에 '-이'가 붙어서 뜻을 더하는 경우에는, 그 어근이나 부사의 원형을 밝히어 적는다.

1. '-하다'가 붙는 어근에 '-히'나 '-이'가 붙는 경우

급히	꾸준히	도저히
깨끗이	딱히	어렴풋이
버젓이	지긋이	

[붙임] '-하다'가 붙지 않는 경우에는 소리대로 적는다.

갑자기	반드시(꼭)	슬며시
	지그시	

2. 부사에 '-이'가 붙어서 역시 부사가 되는 경우

곰곰이	더욱이	생긋이
오뚝이	일찍이	해죽이

[Q10] 올바른 표기에 ○표 하시오.

<u>꼼꼼이</u>, <u>꼼꼼히</u>	<u>곰곰이</u>, 곰곰히
급이, <u>급히</u>	<u>깨끗이</u>, 깨끗히, 깨끗치
<u>어렴풋이</u>, 어렴풋히	<u>일찍이</u>, 일찌기
더우기, <u>더욱이</u>	

[Q10] 올바른 표기에 ○표 하시오.

꼼꼼이, 꼼꼼히	곰곰이, 곰곰히
급이, 급히	깨끗이, 깨끗히, 깨끗치
어렴풋이, 어렴풋히	일찍이, 일찌기
더우기, 더욱이	

> **제26항** | '-하다'나 '-없다'가 붙어서 된 용언은 그 '-하다'나 '-없다'를 밝히어 적는다.

1. '-하다'가 붙어서 용언이 된 것

딱하다	숱하다	착하다
텁텁하다	푹하다	

2. '-없다'가 붙어서 용언이 된 것

부질없다	상없다+	시름없다
열없다+	하염없다	

+ **상없다** : 보통의 이치에서 벗어나 막되고 상스럽다.

+ **열없다** : 좀 겸연쩍고 부끄럽다. 담이 적고 겁이 많다. 성질이 다부지지 못하고 묽다. 어설프고 짜임새가 없다.

제4절 합성어 및 접두사가 붙는 말

> **제27항** | 둘 이상의 단어가 어울리거나 접두사가 붙어서 이루어진 말은 각각 그 원형을 밝히어 적는다.

국말이	꺾꽂이	꽃잎	끝장
물난리	밑천	부엌일	싫증
옷안	웃옷	젖몸살	첫아들
칼날	팥알	헛웃음	홀아비
홑몸	흙내	값없다	겉늙다
굶주리다	낮잡다	맞먹다	받내다
벋놓다	빗나가다	빛나다	새파랗다
샛노랗다	시꺼멓다	싯누렇다	엇나가다
엎누르다	엿듣다	옻오르다	짓이기다
헛되다			

[붙임1] 어원은 분명하나 소리만 특이하게 변한 것은 변한 대로 적는다.

할아버지   할아범

» 어원이 분명하더라도 이미 소리가 바뀐 경우에는 원형을 밝혀 적지 않는다. '할아버지, 할아범'은 '한아버지, 한아범'에서 온 말이지만 [하라버지]와 [하라범]으로 발음이 바뀌었으므로 바뀐 대로 적는다.

[붙임2] 어원이 분명하지 아니한 것은 원형을 밝히어 적지 아니한다.

골병   골탕   끌탕+   며칠
아재비+   오라비   업신여기다   부리나케

+ 끌탕 : 속을 태우는 걱정
+ 아재비 : '아저씨'의 낮춤말

PART
03

[붙임3] '이[齒, 虱]'가 합성어나 이에 준하는 말에서 '니' 또는 '리'로 소리 날 때에는 '니'로 적는다.

간니+   덧니   사랑니   송곳니
앞니   어금니   윗니   젖니+
톱니   틀니   가랑니+   머릿니

» '간이', '덧이', '송곳이'와 같이 적으면 [갸:니], [더시], [송:고시]와 같이 발음하여 [간:니], [던니], [송:곤니]의 발음이 제대로 구사되지 않을 우려가 있어서이다. 그런 까닭에 단독으로 쓰일 때는 '이'로 적지만 합성어나 이에 준한 말에서는 '간니, 덧니, 틀니', '가랑니, 머릿니' 등과 같이 적는다.

+ 간니 : 젖니가 빠진 뒤에 나는 이
+ 젖니 : 유아기에 사용한 뒤 갈게 되어 있는 이
+ 가랑니 : 서캐에서 깨어 나온 지 얼마 안 되는 새끼 이. 배냇니

[Q11] 올바른 표기에 ○표 하시오.

<u>골병</u>, 곯병	송곳이, <u>송곳니</u>
<u>싫증</u>, 실증	<u>오라비</u>, 오래비
불이나게, <u>부리나케</u>	꺽꽂이, <u>꺾꽂이</u>
<u>며칠</u>, 몇 일	싯노랗다, <u>샛노랗다</u>
<u>시허옇다</u>, 시하얗다	<u>시퍼레</u>, 시퍼래

[Q11] 올바른 표기에 ○표 하시오.

골병, 곯병	송곳이, 송곳니
싫증, 실증	오라비, 오래비
불이나게, 부리나케	꺽꽂이, 꺾꽂이
며칠, 몇 일	싯노랗다, 샛노랗다
시허옇다, 시하얗다	시퍼레, 시퍼래

제28항 | 끝소리가 'ㄹ'인 말과 딴 말이 어울릴 적에 'ㄹ' 소리가 나지 아니하는 것은 아니 나는 대로 적는다.

다달이(달-달-이)   따님(딸-님)   마되(말-되)
마소(말-소)   무자위(물-자위)+   바느질(바늘-질)
부삽(불-삽)   부손(불-손)+   싸전(쌀-전)
여닫이(열-닫이)   우짖다(울-짖다)   화살(활-살)

+ 무자위 : 물을 높은 곳으로 퍼 올리는 기계
+ 부손 : 화로에 꽂아 두고 쓰는 작은 부삽

+ 삼짇날 : 음력 삼월 초사흗날

+ 섣달 : 음력으로 한 해의 맨 끝 달

+ 잔주름 : 옷 따위에 잡은 잔주름

+ 푿소 : 여름에 생풀만 먹고 사는 소

+ 잗다듬다 : 구부러진 것을 반대로 잦히어 다듬다.

+ 잗다랗다 : 꽤 잘다. / 아주 자질구레하다.

해설

마구간(○) : 한자어 '마구(馬廐)'와 한자어 '간(間)'의 결합으로 사이시옷을 받쳐 적지 않는다.

인사말(○) : [인사말]로 사잇소리 현상이 일어나지 않으므로 사이시옷을 표기하지 않는다.

🔓 ②

오답풀이 ① 공붓벌레(○)

붕엇빵(✕) → 붕어빵(○) : 된소리나 거센소리 앞에서는 사이시옷을 쓰지 않는다.

③ 공깃밥(○)

백짓장(✕) → 백지장(○) : 한자어 '백지(白紙)'와 한자어 '장(張)'의 결합으로 이루어진 어휘이므로 사이시옷을 받쳐 적지 않는다.

④ 도맷값(○)

머릿털(✕) → 머리털(○) : 된소리나 거센소리 앞에서는 사이시옷을 쓰지 않으므로 '머리털'로 적는 것이 바르다.

😊 사이시옷은 15세기에 관형격의 기능이 있었다.
나랏 말쏨(나라의 말씀)
부텻 말쏨(부처의 말씀)

+ **고랫재** : 방고래(방 구들장 밑으로 낸 고랑)에 모여 쌓여 있는 재

+ **귓밥(귓불)** : 귓바퀴의 아래쪽으로 늘어진 살

+ **뒷갈망** : 일의 뒤끝을 맡아서 처리하는 일. 뒷감당

+ **머릿기름** : 머리털에 바르는 기름

+ **볏가리** : 벼를 베어서 가려 놓거나 볏단을 차곡차곡 쌓은 더미

+ **우렁잇속** : 내용이 복잡하여 헤아리기 어려운 일을 비유적으로 이르는 말

+ **도리깻열** : 도리깨의 한 부분. 곧고 가느다란 나뭇가지 두세 개로 만들며, 이 부분을 아래로 돌리어 곡식을 두드려 낟알을 떤다.

제29항| 끝소리가 'ㄹ'인 말과 딴 말이 어울릴 적에 'ㄹ' 소리가 'ㄷ' 소리로 나는 것은 'ㄷ'으로 적는다.

반짇고리(바느질~)	사흗날(사흘~)	삼짇날(삼질~)+
섣달(설~)+	숟가락(술~)	이튿날(이틀~)
잔주름(잘~)+	푿소(풀~)+	섣부르다(설~)
잗다듬다(잘~)+	잗다랗다(잘~)+	

최빈출 亦功 기출

사이시옷 표기가 모두 옳지 않은 것은?   2019. 서울시 7급

① 붕엇빵 – 공붓벌레
② 마굿간 – 인삿말
③ 공깃밥 – 백짓장
④ 도맷값 – 머릿털

제30항| 사이시옷은 다음과 같은 경우에 받치어 적는다.

1. 순우리말로 된 합성어로서 앞말이 모음으로 끝난 경우

(1) 뒷말의 첫소리가 된소리로 나는 것

고랫재+	귓밥+	나룻배	나뭇가지
냇가	댓가지	뒷갈망+	맷돌
머릿기름+	모깃불	못자리	바닷가
뱃길	볏가리+	부싯돌	선짓국
쇳조각	아랫집	우렁잇속+	잇자국
잿더미	조갯살	찻집	쳇바퀴
킷값	핏대	햇볕	혓바늘

(2) 뒷말의 첫소리 'ㄴ, ㅁ' 앞에서 'ㄴ' 소리가 덧나는 것

멧나물	아랫니	텃마당	아랫마을
뒷머리	잇몸	깻묵	냇물
빗물			

(3) 뒷말의 첫소리 모음 앞에서 'ㄴㄴ' 소리가 덧나는 것

도리깻열+	뒷윷	두렛일	뒷일
뒷입맛	베갯잇	욧잇	깻잎
나뭇잎	댓잎		

2. 순우리말과 한자어로 된 합성어로서 앞말이 모음으로 끝난 경우

(1) 뒷말의 첫소리가 된소리로 나는 것

귓병	머릿방✚	뱃병	봇둑✚
사잣밥✚	샛강	아랫방	자릿세
전셋집	찻잔	찻종✚	촛국✚
콧병	탯줄	텃세	핏기
햇수	횟가루	횟배	

(2) 뒷말의 첫소리 'ㄴ, ㅁ' 앞에서 'ㄴ' 소리가 덧나는 것

곗날	제삿날	훗날	툇마루
양칫물			

(3) 뒷말의 첫소리 모음 앞에서 'ㄴㄴ' 소리가 덧나는 것

가욋일✚	사삿일✚	예삿일	훗일

3. 두 음절로 된 다음 한자어

곳간(庫間)	셋방(貰房)	숫자(數字)	찻간(車間)
툇간(退間)	횟수(回數)		

떠먹여 주는 喜.春.苦 제30항 사이시옷의 조건

1. 적어도 하나의 (❶   )
   모두 (❷   )라면 사이시옷을 못 붙인다.
   例 유리잔(琉璃盞), 소주잔(燒酒盞) 맥주잔(麥酒盞), 장미과(薔薇科), 화병(火病), 포도과(葡萄科),
   초점(焦點), 전세방(傳貰房), 개수(個數), 마구간(馬廐間), 수라간(水刺間), 도매금(都賣金)

   단, 예외 6가지가 있음
   例 툇간, 곳간, 셋방, 찻간, 횟수, 숫자

2. (❸   )이 일어남.
   (❸   )이 일어나지 않으면 사이시옷을 못 붙인다.

   사잇소리 현상은?
   ① ❹ _____
   ② '❺ ___' 덧남
   ③ '❻ ___' 덧남
   例 인사말[인사말], 머리말[머리말], 꼬리말[꼬리말],
   고무줄 [고무줄], 초가집[초가집], 소나기밥[소나기밥]

✚ **머릿방(-房)**: 안방의 뒤에 달려 있는 방

✚ **봇둑(洑-)**: 보(흐르는 냇물을 가두어 놓은 곳)를 둘러쌓은 둑

✚ **사잣밥(使者-)**: 초상집에서 죽은 사람의 넋을 부를 때 저승사자에게 대접하는 밥

✚ **찻종(-鍾)**: 차를 따라 마시는 종지. 찻잔

✚ **촛국(醋-)**: 초를 친 냉국

✚ **가욋일(加外-)**: 필요 밖의 일

✚ **사삿일(私私-)**: 개인의 사사로운 일

떠먹여 주는 喜.春.苦
❶ 고유어 ❷ 한자어
❸ 사잇소리 현상 ❹ 된소리되기
❺ ㄴ ❻ ㄴㄴ

떠먹여 주는 출.좋.포 고유어가 하나 있으면 사이시옷 추가 가능성이 높아진다.

알아두면 좋을 고유어들

- 값 : 절댓값[절때깝/절땓깝], 덩칫값[덩치깝/덩칟깝], 죗값[좌:깝/�줻:깝]
- 길 : 등굣길[등교낄/등굗낄], 혼삿길[혼사낄/혼삳낄], 고갯길[고개낄/고갣낄]
- 집 : 맥줏집[맥쭈찝/맥쭏찝], 횟집[회:찝/휃:찝], 부잣집[부:자찝/부:잗찝]
- 빛 : 장밋빛[장미삗/장믿삗], 보랏빛[보라삗/보랃삗] 햇빛[해삗/핻삗]
- 말 : 혼잣말[혼잔말], 시쳇말[시첸말], 노랫말[노랜말]
- 국 : 만둣국[만두꾹/만둗꾹], 고깃국[고기꾹/고긷꾹], 북엇국[부거꾹/부걷꾹]

[Q12] 올바른 표기에 ○표, 틀린 표기에 ×표 하시오.

꼭짓점	<u>○</u>, ×	맥줏집	<u>○</u>, ×	북어국	○, <u>×</u>
전셋집	<u>○</u>, ×	시체말	○, <u>×</u>	가윗일	<u>○</u>, ×
전셋방	○, <u>×</u>	순댓국	<u>○</u>, ×	고양이과	○, <u>×</u>
갯수	○, <u>×</u>	촛점	○, <u>×</u>	셋방	<u>○</u>, ×

[Q12] 올바른 표기에 ○표, 틀린 표기에 ×표 하시오.

꼭짓점	○, ×	맥줏집	○, ×	북어국	○, ×
전셋집	○, ×	시체말	○, ×	가윗일	○, ×
전셋방	○, ×	순댓국	○, ×	고양이과	○, ×
갯수	○, ×	촛점	○, ×	셋방	○, ×

제31항| 두 말이 어울릴 적에 'ㅂ'소리나 'ㅎ'소리가 덧나는 것은 소리대로 적는다.

1. 'ㅂ'소리가 덧나는 것

댑싸리(대ㅂ싸리)+   멥쌀(메ㅂ쌀)   볍씨(벼ㅂ씨)   입때(이ㅂ때)+
입쌀(이ㅂ쌀)+   접때(저ㅂ때)   좁쌀(조ㅂ쌀)   햅쌀(해ㅂ쌀)

2. 'ㅎ'소리가 덧나는 것

머리카락(머리ㅎ가락)   살코기(살ㅎ고기)   수캐(수ㅎ개)
수컷(수ㅎ것)   수탉(수ㅎ닭)   안팎(안ㅎ밖)
암캐(암ㅎ개)   암컷(암ㅎ것)   암탉(암ㅎ닭)

+ 댑싸리: 명아줏과의 일년초. 한방에서 이뇨제나 강장제로 쓰임.

+ 입때: 여태. 입때껏

+ 입쌀: (잡곡에 대하여) 멥쌀을 이르는 말

😀 '수ㅎ/암ㅎ'이 붙는 단어들 전부
(총 9가지만 있음.)
개 : 수캐, 수캉아지
돼지 : 수퇘지
닭 : 수탉, 수평아리
당나귀 : 수탕나귀
수컷, 수톨쩌귀, 수키와

🎯 떠먹여 주는 🔴.🔴.🔴 제31항

1. 어두 자음군 : ❶_____에 쓰였던 초성에 나타나던 자음군
2. 'ㅎ' 종성체언 : ❷_____에 쓰였던 'ㅎ'을 말음으로 가지는 체언.
   혼자 있을 때는 'ㅎ'이 나타나지 않다가, 모음 조사나 'ㄱ, ㄷ, ㅂ' 앞에서 나타남.

[Q13] 올바른 표기에 ○표, 틀린 표기에 ✕표 하시오.

암코양이	○, ✕	수컷	○, ✕	숫기와	○, ✕
숫돌쩌귀	○, ✕	수평아리	○, ✕	숫사자	○, ✕
수퇘지	○, ✕	암컷	○, ✕	대싸리	○, ✕

[Q13] 올바른 표기에 ○표, 틀린 표기에 ✕표 하시오.

암코양이	○, ✕	수컷	○, ✕	숫기와	○, ✕
숫돌쩌귀	○, ✕	수평아리	○, ✕	숫사자	○, ✕
수퇘지	○, ✕	암컷	○, ✕	대싸리	○, ✕

제5절 준 말

제32항| 단어의 끝 모음이 줄어지고 자음만 남은 것은 그 앞의 음절에 받침으로 적는다.

　　기러기야 → 기럭아　　　　　어제그저께 → 엊그저께
　　어제저녁 → 엊저녁　　　　　가지고, 가지지 → 갖고, 갖지
　　디디고, 디디지 → 딛고, 딛지★

🎯 떠먹여 주는 🔴.🔴.🔴 제32항

준말 어간은 ❸____ 어미만 붙는 경우가 많기는 하지만, ❹____ 어미가 붙는 경우도 있다.

제33항| 체언과 조사가 어울려 줄어지는 경우에는 준 대로 적는다.

　　그것은 → 그건　　　　그것이 → 그게　　　　그것으로 → 그걸로
　　나는 → 난　　　　　나를 → 날　　　　　너는 → 넌
　　너를 → 널　　　　　무엇을 → 뭣을/무얼/뭘　　무엇이 → 뭣이/무에

💬 부사에 조사가 결합할 때
예 그리로 → 글로
　　이리로 → 일로
　　저리로 → 절로
　　조리로 → 졸로

떠먹여 주는 🔴.🔴.🔴

❶ 조선 시대　❷ 조선 시대
❸ 자음　❹ 모음

제34항 | 모음 'ㅏ, ㅓ'로 끝난 어간에 '-아/-어, -았-/-었-'이 어울릴 적에는 준 대로 적는다.

가아 → 가	나아 → 나	타아 → 타
서어 → 서	켜어 → 켜	펴어 → 펴
가았다 → 갔다	나았다 → 났다	타았다 → 탔다
서었다 → 섰다	켜었다 → 켰다	펴었다 → 폈다

🧴 떠먹여 주는 출.좋.포 제34항

❶_____ 규칙 활용에 해당한다.

붙임1 'ㅐ, ㅔ' 뒤에 '-어, -었-'이 어울려 줄 적에는 준 대로 적는다.

개어 → 개	내어 → 내	베어 → 베
세어 → 세	개었다 → 갰다	내었다 → 냈다
베었다 → 벴다	세었다 → 셌다	

🧴 떠먹여 주는 출.좋.포 제34항 붙임 1

❷___, ❸___ + ❹___ = '❺___' 탈락

[Q14] 올바른 표기에 ○표, 틀린 표기에 ×표 하시오.

<u>엊그저께</u>, <u>엇그저께</u>	<u>무엇이</u> → <u>뭣이</u>, <u>무에</u>, <u>뭐이</u>
<u>그건</u>, <u>그것은</u>	<u>그것을</u>, <u>그걸</u>
<u>디디고</u>, <u>딛고</u>, <u>디뎌</u>, <u>딛어</u>	<u>가지고</u>, <u>갖고</u>, <u>가져</u>, <u>갖어라</u>
<u>갈 거야</u>, <u>갈 것이야</u>	<u>갈 테야</u>, <u>갈 터이야</u>
<u>개어</u>, <u>개</u>, 개여	베어, 베, 베여
개었다, 개였다, <u>갰다</u>	<u>내어</u>, <u>내</u>, 내여

[Q14] 올바른 표기에 ○표, 틀린 표기에 ×표 하시오.

엊그저께, 엇그저께	무엇이 → 뭣이, 무에, 뭐이
그건, 그것은	그것을, 그걸
디디고, 딛고, 디뎌, 딛어	가지고, 갖고, 가져, 갖어라
갈 거야, 갈 것이야	갈 테야, 갈 터이야
개어, 개, 개여	베어, 베, 베여
개었다, 개였다, 갰다	내어, 내, 내여

떠먹여 주는 출.좋.포

❶ 동음 탈락 ❷ ㅐ ❸ ㅔ
❹ ㅓ ❺ ㅓ

붙임 2 '하여'가 한 음절로 줄어서 '해'로 될 적에는 준 대로 적는다.

| 하여 → 해 | 더하여 → 더해 | 흔하여 → 흔해 |
| 하였다 → 했다 | 더하였다 → 더했다 | 흔하였다 → 흔했다 |

🧴 떠먹여 주는 **출.좋.포** 제34항 붙임 2

하+여 = ❶_____

제35항 | 모음 'ㅗ, ㅜ'로 끝난 어간에 '-아/-어, -았-/-었-'이 어울려 'ㅘ/ㅝ, 왔/웠'으로 될 적에는 준 대로 적는다.

꼬아 → 꽈	보아 → 봐	쏘아 → 쏴	두어 → 둬
쑤어 → 쒀	주어 → 줘	꼬았다 → 꽜다	보았다 → 봤다
쏘았다 → 쐈다	두었다 → 뒀다	쑤었다 → 쒔다	주었다 → 줬다

붙임 1 '놓아'가 '놔'로 줄 적에는 준 대로 적는다.

붙임 2 'ㅚ' 뒤에 '-어, -었-'이 어울려 'ㅙ, 괬'으로 될 적에도 준 대로 적는다.

괴어 → 괘	되어 → 돼	뵈어 → 봬
쐬어 → 쐐	괴었다 → 괬다	되었다 → 됐다
쇠었다 → 쇘다	쐬었다 → 쐤다	꾀었다 → 꽸다
쬐었다 → 쬈다	사뢰었다 → 사뢨다	되뇌었다 → 되뇄다
쇠어 → 쇄	뵈었다 → 뵀다	

🧴 떠먹여 주는 **출.좋.포** 제35항

ㅚ+ㅓ = ❷_____ (모음 축약)
» 되다 : 이렇게 만나게 돼서(← ❸_____) 반갑다.
　　뵈다 : 오랜만에 부모님을 봬서(← ❹_____) 기뻤다.
　📝 2022년에 공무원이 돼요(← 되어요).
　　그럼 내일 함께 부모님을 ❺_____ (← ❻_____).
　　어느덧 가을이 됐다(← 되었다).
　　어제 부모님을 뵀다(← 뵈었다).

[Q15] 올바른 표기에 ○표, 틀린 표기에 ×표 하시오.

오아서, <u>와서</u>	<u>되어요</u>, 되요, <u>돼요</u>
사뢌다, <u>사뢨다</u>	뵈어, <u>봬</u>, 뵈여
<u>주어서</u>, <u>줘서</u>	

[Q15] 올바른 표기에 ○표, 틀린 표기에 ×표 하시오.

오아서, 와서	되어요, 되요, 돼요
사뢌다, 사뢨다	뵈어, 봬, 뵈여
주어서, 줘서	

💬 '놓이다'의 준말 '뇌다'
'놓이어'가 줄어진 형태는 '뇌어'가
아니라 '놓여'로 적는다.

💬 굳어진 '띄어쓰기, 띄어 쓰다, 띄
어 놓다'
관용상 '뜨여쓰기, 뜨여 쓰다, 뜨여
놓다' 같은 형태가 사용되지 않는다.

떠먹여 주는 **출.좋.포**
❶ 해 ❷ 왜 ❸ 되어서
❹ 뵈어서 ❺ 봬요 ❻ 뵈어요

제36항│ 'ㅣ' 뒤에 '-어'가 와서 'ㅕ'로 줄 적에는 준 대로 적는다.

가지어 → 가져	견디어 → 견뎌	다니어 → 다녀
막히어 → 막혀	버티어 → 버텨	치이어 → 치여
가지었다 → 가졌다	견디었다 → 견뎠다	다니었다 → 다녔다
막히었다 → 막혔다	버티었다 → 버텼다	치이었다 → 치였다

 떠먹여 주는 출.좋.포 제36항

ㅣ + ㅓ = ❶___ (모음 축약)

제37항│ 'ㅏ, ㅕ, ㅗ, ㅜ, ㅡ'로 끝난 어간에 '-이-'가 와서 각각 'ㅐ, ㅖ, ㅚ, ㅟ, ㅢ'로 줄 적에는 준 대로 적는다.

싸이다 → 쌔다	펴이다 → 폐다	보이다 → 뵈다
누이다 → 뉘다	뜨이다 → 띄다	쓰이다 → 씌다
까이다 → 깨다	모이다 → 뫼다	꾸이다 → 뀌다

 떠먹여 주는 출.좋.포 제37항

ㅏ + ㅣ = ❷___ (모음 축약) ㅕ + ㅣ = ❸___ (모음 축약) ㅗ + ㅣ = ❹___ (모음 축약)
ㅜ + ㅣ = ❺___ (모음 축약) ㅡ + ㅣ = ❻___ (모음 축약)

제38항│ 'ㅏ, ㅗ, ㅜ, ㅡ' 뒤에 '-이어'가 어울려 줄어질 적에는 준 대로 적는다.

싸이어 → 쌔어, 싸여	보이어 → 뵈어, 보여	쏘이어 → 쐬어, 쏘여
누이어 → 뉘어, 누여	뜨이어 → 띄어	쓰이어 → 씌어, 쓰여
트이어 → 틔어, 트여		

 떠먹여 주는 출.좋.포 제38항

'-이어'가 결합되는 경우에는 ❼___도 축약이 가능하고, ❽___도 축약이 가능하다.

제39항 | 어미 '-지' 뒤에 '않-'이 어울려 '-잖-'이 될 적과 '-하지' 뒤에 '않-'이 어울려 '-찮-'이 될 적에는 준 대로 적는다.

그렇지 않은 → 그렇잖은	적지 않은 → 적잖은
만만하지 않다 → 만만찮다	변변하지 않다 → 변변찮다
달갑지 않다 → 달갑잖다	마뜩잖다 → 마뜩하지 않다
오죽하지 않다 → 오죽잖다	당찮다 → 당하지 않다
시답잖다 → 시답지 않다	편찮다 → 편하지 않다

💬 '-스럽-＋-이'='-스레'

예 '사랑스럽-＋-이'='사랑스레'
　　'천연스럽-＋-이'='천연스레'

🧴 떠먹여 주는 🔵.🔴.🟢 제39항

'잖', '찮'은 반드시 '❶＿＿', '❷＿＿'으로 표기해야 한다.

[Q16] 올바른 표기에 ○표, 틀린 표기에 ×표 하시오

그녀는 그에게 (차였다, 채었다, 채였다)

여기여기 (모여라, 뫼어라, 뫼여라)

책 구성이 잘 (짜여, 째어, 째여) 있다.

오죽쟎다, 오죽잖다

편챦다, 편찮다, 편쟎다, 편잖다

생각쟎다, 생각찮다, 생각챦다, 생각잖다.

축구공이 발로 (까였다, 깨었다, 깼다, 깨였다)

한글은 문자로 (쓰였다, 씌었다, 씌였다)

상처로 피부가 (파였다, 패었다, 패였다)

마뜩쟎다, 마뜩찮다, 마뜩잖다, 마뜩챦다

만만쟎은, 만만챦은, 만만찮은, 만만잖은

술이 (놓여, 놓이어, 뇌어, 놓이여, 뇌여)

[Q16] 올바른 표기에 ○표, 틀린 표기에 ×표 하시오.

그녀는 그에게 (차였다, 채었다, 채였다)

여기여기 (모여라, 뫼어라, 뫼여라)

책 구성이 잘 (짜여, 째어, 째여) 있다.

오죽쟎다, 오죽잖다

편챦다, 편찮다, 편쟎다, 편잖다

생각쟎다, 생각찮다, 생각챦다, 생각잖다.

축구공이 발로 (까였다, 깨었다. 깼다, 깨였다)

한글은 문자로 (쓰였다, 씌었다, 씌였다)

상처로 피부가 (파였다, 패었다, 패였다)

마뜩쟎다, 마뜩찮다, 마뜩잖다, 마뜩챦다

만만쟎은, 만만챦은, 만만찮은, 만만잖은

술이 (놓여, 놓이어, 뇌어, 놓이여, 뇌여)

떠먹여 주는 🔵.🔴.🟢

❶ 잖 ❷ 찮

최빈출 亦功 기출

다음의 설명에 따라 올바르게 표기된 경우가 아닌 것은?　　　2019. 서울시 9급(2차)

> • 어간의 끝음절 '하'의 'ㅏ'가 줄고 'ㅎ'이 다음 음절의 첫소리와 어울려 거센소리로 될 적에는 거센소리로 적는다.
> • 어간의 끝음절 '하'가 아주 줄 적에는 준 대로 적는다.

① 섭섭지　　　　　　　　② 흔타

③ 익숙치　　　　　　　　④ 정결타

제40항 | 어간의 끝음절 '하'의 'ㅏ'가 줄고 'ㅎ'이 다음 음절의 첫소리와 어울려 거센소리로 될 적에는 거센소리로 적는다.

간편하게 → 간편케	연구하도록 → 연구토록
가하다 → 가타	정결하다 → 정결타
흔하다 → 흔타	다정하다 → 다정타

붙임1 'ㅎ'이 어간의 끝소리로 굳어진 것은 받침으로 적는다.

않다	않고	않지	않든지
그렇다	그렇고	그렇지	그렇든지
아무렇다	아무렇고	아무렇지	아무렇든지
어떻다	어떻고	어떻지	어떻든지
이렇다	이렇고	이렇지	이렇든지
저렇다	저렇고	저렇지	저렇든지

붙임2 어간의 끝음절 '하'가 아주 줄 적에는 준 대로 적는다.

거북하지 → 거북지	생각하건대 → 생각건대
생각하다 못하여 → 생각다 못해	깨끗하지 않다 → 깨끗지 않다
넉넉하지 않다 → 넉넉지 않다	못하지 않다 → 못지않다
섭섭하지 않다 → 섭섭지 않다	익숙하지 않다 → 익숙지 않다

붙임3 다음과 같은 부사는 소리대로 적는다.

결단코	결코	기필코	무심코	아무튼	요컨대
정녕코	필연코	하마터면	하여튼	한사코	

🧴 떠먹여 주는 **출.종.포** 제40항

1. 어간의 끝 음절 '하'가 ❶_____(ㄱ, ㄷ, ㅂ, ㅅ 등) 뒤에서 아예 탈락된다.

例 생각+지 않다 = 시답잖다, 마뜩+지 않다 = 마뜩잖다

2. 어간의 끝 음절 '하'가 ❷_____(모음, ㄴ, ㄹ, ㅁ, ㅇ 등) 뒤에서 'ㅏ'만 탈락한다.

例 편ㅎ+지 않다=편찮다, 변변ㅎ+지 않다=변변찮다

3. 단, '서슴다, 삼가다'는 '❸_____, ❹_____'로 활용된다.

[Q17] 올바른 표기에 ○표 하시오.

핫옷, 한옷	깍두기, 깍두기, 깎두기
개수, 갯수	回數 : 회수, 횟수
돗자리, 돋자리	내재율(內在律), 내재률(內在律)
똑닥똑닥, 똑딱똑딱	짭짤하다, 짭잘하다
남존녀비(男尊女卑), 남존여비(男尊女卑)	백분율(百分率), 백뿐뉼(百分率)
가정란(家庭欄), 가정난(家庭欄)	어린이란(欄), 어린이난(欄)
투고란(投稿欄), 투고난(投稿欄)	학습란(學習欄), 학습난(學習欄)
업무량(業務量), 업무양(業務量)	노동량(勞動量), 노동양(勞動量)
일조량(日照量), 일조양(日照量)	먹이량(量), 먹이양(量)
칼슘량(量), 칼슘양(量)	일찌기, 일찍이
(어찌) 참으리오?, 참으리요?	(내가 그것을) 참으리오, 참으리요
닝큼, 닁큼	늴리리, 닐리리
오뚜기, 오뚝이	얼루기, 얼룩이
소주잔(燒酒盞), 소줏잔(燒酒盞)	나무가지, 나뭇가지
전세(傳貰)집, 전셋(傳貰)집	전세방(傳貰房), 전셋방(傳貰房)
제사(祭祀)날, 제삿(祭祀)날	양칫물, 양치물
앞이, 앞니	머리기름, 머릿기름
허점(虛點), 헛점(虛點)	초점(焦點), 촛점(焦點)
울짖다, 우짖다	달달이, 다달이
불이나케, 부리나케	적쟎은, 적잖은
됐다, 되었다, 돼었다, 됐다	생각지, 생각치
하늬바람, 하니바람	쌍용(雙龍), 쌍룡(雙龍)
하마터면, 하마트면	안밖, 안팎
유통율(流通律), 유통률(流通律)	사용율(使用律), 사용률(使用律)
딱다구리, 딱따구리	응답율(應答律), 응답률(應答律)
실락원(失樂園), 실낙원(失樂園)	실패율(失敗律), 실패률(失敗律)
어머니란(欄), 어머니난(欄)	가십난(欄), 가십란(欄)
릉(陵), 능(陵)	왕릉(王陵), 왕능(王陵)
작업량(作業量), 작업양(作業量)	구름량(量), 구름양(量)
국물량(量), 국물양(量)	칼로리량(量), 칼로리양(量)
삶, 삼	만듦, 만듬
(먹지) 마시오, 마시요	꺾꽂이, 꺾꽂이, 꺾곶이
고랭지(高冷地), 고냉지(高冷地)	며칟날, 며칠날
삼짓날, 삼진날	이틀날, 이튿날
처가(妻家)집, 처갓(妻家)집	꼭지점(點), 꼭짓점(點)
북어(北魚)국, 북엇(北魚)국	나루터, 나룻터
퇴(退)마루, 툇(退)마루	고추가루, 고춧가루
해님, 햇님	개펄, 갯펄
최소(最少)값, 최솟(最少)값	수닭, 수탉

PART 03

뒤뜰, 뒷뜰	암고양이, 암코양이
편안찮다, 편안챦다	평생토록, 평생도록
서슴지, 서슴치	간편게, 간편케

[Q17] 올바른 표기에 ○표 하시오.

핫옷, 한옷	깍두기, 깍두기, 깎두기
개수, 갯수	回數 : 회수, 횟수
돗자리, 돋자리	내재율(內在律), 내재률(內在律)
똑닥똑닥, 똑딱똑딱	짭짤하다, 짭잘하다
남존녀비(男尊女卑), 남존여비(男尊女卑)	백분율(百分率), 백뿐뉼(百分率)
가정란(家庭欄), 가정난(家庭欄)	어린이란(欄), 어린이난(欄)
투고란(投稿欄), 투고난(投稿欄)	학습란(學習欄), 학습난(學習欄)
업무량(業務量), 업무양(業務量)	노동량(勞動量), 노동양(勞動量)
일조량(日照量), 일조양(日照量)	먹이량(量), 먹이양(量)
칼슘량(量), 칼슘양(量)	일찌기, 일찍이
(어찌) 참으리오?, 참으리요?	(내가 그것을) 참으리오, 참으리요
닝큼, 닁큼	늴리리, 닐리리
오뚜기, 오뚝이	얼루기, 얼룩이
소주잔(燒酒盞), 소줏잔(燒酒盞)	나무가지, 나뭇가지
전세(傳貰)집, 전셋(傳貰)집	전세방(傳貰房), 전셋방(傳貰房)
제사(祭祀)날, 제삿(祭祀)날	양칫물, 양치물
앞이, 앞니	머리기름, 머릿기름
허점(虛點), 헛점(虛點)	초점(焦點), 촛점(焦點)
울짖다, 우짖다	달달이, 다달이
불이나케, 부리나케	적쟎은, 적잖은
됐다, 되었다, 돼었다, 됐다	생각지, 생각치
하늬바람, 하니바람	쌍용(雙龍), 쌍룡(雙龍)
하마터면, 하마트면	안밖, 안팎
유통율(流通律), 유통률(流通律)	사용율(使用律), 사용률(使用律)
딱다구리, 딱따구리	응답율(應答律), 응답률(應答律)
실락원(失樂園), 실낙원(失樂園)	실패율(失敗律), 실패률(失敗律)
어머니란(欄), 어머니난(欄)	가십난(欄), 가십란(欄)
릉(陵), 능(陵)	왕릉(王陵), 왕능(王陵)
작업량(作業量), 작업양(作業量)	구름량(量), 구름양(量)
국물량(量), 국물양(量)	칼로리량(量), 칼로리양(量)
삶, 삼	만듦, 만듬
(먹지) 마시오, 마시요	꺽꽂이, 꺾꽂이, 꺾곶이
고랭지(高冷地), 고냉지(高冷地)	며칠날, 며칠날
삼짓날, 삼짇날	이틀날, 이튿날
처가(妻家)집, 처갓(妻家)집	꼭지점(點), 꼭짓점(點)

북어(北魚)국, 북엇(北魚)국	나루터, 나룻터
퇴(退)마루, 툇(退)마루	고추가루, 고춧가루
해님, 햇님	개펄, 갯펄
최소(最少)값, 최솟(最少)값	수닭, 수탉
뒤뜰, 뒷뜰	암고양이, 암코양이
편안찮다, 편안챦다	평생토록, 평생도록
서슴지, 서슴치	간편게, 간편케

제5장 │ 그 밖의 것

최빈출 亦功 기출

밑줄 친 부분의 표기가 옳지 않은 것은?   2021 국회직 8급

① 이 자료를 <u>꼼꼼이</u> 정리해 두었다.
② 장군의 죽음을 <u>헛되이</u> 하지 않겠다.
③ 이웃들은 나를 <u>따뜻이</u> 반겨주었다.
④ 그는 우리 어머니를 매번 <u>깍듯이</u> 대했다.
⑤ 내가 놓친 것은 없는지 <u>샅샅이</u> 살펴보았다.

해설

꼼꼼이 → 꼼꼼히 : '꼼꼼하다'라는 단어가 있다. '하다'가 붙는 어근은 'ㅅ' 받침을 제외하고 부사화 접미사 '히'를 일반적으로 붙이므로 '꼼꼼히'로 고쳐야 한다. 🔒 ①

오답풀이 ② '헛되이'는 '헛되히'로 발음되지 않으므로 '헛되이'가 옳다.
③④ '하다'가 붙지만 'ㅅ' 받침으로 끝나는 것들은 부사화 접미사 '이'가 붙는다. '따뜻하다, 깍듯하다'이므로 각각 '따뜻이, 깍듯이'가 옳다.
⑤ '샅'은 '두 다리의 사이'를 의미하는 명사이다. 첩어명사 뒤에는 '이'가 붙는데, '샅샅'은 첩어 명사이므로 '샅샅이'가 옳다.

제51항 │ 부사의 끝음절이 분명히 '이'로만 나는 것은 '-이'로 적고, '히'로만 나거나 '이'나 '히'로 나는 것은 '-히'로 적는다.

1. '이'로만 나는 것

가붓이✛	깨끗이	나붓이✛	느긋이	둥긋이
따뜻이	반듯이	버젓이	산뜻이	의젓이
가까이	고이	날카로이	대수로이	번거로이
많이	적이	헛되이	겹겹이	번번이
일일이	집집이	틈틈이		

✛ **가붓이**: 조금 가벼운 듯하게
✛ **나붓이**: 조금 나부죽하게(작은 것이 좀 넓고 평평한 듯하게)

2. '히'로만 나는 것

극히	급히	딱히	속히	작히
족히	특히	엄격히	정확히	

3. '이, 히'로 나는 것

솔직히	가만히	간편히	나른히	무단히
각별히	소홀히	쓸쓸히	정결히	과감히
꼼꼼히	심히	열심히	급급히	답답히
섭섭히	공평히	능히	당당히	분명히
상당히	조용히	간소히	고요히	도저히

떠먹여 주는 출.출.포 제51항 '이'와 '히'의 구별

1. '이'로 적는 것

① **❶_____** 뒤: 같이, 높이, 많이, 실없이, 헛되이
② **❷_____** 뒤(제25항 2 참조): 곰곰이, 더욱이, 일찍이. 오뚝이 등
③ **❸_____** 명사 뒤: 일일이, 집집이, 번번이, 푼푼이, 낱낱이, 곳곳이, 샅샅이 등
④ **'❹'** 받침 뒤: 깨끗이, 버젓이, 번듯이, 지긋이 등
⑤ **'❺'** 불규칙 용언의 어간 뒤: 가벼이, 괴로이, 기꺼이, 쉬이, 너그러이 등
⑥ **'❻'** 뒤: 나지막이

2. '히'로 적는 것

① '-하다'가 붙는 어근 뒤(단, 'ㅅ' 받침 제외):
  꼼꼼히(꼼꼼하다), 급급히(급급하다), 푼푼히(푼푼하다), 번번히(번번하다), 간편히, 고요히
② '-하다'가 붙는 어근에 '-히'가 결합하여 된 부사에서 온 말:
  익히(← 익숙히), 특히(← 특별히)
③ 어원적으로는 '-하다'가 붙지 않는 어근에 부사화 접미사가 결합한 형태로 분석되더라도, 그 어근 형태소의 본뜻이 유지되고 있지 않은 단어의 경우는 익어진 발음 형태대로 '히'로 적는다.
  예 **❼_____**, **❽_____**

제52항 | 한자어에서 본음으로도 나고 속음으로도 나는 것은 각각 그 소리에 따라 적는다.

본음으로 나는 것	속음으로 나는 것
승낙(承諾)	수락(受諾), 쾌락(快諾), 허락(許諾)
만난(萬難)+	곤란(困難), 논란(論難)
안녕(安寧)	의령(宜寧), 회령(會寧)
분노(忿怒)	대로(大怒), 희로애락(喜怒哀樂)
토론(討論)	의논(議論)
오륙십(五六十)	오뉴월, 유월(六月)
목재(木材)	모과(木瓜)
십일(十日)	시방정토(十方淨土)+, 시왕(十王)+, 시월(十月)
팔일(八日)	초파일(初八日)

+ 만난(萬難): 온갖 어려움
+ 시방정토(← 十方淨土): 불교에서, 시방에 있는 여러 부처의 정토를 이르는 말
+ 시왕(← 十王): 불교에서, 저승에 있다는 죽은 사람을 재판하는 열 명의 대왕을 이르는 말

제53항 | 다음과 같은 어미는 예사소리로 적는다.

-(으)ㄹ거나	-(으)ㄹ걸	-(으)ㄹ게
-(으)ㄹ세	-(으)ㄹ세라	-(으)ㄹ수록
-(으)ㄹ시	-(으)ㄹ지	-(으)ㄹ지니라
-(으)ㄹ지라도	-(으)ㄹ지어다	-(으)ㄹ지언정
-(으)ㄹ진대	-(으)ㄹ진저	-올시다

다만, 의문을 나타내는 다음 어미들은 된소리로 적는다.

-(으)ㄹ까	-(으)ㄹ꼬?	-(스)ㅂ니까?
-(으)리까?	-(으)ㄹ쏘냐?	

제54항 | 다음과 같은 접미사는 된소리로 적는다.

심부름꾼	익살꾼	일꾼	장꾼	장난꾼
지게꾼	때깔	빛깔	성깔	귀때기
볼때기	판자때기	뒤꿈치	팔꿈치	이마빼기
코빼기	객쩍다	겸연쩍다		

1. '-군/-꾼'은 '꾼'으로 통일하여 적는다.

2. '-갈/-깔'은 '깔'로 통일하여 적는다.
   예 맛깔, 태깔(態-)

3. '-굼치/-꿈치'는 '꿈치'로 적는다.
   예 발꿈치, 발뒤꿈치

4. '-대기/-때기'는 '때기'로 적는다.
   예 거적때기, 나무때기, 널판때기, 등때기, 배때기, 송판때기, 판때기, 팔때기

🧴 떠먹여 주는 **合.音.文** 제54항 -때기 「접사」 (몇몇 명사 뒤에 붙어)

'비하'의 뜻을 더하는 접미사 ('-대기'라는 접미사는 없음.)
예 배때기, 귀때기, 볼때기, 이불때기, 송판때기, 표때기, 거적때기,
　 나무때기, 널판때기, 등때기, 판때기, 팔때기

5. '−배기/−빼기'가 혼동될 수 있는 단어는 다음과 같이 적는다.

🧴 떠먹여 주는 🥤.🥤.🍓 제54항 -배기, -빼기

참고로 '❶_____, 학배기'는 하나의 단어이므로 이대로 외워야 한다.

1. '-배기'로 적는 경우 → ❷_____ 소리 + -배기

　📗 귀퉁배기, 나이배기, 대짜배기, 육자배기(六字ーー), 주정배기(酒町ーー), 진짜배기, 포배기

2. '-빼기'로 적는 경우 → ❸_____ 소리 + -빼기

　📗 곱빼기, 밥빼기, 과녁빼기, 악착빼기, 앍둑빼기, 앍작빼기, 억척빼기, 얽둑빼기, 얽빼기, 얽적빼기,
　　(단, '언덕배기'는 [언덕빼기]로 발음이 되지만 '언덕바지'와의 형태적 연관성을 보이기 위해 '언덕배
　　기'로 적는다.)

3. 비하의 의미를 더하는 '❹_____'

　📗 신체 일부+빼기(이마빼기, 코빼기, 머리빼기, 대갈빼기 등)
　　고들빼기(반찬의 한 종류), 그루빼기, 재빼기(＝잿마루)

6. '−적다/−쩍다'가 혼동될 수 있는 단어는 다음과 같이 적는다.

🧴 떠먹여 주는 🥤.🥤.🍓 제54항 -적다 / -쩍다

1. '-적다[少]'의 뜻이 유지되고 있는 합성어의 경우는 '적다'로 적는다.
　📗 맛적다⁺, 딴기적다⁺

2. '-적다[少]'의 뜻이 없는 합성어의 경우는 '쩍다'로 적는다.
　📗 맥쩍다⁺, 멋쩍다, 해망쩍다⁺, 행망쩍다⁺, 객쩍다

3. '-적다[少]'의 뜻이 없지만 '적다'로 쓰는 경우
　📗 괘다리적다⁺, 괘달머리적다⁺, 열퉁적다⁺

제55항 | 두 가지로 구별하여 적던 다음 말들은 한 가지로 적는다.

　맞추다(📗 입을 맞춘다. 양복을 맞춘다.)(○) / 마추다(✕)
　뻗치다(📗 다리를 뻗친다. 멀리 뻗친다.)(○) / 뻐치다(✕)

＋ 맛적다 : 재미나 흥미가 거의 없어 싱겁다

＋ 딴기적다(−氣−−) : 기력이 약하여 힘차게 앞질러 나서는 기운이 없다.

＋ 맥쩍 : 심심하고 재미가 없다, 열없고 쑥스럽다.

＋ 맥쩍다, 멋쩍다 : 쑥스럽다.

＋ 해망쩍다, 행망쩍다 : 아둔하다.

＋ 괘다리적다 : 사람됨이 멋없고 거리칠다. 성미가 무뚝뚝하고 퉁명스럽다.

＋ 괘달머리적다 : '괘다리적다'를 속되게 이르는 말

＋ 열퉁적다 : 말이나 행동이 조심성이 없고 거칠며 미련스럽다.

떠먹여 주는 🥤.🥤.🍓

❶ 뚝배기 ❷ 울림 ❸ 안울림
❹ 빼기

제56항 | '-더라, -던'과 '-든지'는 다음과 같이 적는다.

1. 지난 일을 나타내는 어미는 '−더라, −던'으로 적는다.

지난겨울은 몹시 춥더라.   깊던 물이 얕아졌다.

그렇게 좋던가?   그 사람 말 잘하던데!

얼마나 놀랐던지 몰라.

2. 물건이나 일의 내용을 가리지 아니하는 뜻을 나타내는 조사와 어미는 '−든지'로 적는다.

배든지 사과든지 마음대로 먹어라.   가든지 오든지 마음대로 해라.

🔦 떠먹여 주는 🥤.🥤.🥤 **제56항 과거의 '-던' VS 선택의 '-든'**

1. ❶_____의 의미 : −던
   예 오랜만에 만났더니 반갑더라. / 선생님도 이젠 늙으셨더구나.
   그림을 잘 그렸던데 여기에 걸자. / 선생님은 교실에 계시던걸.

2. ❷_____의 의미 : −든
   예 사과를 먹든지 감을 먹든지 하렴. / 가든(지) 말든(지) 상관없다.

🔦 떠먹여 주는 🥤.🥤.🥤 **제56항 주의해야 할 어미**

−르는지 (−ㄹ런지 ✕)	예 그 사람이 과연 올는지. / 자네도 같이 떠날는지.
-려 (−ㄹ려 ✕)	예 편지를 쓰려면(쓸려면✕) 서둘러야 한다. 떼려야(뗄레야✕) 뗄 수 없다. 시험에 붙으려나(붙을려나✕) 모르겠어요. 내가 그 음식을 만들려고(○) 한다.
−느냐/−으냐 /−냐	• '-느냐'는 동사 어간 뒤에, '-으냐'는 형용사 어간 뒤에 쓰인다. 예 어디에 가느냐? / 방이 넓으냐? • '-냐'는 현대 국어에서 '-느냐, -으냐'와 달리 주로 구어에서 '이다' 및 모든 용언에 결합할 수 있다. 예 그렇게 좋냐(좋으냐○)?

떠먹여 주는 🥤.🥤.🥤
━━━━━━━━━
❶ 과거 ❷ 선택

제57항 | 다음 말들은 각각 구별하여 적는다.

가름 : 그들의 끈기가 이 경기의 승패를 <u>가름했다</u>.
갈음 : 오늘 이것으로 치사를 <u>갈음하고자</u> 합니다.
가늠 : 전봇대의 높이를 <u>가늠할</u> 수 있겠니?

» 가름 : 쪼개거나 나누어 따로따로 되게 하는 일 / 승부나 등수 따위를 정하는 일
  갈음 : 다른 것으로 바꾸어 대신함.
  가늠 : 사물을 어림잡아 헤아리다.

거름 : 풀을 썩힌 <u>거름</u>
걸음 : 빠른 <u>걸음</u>

» 거름 : 비료
  걸음 : 두 발을 번갈아 옮겨 놓는 동작

거치다 : 영월을 <u>거쳐</u> 왔다.
걷히다 : 해가 뜨자 안개가 <u>걷히기</u> 시작했다.

» 거치다 : 무엇에 걸리거나 막히다. 오가는 도중에 어디를 지나거나 들르다. 어떤 과정이나 단계를 겪거나 밟다.
  걷히다 : '걷다'의 피동사

걷잡다 : <u>걷잡을</u> 수 없는 상태
겉잡다 : <u>겉잡아서</u> 이틀 걸릴 일

» 걷잡다 : 한 방향으로 치우쳐 흘러가는 형세 따위를 붙들어 잡다. 마음을 진정하거나 억제하다.
  겉잡다 : 겉으로 보고 대강 짐작하여 헤아리다.

바치다 : 나라를 위해 목숨을 <u>바쳤다</u>.
받치다 : 우산을 <u>받치고</u> 간다. 책받침을 <u>받친다</u>. 이 영화는 배경 음악이 장면을 잘 <u>받쳐</u> 주어서 더욱 감동적이다. 맨바닥에서 잠을 자려니 등이 <u>받쳐서</u> 잠이 오지 않는다.
받히다 : 쇠뿔에 <u>받혔다</u>.
밭치다 : 삶은 국수를 찬물에 헹군 후 체에 <u>밭쳐</u> 놓았다.

» 바치다 : 신이나 웃어른께 드리다. 무엇을 위하여 모든 것을 아낌없이 내놓거나 쓰다.
  받치다 : 물건의 밑이나 옆 따위에 다른 물체를 대다. 어떤 일을 잘할 수 있도록 뒷받침해 주다.
  받히다 : '받다(머리나 뿔 따위로 세차게 부딪치다.)'의 피동사
  밭치다 : '밭다(건더기와 액체가 섞인 것을 체 따위에 따라서 액체만을 따로 받아 내다.)'를 강조

PART
03

> 느리다 : 진도가 너무 느리다.
> 늘이다 : 고무줄(엿가락, 바짓단)을 늘인다.
> 늘리다 : 고무줄(엿가락, 바짓단)의 나머지

» 느리다 : 동작을 하는 데 걸리는 시간이 길다.
  늘이다 : 본디보다 더 길어지게 하다.
  늘리다 : 물체의 부피 따위를 본디보다 커지게 하다. 수나 분량 따위를 본디보다 많아지게 하다.

> 다리다 : 옷을 다린다.
> 달이다 : 약을 달인다.

» 다리다 : 옷이나 천 따위의 주름이나 구김을 펴기 위해 다리미로 문지르다.
  달이다 : 액체를 끓여서 진하게 하다. 약재에 물을 부어 우러나도록 끓이다.

> 다치다 : 부주의로 손을 다쳤다.
> 닫히다 : 문이 저절로 닫혔다.
> 닫치다 : 그가 문을 힘껏 닫쳤다.

» 다치다 : 신체에 상처가 생기다.
  닫히다 : '닫다(문짝 따위를 제자리로 가게 하여 막다.)'의 피동사
  닫치다 : 문짝 따위를 세게 닫다. 입을 굳게 다물다.

> 맞히다 : 여러 문제를 더 맞혔다. 화살을 과녁에 정확하게 맞혔다. 꼬마들에게는 주사를 맞히기가
>   힘들다. 이런 날씨에 비를 맞히니 멀쩡한 사람도 병이 나지.
> 맞추다 : 시험이 끝나고 나와 철호는 서로의 답을 맞춰 보았다.
>   이제 각자의 답을 정답과 맞춰 보도록 해라.

» 맞히다 : 문제에 대한 답을 틀리지 않게 하다. 자연 현상에 따라 내리는 눈, 비 따위를 닿게 하다.
  맞추다 : 나머지

> 목거리 : 목거리가 덧났다.
> 목걸이 : 금목걸이, 은목걸이

» 목거리 : 목이 붓고 아픈 병
  목걸이 : 목에 거는 장신구

> 반드시 : 약속은 반드시 지켜라.
> 반듯이 : 고개를 반듯이 들어라.

» 반드시 : 틀림없이 꼭
  반듯이 : 비뚤어지거나 기울거나 굽지 않고 바르게

💬 맞추다
'맞추다'는 '대상끼리 서로 비교한다.'
는 의미를 가져서 '답안지를 정답과
맞추다.'와 같은 경우에만 쓴다.

> 지그시 : 놀부는 흥부의 발을 <u>지그시</u> 밟았다.
> 지긋이 : 영희는 나이가 <u>지긋이</u> 들어 보였다

» 지그시 : 슬며시 힘을 주는 모양
  지긋이 : 나이가 비교적 많아 듬직하게

> 부딪치다 : 차와 차가 마주 <u>부딪쳤다</u>. 자동차가 가로수에 <u>부딪쳤다</u>.
> 부딪히다 : 마차가 화물차에 <u>부딪혔다</u>. 공공 정책은 강력한 반대에 <u>부딪혀</u> 공공 갈등을 유발한다.

» 부딪치다 : '부딪다'를 강조
  부딪히다 : '부딪다'의 피동사. 부딪음을 당하다.

> 부치다 : 힘이 <u>부치는</u> 일이다. 편지를 <u>부친다</u>. 논밭을 <u>부친다</u>. 빈대떡을 <u>부친다</u>. 식목일에 부치는
>   글. 회의에 <u>부치는</u> 안건. 인쇄에 <u>부치는</u> 원고. 삼촌 집에 숙식을 <u>부친다</u>.
> 붙이다 : 우표를 <u>붙인다</u>. 별명을 <u>붙인다</u>. 책상을 벽에 <u>붙였다</u>. 흥정을 <u>붙인다</u>. 불을 <u>붙인다</u>. 감시
>   원을 <u>붙인다</u>. 조건을 <u>붙인다</u>. 취미를 <u>붙인다</u>.

» '붙이다'에는 '붙게 하다'의 의미가 있는 반면, '부치다'에는 그런 의미가 없다.
» '부치다'에는 다음과 같은 의미가 있다.
  ① 모자라거나 미치지 못하다. **예** 그 일은 이제 기력이 <u>부쳐</u> 할 수 없다.
  ② 편지나 물건 따위를 상대에게 보내다. **예** 아들에게 학비와 용돈을 <u>부치다</u>.
  ③ 논밭을 이용하여 농사를 짓다. **예** <u>부쳐</u> 먹을 내 땅 한 평 없다.
  ④ 프라이팬 따위에 기름을 바르고 빈대떡 따위의 음식을 만들다. **예** 전을 <u>부치다</u>.
  ⑤ 어떤 행사나 특별한 날에 즈음하여 어떤 의견을 나타내다. **예** 젊은 세대에 부치는 서(書). 식목일에 부치는 글.
  ⑥ 어떤 문제를 다른 곳이나 다른 기회로 넘기어 맡기다. **예** 안건을 회의에 <u>부치다</u>.
  ⑦ 원고를 인쇄에 넘기다. **예** 접수된 원고를 편집하여 인쇄에 <u>부쳤다</u>.
  ⑧ 먹고 자는 일을 제집이 아닌 다른 곳에서 하다. **예** 삼촌 집에 숙식을 <u>부치다</u>.
» '붙이다'에는 다음과 같은 의미가 있다.
  ① 맞닿아 떨어지지 아니하게 하다. **예** 우표를 <u>붙이다</u>.
  ② 물체와 물체 따위를 서로 바짝 가깝게 놓다. **예** 가구를 벽에 <u>붙이다</u>.
  ③ 겨루는 일 따위가 서로 어울려 시작되게 하다. **예** 싸움을 <u>붙이다</u>.
  ④ 불을 옮겨 타게 하다. **예** 연탄에 불을 <u>붙이다</u>.
  ⑤ 사람 등을 딸려 붙게 하다. **예** 아이에게 가정 교사를 <u>붙여</u> 주다.
  ⑥ 조건, 이유, 구실 따위를 달다. **예** 계약에 조건을 <u>붙이다</u>.
  ⑦ 어떤 감정이나 감각이 생겨나게 하다. **예** 공부에 흥미를 <u>붙이다</u>. 아이와 정을 <u>붙이다</u>.
  ⑧ 이름 따위를 만들어 주다. 예 별명을 <u>붙이다</u>.

> 아름 : 세 <u>아름</u> 되는 둘레
> 알음 : 전부터 <u>알음</u>이 있는 사이
> 앎 : <u>앎</u>이 힘이다.

» 아름 : 두 팔을 둥글게 모아서 만든 둘레 또는 그러한 둘레의 길이를 나타내는 단위
  알음 : 사람끼리 서로 아는 일, 지식이나 지혜가 있음.
  앎 : '아는 일'이라는 뜻의 말이다.

안치다 : 밥을 <u>안친다</u>.
앉히다 : 윗자리에 <u>앉힌다</u>. 그는 책을 읽다가 중요한 것을 여백에 <u>앉히는</u> 습관이 있다.
　　　　선생님은 아이들에게 인사하는 버릇을 <u>앉혀</u> 주셨다.

» 안치다 : 음식을 만들기 위하여 그 재료를 솥이나 냄비 따위에 넣고 불 위에 올리다.
　앉히다 : '앉다'의 사동사로 쓰이거나, 문서에 줄거리를 따로 적어 놓다, 버릇을 가르치다.
　🔲 솥에 고구마를 <u>안쳐서</u> 찐다. 시루에 떡을 안치다. / 아이를 무릎에 <u>앉혔다</u>.

어름 : 두 물건의 <u>어름</u>에서 일어난 현상
얼음 : <u>얼음</u>이 얼었다.

» 어름 : 두 사물의 끝이 맞닿은 자리
　얼음 : 물이 얼어서 굳어진 물질

이따가 : <u>이따가</u> 오너라.
있다가 : 돈은 <u>있다가</u>도 없다. 여기에 며칠 더 <u>있다가</u> 갈게.

» 이따가 : '조금 지난 뒤에'라는 뜻을 나타내는 부사
　있다가 : '있다'의 '있-'에 어떤 동작이나 상태가 끝나고 다른 동작이나 상태로 옮겨지는 뜻을 나타내는 어미
　　　　　'-다가'가 붙은 형태이다. '이따가'도 어원적인 형태는 '있- + -다가'로 분석되는 것이지만, 그 어간의
　　　　　본뜻에서 멀어진 것이므로 소리 나는 대로 적는다.

저리다 : 다친 다리가 <u>저리다</u>.
절이다 : 김장 배추를 <u>절이다</u>.

» 저리다 : 뼈마디나 몸의 일부가 쑤시듯이 아프다, 몸의 일부가 오래 눌려서 피가 잘 통하지 못해 감각이 둔하
　　　　　고 아리다.
　절이다 : 푸성귀나 생선 따위에 소금기나 식초, 설탕 따위를 배어들게 하다.

조리다 : 생선을 <u>조린다</u>. / 통조림, 병조림
졸이다 : 마음을 <u>졸인다</u>. / 찌개를 <u>졸이다</u>

» 조리다 : 양념을 한 고기나 생선, 채소 따위를 국물에 넣고 바짝 끓여서 양념이 배어들게 하다.
　졸이다 : 속을 태우다시피 초조해하다.

썩히다 : 음식을 <u>썩혀</u> 거름을 만들다. / 그는 시골구석에서 재능을 <u>썩히고</u> 있다.
썩이다 : 여태껏 부모 속을 <u>썩이거나</u> 말을 거역한 적이 없었다.

» 썩히다 : 부패하게 하다. 물건이나 사람, 사람의 재능 따위가 쓰이지 못하고 내버려진 상태로 있게 하다.
　썩이다 : 마음이 몹시 괴로운 상태가 되게 만들다.

삭히다 : 김치를 <u>삭히다</u>. 멸치젓을 <u>삭히다</u>.
삭이다 : 철수는 분을 <u>삭이다</u>.

» 삭히다 : 발효시키다.
　삭이다 : 분한 마음을 가라앉히다.

> 주리다 : 여러 날을 <u>주렸다</u>.
> 줄이다 : 비용을 <u>줄인다</u>.

≫ 주리다 : 제대로 먹지 못하여 배를 곯다.
　줄이다 : '줄다'의 사동사이다.

> 하노라고 : <u>하노라고</u> 한 것이 이 모양이다.
> 하느라고 : 공부<u>하느라고</u> 밤을 새웠다.

≫ -노라고 : 자기 나름대로 꽤 노력했음.
　-느라고 : 앞의 내용이 뒤에 오는 내용의 목적이나 원인이 됨.

> -느니보다[어미] : 나를 찾아오<u>느니보다</u> 집에 있어라.
> -는 이보다[의존 명사] : 오는 이가 가는 <u>이보다</u> 많다.

≫ -느니보다 : '-는 것보다'
　-는 이보다 : '-는 사람보다'

> -(으)리만큼[어미] : 나를 미워하<u>리만큼</u> 그에게 잘못한 일이 없다.
> -(으)ㄹ 이만큼[의존 명사] : 찬성할 이도 반대할 <u>이만큼</u>이나 많을 것이다.

≫ -(으)리만큼 : '-(으)ㄹ 정도로'
　-(으)ㄹ 이만큼 : '-(으)ㄹ 사람만큼'

> -(으)러[목적] : 공부하<u>러</u> 간다.
> -(으)려[의도] : 서울 가<u>려</u> 한다.

≫ -(으)러 : 가거나 오거나 하는 동작의 목적
　-(으)려(고) : 어떤 행동을 할 의도나 욕망을 가지고 있음.

> (으)로서[자격] : 사람<u>으로서</u> 그럴 수는 없다.
> (으)로써[수단] : 닭<u>으로써</u> 꿩을 대신했다.

≫ (으)로서 : '지위나 신분, 자격'
　(으)로써 : '재료, 수단, 도구'
≫ 한편 '(으)로써'는 '어떤 일의 기준이 되는 시간'의 의미로 쓰이기도 한다.

> 그러므로[그러니까] : 그는 부지런하다. <u>그러므로</u> 잘산다.
> 그럼으로(써)[그렇게 하는 것으로] : 그는 열심히 공부한다. <u>그럼으로(써)</u> 은혜에 보답한다.

≫ 그러므로 : 앞의 내용이 뒤에 나오는 내용의 이유나 원인, 근거가 될 때 쓰인다.
　그럼으로(써) : '그러다'의 명사형 '그럼'에 '으로(써)'가 결합한 것으로 '그렇게 하는 것으로(써)'라는 뜻을 나
　　　　　　　타낸다. '그러므로'에는 '써'가 결합할 수 없다는 점에서 '그럼으로(써)'와 차이가 있다.

PART
03

-(으)므로[어미] : 그가 나를 믿<u>으므로</u> 나도 그를 믿는다.
(-ㅁ, -음)으로(써)[조사] : 그는 믿<u>음으로(써)</u> 산 보람을 느꼈다.

≫ -(으)므로 : 까닭을 나타내는 어미
  -(으)ㅁ으로(써) : '-(으)ㅁ'에 조사 '으로(써)'가 결합한 형태이다. 어미 '-(으)므로'에는 '써'가 결합하지 않는다.

돋구다 : 눈이 침침한 걸 보니 안경의 도수를 <u>돋굴</u> 때가 되었나 보다.
돋우다 : 농무는 신명을 <u>돋우고</u> 있었다. .

≫ 돋구다 : 안경의 도수 따위를 더 높게 하다.
  돋우다 : '돋구다'를 제외한 나머지

그슬다 : 바닷가에서 새우를 불에 <u>그슬어서</u> 먹었다.
그을다 : 들판 곳곳에는 까맣게 <u>그을린</u> 농부들이 있다.

≫ 그슬다 : 불에 쬐어 거죽만 살짝 타게 하다.
  그을다 : 햇볕·연기 등을 오래 쐬어 검게 되다.

띄다 : 서로 책상과의 간격을 <u>띄어야 한다</u>. 원고에 가끔 오자가 눈에 <u>띈다</u>.
띠다 : 중대한 임무를 <u>띠다</u>. 대화는 열기를 <u>띠기</u> 시작했다.

≫ 띄다 : 간격을 띄다, 눈에 띄다.
  띠다 : '띄다'를 제외한 나머지

결제 : 그 회사는 어음을 <u>결제</u>하지 못해 부도 처리가 됐다.
결재 : 사장님의 <u>결재</u>를 받았다.

≫ 결제 : 증권이나 대금의 수수(授受)에 의해서 매매 당사자 간의 거래 관계를 끝맺음.
  결재 : 상관이 부하가 제출한 안건을 검토하여 승인함.

구별 : 그 형제는 너무 닮아서 누가 동생이고 누가 형인지 <u>구별</u>할 수 없다.
구분 : 문학은 서정 갈래, 서사 갈래, 교술 갈래, 극 갈래로 <u>구분</u>할 수 있다
분류 : 서정 갈래, 서사 갈래, 교술 갈래, 극 갈래를 문학으로 <u>분류</u>할 수 있다.

≫ 구별 : 성질이나 종류에 따라 차이가 남. 또는 성질이나 종류에 따라 갈라놓음.
  구분 : 일정한 기준에 따라 나눔.
  분류 : 일정한 기준에 따라 묶음.

경신 : 마라톤 세계 기록 <u>경신</u>. 그의 이론은 논리학과 철학에 <u>경신</u>을 일으켰다.
갱신 : 카드를 <u>갱신</u>하였다. 계약을 <u>갱신</u>하였다.

≫ 경신(更新) : 종전의 기록을 깨뜨림. 이미 있던 것을 고쳐 새롭게 함.
  갱신(更新) : 법률관계의 존속 기간이 끝났을 때 그 기간을 연장하는 일

계발(啓發) : 교사는 학생이 잠재된 창의성을 계발하도록 해야 한다.
개발(開發) : 경치가 좋은 곳을 관광지로 개발하려고 한다.
　　　　　　교사는 학생이 잠재된 창의성을 개발하도록 해야 한다.
　　　　　　첨단 산업을 개발하고 육성하다.

≫ 계발(啓發) : 슬기나 재능, 사상 따위를 일깨워 줌.
　 개발(開發) : • 토지나 천연자원 따위를 유용하게 만듦.
　　　　　　　• 지식이나 재능 따위를 발달하게 함.
　　　　　　　• 산업이나 경제 따위를 발전하게 함.
　　　　　　　• 새로운 물건을 만들거나 새로운 생각을 내어놓음.

개재(介在) : 이번 협상에는 수많은 변수가 개재되어 있다.
게재(揭載) : 학술지에 논문을 게재하였다
계제(階梯) : 공부에는 밟아야 되는 계제가 있다. 지금은 이것저것 가릴 계제가 아니다.
　　　　　　변명할 계제가 없었다.

≫ 개재(介在) : 어떤 것들 사이에 끼여 있음. '끼어듦', '끼여 있음'
　 게재(揭載) : (글이나 사진, 그림 따위를) 신문이나 잡지에 실음.
　 계제(階梯) : • 일이 되어 가는 순서나 절차를 비유적으로 이르는 말
　　　　　　　• 어떤 일을 할 수 있게 된 형편이나 기회

두껍다 : 추워서 옷을 두껍게 입었다. 선수층은 두껍다. 안개가 두껍게 깔렸다.
두텁다 : 친분이 두텁다. 두터운 은혜.

≫ 두껍다 : 두께가 두툼하다. 층의 높이나 집단의 규모가 크다. 어둠이나 안개 따위가 짙다.
　 두텁다 : 신의, 믿음, 관계, 인정 따위가 굳고 깊다.

좇다 : 명예를 좇는 젊은이. 아버지의 유언을 좇다.
쫓다 : 파리를 쫓았다. 어머니는 아들을 쫓아 방에 들어갔다.

≫ 좇다 : 긍정적 대상을 추구하다.
　 쫓다 : 떠나도록 내몰다. 부정적인 상황에서 잡기 위해 급히 따르다.

껍데기 : 달걀 껍데기
껍질 : 나무껍질, 돼지 껍질

≫ 껍데기 : 단단한 물질
　 껍질 : 딱딱하지 않은 물체의 겉을 싼 질긴 물질

혼동 : 자유와 방종을 혼동하였다.
혼돈 : 외래문화의 무분별한 수입은 가치관의 혼돈을 초래하였다.
혼란 : 불이 나자 선생님들은 혼란을 수습하였다.

≫ 혼동(混同) : 어떤 현상을 잘못 판단하다.
　 'A, B를 헷갈려 한다'로 많이 사용된다.
　　例 자유와 방종을 혼동하다.
≫ 혼돈(混沌) : 마구 뒤섞여 있어 갈피를 잡을 수 없음. 또는 그런 상태
　 혼란(混亂) : 뒤죽박죽이 되어 어지럽고 질서가 없음.

> 지향하다 : 평화를 <u>지향하다</u>.
> 지양하다 : 흡연을 <u>지양해야</u> 한다.

» 지향(志向)하다 : 어떤 목적으로 뜻이 쏠리어 향함.
  지양(止揚)하다 : 어떤 것을 하지 않음.

> -대: 영희가 그러는데 철수는 아주 똑똑하<u>대</u>. / 철수도 오겠<u>대</u>? / 대체 왜 그랬<u>대</u>?
> -데: 어제 시험을 봤는데 시험이 아주 어렵<u>데</u>.

» -대: '-다고 해'가 줄어든 말. 남이 말한 내용을 간접적으로 전달함. 의문형 종결 어미
  -데: '-더라'가 줄어든 말. 화자가 직접 목격한 사실을 말함.

> 한창 : 가을 숲의 잎이 <u>한창</u> 물들고 있었다.
> 한참 : 철수는 영희의 눈을 <u>한참</u> 바라보더니 도망갔다.

» 한창 : 가장 활기 있고 왕성하게
  한참 : 시간이 상당히 지나는 동안. 오랜 동안

> 햇빛 : <u>햇빛</u>에 눈이 부셔서 힘들다.
> 햇볕 : 양지바른 곳에 앉아 <u>햇볕</u>을 쬐면서 이야기를 나누었다.

» 햇빛 : 해의 빛. 태양 광선
  햇볕 : 해에서 내리쬐는 뜨거운 기운

01 ㉠과 ㉡의 예로 적절하지 않은 것은?   2017. 지방직 7급

─〔보기〕─
〈한글 맞춤법〉
총칙 제1항 한글 맞춤법은 표준어를 ㉠소리대로
적되, ㉡어법에 맞도록 함을 원칙으로 한다.

표준어를 소리대로 적는다는 것은 표음주의를 취
한다는 것이다. 그런데 표준어를 소리대로 적는다
는 원칙만을 적용하기 어려운 경우도 있다. 예를
들어 한 단어의 발음이 여러 가지로 실현되는 경
우 소리대로 적는다면 뜻을 파악하기 어렵다. 어
법이란 언어 조직의 법칙, 또는 언어 운용의 법칙
이라고 풀이할 수 있다. 어법에 맞도록 한다는 것
은 뜻을 파악하기 쉽도록 각 형태소의 본 모양을
밝히어 적는다는 것이다.

① ㉠: '살고기'로 적지 않고 '살코기'로 적음.
② ㉠: '론의(論議)'로 적지 않고 '논의'로 적음.
③ ㉡: '그피'로 적지 않고 '급히'로 적음.
④ ㉡: '달달이'로 적지 않고 '다달이'로 적음.

〔정답풀이〕 '㉠ 소리대로 적되,'는 음운변동이 반영된 표기법, '㉡
어법에 맞도록 함'은 단어의 원형을 적는 표기법이다.
"끝소리가 'ㄹ'인 말과 딴 말이 어울릴 적에 'ㄹ' 소리가 나지 아
니하는 것은 아니 나는 대로 적는다."는 한글 맞춤법 제28항에서
'달-달-이'는 '다달이'라 적는다. 음운 변동인 'ㄹ' 탈락이 있기
때문에 이는 ㉡이 아니라 ㉠의 예이다.

〔오답풀이〕 ① '살코기'는 [ㅎ]음이 첨가되어 발음되는 단어(살ㅎ
+고기)이다. 음운 변동인 거센소리되기가 반영된 채로 표기한
것이므로 ㉠의 예로 적절하다. (살ㅎ은 'ㅎ' 종성체언이다.)
② "한자음 '라, 래, 로, 뢰, 루, 르'가 단어의 첫머리에 올 적에는,
두음 법칙에 따라 '나, 내, 노, 뇌, 누, 느'로 적는다."라는 음운
변동인 두음 법칙이 적용된 것이므로 ㉠의 예로 적절하다. '論
議'는 소리나는 대로 '론의'로 표기하지 않고 '논의'로 적는다.
③ '급히'는 [그피]로 발음되지만 각 형태소의 본 모양을 밝히어
'급히'로 표기한 것이므로 ㉡의 예로 적절하다.

02 다음 한글 맞춤법 규정의 예로 옳지 않은 것은?
    2018. 지방직 9급

(가) 제19항 어간에 '-이'나 '-음/ㅁ'이 붙어서 명
사로 된 것과 '-이'나 '-히'가 붙어서 부사로
된 것은 그 어간의 원형을 밝히어 적는다.
(나) 제19항 [붙임] 어간에 '-이'나 '-음' 이외의
모음으로 시작된 접미사가 붙어서 다른 품사
로 바뀐 것은 그 어간의 원형을 밝히어 적지
아니한다.
(다) 제20항 명사 뒤에 '-이'가 붙어서 된 말은 그
명사의 원형을 밝히어 적는다.
(라) 제20항 [붙임] '-이' 이외의 모음으로 시작된
접미사가 붙어서 된 말은 그 명사의 원형을
밝히어 적지 아니한다.

① (가): 미닫이, 졸음, 익히
② (나): 마개, 마감, 지붕
③ (다): 육손이, 집집이, 곰배팔이
④ (라): 끄트머리, 바가지, 이파리

〔정답풀이〕 (나)는 '-이'나 '-음' 이외의 모음으로 시작된 접미사
가 붙어 품사가 달라지는 단어들의 예이다. 그런데 '지붕(집+
웅)'은 명사 '집' 뒤에 접미사 '웅'('-이' 이외의 모음으로 시작된
접미사)이 붙었지만, 품사가 그대로 명사이므로 (나)의 예가 될
수 없다. '지붕'으로 원형을 밝혀 적지 않았기 때문에 오히려 (라)
에 해당된다. '마개(막+애)', '마감(막+암)'은 (나)의 예로 적절하
다. '막-'이라는 동사가 접미사로 인해 '명사'가 되었기 때문이다.

〔오답풀이〕 ① (가) '미닫이'는 어간에 '-이'가 붙어서 명사로 품사
가 바뀐 것[미닫-(동사) → 미닫이(명사)]의 예이고, '졸음'은 어
간에 '-음'이 붙어서 명사로 품사가 바뀐 것[졸-(동사) → 졸음
(명사)]의 예, '익히'는 어간에 '-히'가 붙어서 부사로 품사가 바
뀐 것[익-(동사) → 익히(부사)]의 예에 해당한다.
③ (다) '육손이', '곰배팔이'는 명사 뒤에 '-이'가 붙어 명사가 된
예이고, '집집이'는 명사 뒤에 '-이'가 붙어 부사가 된 것의 예에
해당한다.
④ (라) '끄트머리', '바가지', '이파리'는 모두 '-이' 이외의 모음
으로 시작된 접미사가 붙어 된 말의 예에 해당한다.

03 〈보기〉의 규정이 적용된 단어가 아닌 것은?

2018. 경찰직 2차

―〔보기〕―
제29항 끝소리가 'ㄹ'인 말과 딴 말이 어울릴 적에 'ㄹ' 소리가 'ㄷ'소리로 나는 것은 'ㄷ'으로 적는다.
예 삼짇날[삼질+날]　　숟가락[술+가락]

① 푿소　　　　　　② 여닫다
③ 잗주름　　　　　④ 섣부르다

정답풀이 '여닫다'는 '열(고) + 닫다'에서 'ㄹ' 받침이 탈락한 경우이므로 〈보기〉의 규정이 적용된 단어가 아니다.

오답풀이
①은 '풀+소': 'ㄹ'이 'ㄷ'으로 교체되었다.
③은 '잘+주름': 'ㄹ'이 'ㄷ'으로 교체되었다. (참고로 '잘다'는 가늘고 작음을 의미한다.)
④는 '설+부르다': 'ㄹ'이 'ㄷ'으로 교체되었다. (참고로 합성어로 보면 '설다'는 익숙하지 못함을 의미한다. 하지만 파생어로 보게 되면 접두사 '설-'은 '충분하지 못하게'의 뜻을 더한다.)

04 다음 중 '[발음]-표기'가 잘못 연결된 것은?

2014. 국회직 9급

① [눈꼽] − 눈곱　　② [법썩] − 법석
③ [싹뚝] − 싹뚝　　④ [잔뜩] − 잔뜩
⑤ [멀쩡] − 멀쩡

정답풀이 'ㄱ, ㅂ' 받침 뒤의 예사소리가 된소리로 발음되는 경우에는 자연스럽게 발음에서 된소리되기가 일어나므로 굳이 된소리로 표기할 필요가 없다. 따라서 '싹둑'은 [싹뚝]으로 발음되지만 표기는 된소리로 적지 아니한다.

오답풀이 ① '눈곱'은 '눈'과 '곱'이 결합된 말로 합성어이므로 울림소리 뒤의 예사소리는 된소리로 발음된다. 이는 사잇소리현상이 일어난 것이다.
② 안울림소리와 안울림소리가 만나면 100% 된소리가 일어난다. 따라서 법의 'ㅂ'과 석의 'ㅅ'이 만나 [법썩]으로 발음된다. 'ㄱ, ㅂ' 받침 뒤의 예사소리가 된소리로 발음되는 경우에는 자연스럽게 발음에서 된소리되기가 일어나므로 굳이 된소리로 표기할 필요가 없다. 따라서 '법석'으로 표기는 된소리로 적지 아니한다.
④ 한 단어 안에서 뚜렷한 까닭 없이 나는 된소리이므로 다음 음절의 첫소리를 된소리로 적어야 한다.

05 〈보기〉에 제시된 한글 맞춤법의 규정이 바르게 적용되지 않은 것은?

2014. 경찰 2차

―〔보기〕―
제12항 한자음 '라, 래, 로, 뢰, 루, 르'가 단어의 첫머리에 올 적에는 두음 법칙에 따라 '나, 내, 노, 뇌, 누, 느'로 적는다.
[붙임 1] 단어의 첫머리 이외의 경우에는 본음대로 적는다.
[붙임 2] 접두사처럼 쓰이는 한자가 붙어서 된 단어는 뒷말을 두음 법칙에 따라 적는다.

① 낙원(樂園), 실락원(失樂園)
② 내일(來日), 왕래(往來)
③ 노인(老人), 상노인(上老人)
④ 누각(樓閣), 광한루(廣寒樓)

정답풀이 '실락원(失樂園)'이 아니라 실낙원(失樂園)이다. '실-'은 접두사처럼 쓰이는 한자이므로 '락원'과 결합할 때 두음법칙이 적용된 후에 결합되어야 하므로 '실낙원'이 옳다.

오답풀이 나머지는 한글 맞춤법 규정을 잘 따르고 있다.
③ '상노인'은 접두사처럼 쓰이는 한자이므로 '로인'과 결합할 때 두음법칙이 적용되어 '상노인'이 되는 것이다.

06 맞춤법에 맞는 것만으로 묶은 것은?

2021. 국가직 9급

① 돌나물, 꼭지점, 페트병, 낚시꾼
② 흡입량, 구름양, 정답란, 칼럼난
③ 오뚝이, 싸라기, 법석, 딱다구리
④ 찻간(車間), 홧병(火病), 셋방(貰房), 곳간(庫間)

정답풀이 흡입량(○), 구름양(○): '량/양': 한자어 명사 뒤에는 '량'을 쓰지만 고유어와 외래어 명사 뒤에는 '양'을 쓴다. '흡입(吸入)'은 한자어이므로 '흡입량'은 옳다. '구름'은 고유어이므로 '구름양'은 옳다.
정답란(○), 칼럼난(○): '란/난': 한자어 뒤에는 '란'으로 쓰지만, 고유어나 외래어 뒤에는 '난'을 쓴다. '정답(正答)'은 한자어이므로 '정답란'은 옳다. '칼럼'은 외래어이므로 '칼럼난'은 옳다.

Answer
01 ④ **02** ② **03** ② **04** ③ **05** ① **06** ②

① 꼭지점(✕)→꼭짓점(○) : '꼭지점'이 틀렸으므로 이 선택지는 옳지 않다. 고유어 '꼭지'와 한자어 '점(點)'이 결합된 합성어이면서 뒤의 소리가 된소리로 발음되므로 사이시옷을 표기하여 '꼭짓점'으로 고쳐야 한다. 나머지는 모두 옳다.
③ 딱다구리(✕)→딱따구리(○) : '딱다구리'가 틀렸으므로 이 선택지는 옳지 않다. '한글 맞춤법 제5항 한 단어 안에서 뚜렷한 까닭 없이 나는 된소리는 다음 음절의 첫소리를 된소리로 적는다.'에 의해 '딱따구리'가 옳다.
④ 횟병(✕)→화병(○) : '화병(火兵)'은 2글자 한자어이므로 사이시옷을 표기할 수 없다. 2글자 한자어의 경우 표기할 수 있는 것은 6개 단어밖에 없다.

» 두 음절로 된 유일한 한자어 6개
툇간(退間) 곳간(庫間) 셋방(貰房) 찻간(車間)
횟수(回數) 숫자(數字)

---

07 다음 밑줄 친 단어 중 맞춤법이 옳지 않은 것은?

2015. 서울시 7급

① 그는 밥을 몇 숟가락 뜨다가 밥상을 물렸다.
② 이번 수해로 우리 마을은 적잖은 피해를 봤다.
③ 집은 허름하지만 아까 본 집보다 가격이 만만잖다.
④ 그는 끝까지 그 일을 말끔케 처리하였다.

'만만하다'에서 '하' 바로 앞의 음이 울림소리(ㄴ)에 해당하므로 'ㅏ'만 줄게 된다. '만만ㅎ+지 않+다'가 되므로 자음 축약이 일어나 '만만치 않다'로 표기할 수 있다. 이 표기를 줄이면 '만만챦다'가 아니라 '만만찮다'가 된다. '쟎', '챦'은 한글 맞춤법 제 39항에 따라 무조건 '잖', '찮'으로 표기해야 한다.

> 한글 맞춤법 제 39항
> 어미 '-지' 뒤에 '않-'이 어울려 '-잖-'이 될 적과 '-하지' 뒤에 '않-'이 어울려 '-찮-'이 될 적에는 준 대로 적는다.

① 한글 맞춤법 제 29항이 적용된 '숟가락(술+가락)'은 옳은 표기이다.

> 한글 맞춤법 제 29항
> 끝소리가 'ㄹ'인 말과 딴 말이 어울릴 적에 'ㄹ' 소리가 'ㄷ' 소리로 나는 것은 'ㄷ'으로 적는다.

② '적지 않다'를 줄이면 '적잖다'가 되므로 옳다. (쟎 ✕)
④ '말끔하다'에서 '하' 바로 앞의 음이 울림소리(ㅁ)에 해당하므로 'ㅏ'만 줄게 된다. '말끔ㅎ+게'가 되므로 자음 축약이 일어나 '말끔케'로 표기할 수 있다.

---

08 다음 중 밑줄 친 부분의 표기가 옳지 않은 것은?

2016. 국회직 9급

① 나사는 좨야 하나?
② 봄 신상품을 선뵈어야 매출이 오를 거야.
③ 자네 덕에 생일을 잘 쇠서 고맙네.
④ 그는 오랜만에 고향 땅에 발을 딛는 감회가 새로웠다.
⑤ 장마 후 날씨가 개어서 가족과 함께 가까운 곳으로 소풍을 갔다.

'쇠다'는 '명절·생일 같은 날을 기념하고 지내다.'를 의미한다. 어간 '쇠-'에 어미 '-어서'가 결합되면 '쇠서'가 아니라 '쇠어서(=쇄서)'로 표기 되어야 한다.

① '조이다(=죄다)'는 '헐거운 것을 단단하거나 팽팽하게 하다'를 의미한다. 어간 '죄-'에 어미 '-어야'가 결합되면 '죄어야(=좨야)'로 표기되므로 옳다.
② '선보이다(=선뵈다)'는 '선보다'의 사동형으로서 어간 '선뵈-'에 '어야'가 결합되면 '선뵈여야(=선뵈어야)'로 표기할 수 있으므로 옳다.
④ '딛다'는 '디디다'의 준말로 '딛다'는 모음 어미와는 결합할 수 없지만 자음 어미와는 가능하므로 '딛는'은 옳은 표기이다.
⑤ '개다'는 ' 비나 눈이 그치고 구름·안개가 흩어져서 날이 맑아지다.'를 의미한다. 어간 '개-'에 어미 '-어서'가 결합하면 '개어서'가 된다. 축약하면 '개서'로도 표기할 수 있다.

붙임1 'ㅐ, ㅔ' 뒤에 '-어, -었-'이 어울려 줄 적에는 준 대로 적는다.

개어 → 개	내어 → 내	베어 → 베
세어 → 세	개었다 → 갰다	내었다 → 냈다
베었다 → 벴다	세었다 → 셌다	

---

09 다음 문장에서 밑줄 친 단어의 쓰임이 올바른 것은?

2021. 경찰직 2차

① 그 친구는 왜 그렇게 잘 생겼데?
② 우리는 매일 숙제가 왜 이리 많데?
③ 어제 보니 네 친구 공부 열심히 하데.
④ 친구들이 전해주길 그 영화가 아주 재미있데.

정답풀이 '-데'는 '-더라'의 준말로 '화자가 직접 경험한 사실을 나중에 보고하듯이 말할 때' 쓰인다. '-대'는 '-다고 해'의 준말로 화자가 직접 경험하지 않고 남이 말한 내용을 간접적으로 전달할 때 쓰인다. '어제 보니'라는 말을 보면 화자가 직접 경험한 것이므로 '데'를 쓴 것은 옳다.

오답풀이 ①② 생겼데? → 잘생겼대? 많데? → 많대?
-대 : 어떤 사실을 주어진 것으로 치고 그 사실에 대한 의문을 나타내는 종결 어미. 놀라거나 못마땅하게 여기는 뜻이 섞여 있다.
④ 재미있데. → 재미있대.
'친구들이 전해주길'이라는 말을 보면 남이 말한 내용을 간접적으로 전달하는 것이므로 '대'를 쓴 것은 옳다

10 밑줄 친 부분이 어법상 맞는 것은?

2021. 지방직 7급

① 어머니는 밥을 하려고 솥에 쌀을 <u>앉혔다</u>.
② 요리사는 마른 멸치와 고추를 간장에 <u>조렸다</u>.
③ 다른 사람에 비해 실력이 <u>딸리니</u> 더 열심히 노력해야겠다.
④ 오랫동안 나를 기다리던 친구는 화가 나서 잔뜩 <u>불어</u> 있었다.

정답풀이 '어육이나 채소 따위를 양념하여 국물이 졸아들게 바짝 끓이다.'를 의미하는 '조리다'의 쓰임은 문맥상 옳다.

오답풀이 ① 앉혔다 → 안쳤다 : '앉히다'는 '앉게 하다('앉다'의 사동사)'를 의미하므로 옳지 않다. '밥, 떡, 찌개 따위를 만들기 위하여 그 재료를 솥이나 냄비 따위에 넣고 불 위에 올리다.'를 의미하는 '안치다'로 고쳐야 한다.
③ 딸리다 → 달리다 : '재물이나 기술·힘 따위가 모자라다.'를 의미하는 '달리다'가 옳다.
④ 불어 → 부어 : '성이 나서 뾰로통해지다.'를 의미하는 '붓다'는 'ㅅ' 불규칙 용언이므로 모음 어미가 올 때 'ㅅ'이 탈락되므로 '부어'로 고쳐야 한다. 모음어미가 올 때 'ㄷ'이 'ㄹ'로 교체되는 'ㄷ' 불규칙 용언인 '붇다'는 '물에 젖어서 부피가 커지다.'를 의미하는 것으로 옳지 않다.

11 밑줄 친 부분이 어법상 가장 적절한 것은?

2019. 국가직 7급

① 시간 내에 역에 도착하려면 <u>가능한</u> 빨리 달려야 합니다.
② 그는 <u>그들에</u> 뒤지지 않는 근력을 길렀기에 메달과 인연을 맺을 수 있었습니다.
③ 자율 학습 시간을 줄이는 대신 보충 수업 시간을 <u>늘리는</u> 것에 대해 매우 부정적입니다.
④ 그다지 <u>효과적이지 않는</u> 논평이 계속 이어지면서 발표 대회의 분위기는 급격히 안 좋아졌습니다.

정답풀이 '늘리다'는 '수나 분량, 시간 따위를 본디보다 많아지게 하다.'는 뜻을 갖는 동사이다. 그러나 '늘이다'는 주로 '고무줄을 늘이다.'와 같이 '물체의 길이를 더 길게 하다.'는 뜻으로 쓰이므로 확실히 구분해야 한다.

오답풀이 ① 가능한(×) → 가능한 한(○): '가능한 조건 하에서'라는 의미를 갖는 경우에는 용언(형용사) '가능하다' 뒤에 명사 '한'이 와서 수식을 받아야 한다. 따라서 '가능한 한 빨리'로 써야 옳다.
② 그들에(×) → 그들에게(○): 사람을 뜻하는 대명사 '그들'에는 부사격 조사 '에게'를 써야 한다. 부사격 조사 '에'는 무정 명사에 쓰인다.
예 역공녀는 <u>학생들에</u> 답변을 남겼다. (→ 학생들에게)
학생들은 시험 오류를 <u>정부에게</u> 항의했다. (→ 정부에)
④ 효과적이지 않는(×) → 효과적이지 않은(○): 보조 용언 '지 아니하다(않다)'는 앞에 오는 본용언의 품사를 따라간다. 그런데 본용언 자리에 '효과적(체언)+이다(서술격 조사)'는 형용사와 활용 형태가 같으므로, '효과적이지 않은'이 맞다. '-는'이 붙으려면 '효과적이다'가 동사처럼 활용해야 하는데, '효과적(체언)+이다(서술격 조사)'는 형용사처럼 활용하므로 '효과적이지 않은'이 맞다.

Answer

07 ③ **08** ③ **09** ③ **10** ② **11** ③

12 〈보기〉에서 맞춤법에 맞는 문장은 모두 몇 개인가?

2021. 국회직 8급

─[보기]─
ㄱ. 앞집 사는 노부부는 여전히 금실이 좋다.
ㄴ. 빈칸을 다 메워서 제출하세요.
ㄷ. 언덕바지에서 뛰놀던 꿈을 꾸었다.
ㄹ. 동생은 부모님의 주의에도 불구하고 여전히 짓궂은 장난을 친다.
ㅁ. 실내에서는 흡연을 삼가하시기 바랍니다.

① 1개　　　　　　　② 2개
③ 3개　　　　　　　④ 4개
⑤ 5개

정답풀이〉 ㄱ. '앞집'은 '앞쪽으로 이웃하여 있는 집'을 의미하는 합성어이므로 붙여 쓰는 것이 옳다. '금실(琴瑟)'은 '거문고와 비파를 아울러 이르는 말'로 '부부의 사랑'을 뜻한다. '금슬(琴瑟)'과 복수 표준어이다.
ㄴ. '빈칸'은 '비어 있는 칸'을 의미하는 합성어이므로 붙여 쓰는 것이 옳다. '메우다'와 '메꾸다'는 복수 표준어로 '뚫려 있거나 비어 있는 곳을 막거나 채우다.'를 의미하므로 옳다.
ㄷ. '언덕바지'와 '언덕배기'는 복수 표준어로 '언덕의 꼭대기. 또는 언덕의 몹시 비탈진 곳'을 의미하므로 옳다.
ㄱ, ㄴ, ㄷ으로 총 3개이다.

오답풀이〉 ㄹ. 짓궂은 → 짓궂은 : '짓궂다'는 옳지 않다. '장난스럽게 남을 괴롭고 귀찮게 하여 달갑지 아니하다.'를 의미하는 형용사 '짓궂다'로 고쳐야 한다. [부모님의 주의]는 옳다. 곁에서 귀띔해서 일깨워 줌을 의미하기 때문이다. ('사물이나 사람을 둘러싸고 있는 것'을 의미하는 '주위'와 구별해야 한다.)]
ㅁ. 삼가하시기 → 삼가시기 : '삼가하다'는 옳지 않다. '꺼리는 마음으로 양(量)이나 횟수가 지나치지 아니하도록 하다.'를 의미하는 동사 '삼가다'가 옳다.

13 밑줄 친 단어의 표기가 옳지 않은 것은?

2013. 국가직 7급

나는 오랜만에 자장면을 시켜 먹기 위해 중국집에 전화를 했다. 종업원이 전화를 받고는 내가 있는 곳이 ㉠ 언덕배기라서 한 그릇은 배달을 해 줄 수 없다고 했다. 나는 치밀어 오르는 화를 참으며 "그럼 ㉡ 곱빼기를 시키면 올 수 있느냐?"라고 물었다. 기분 같으면 그놈의 ㉢ 대갈빼기를 휘갈겨 주고 싶었지만 음식이 올 때까지는 참을 수밖에 없었다. '차라리 어제처럼 단골 식당에서 ㉣ 뚝빼기를 시켰더라면 아무 문제가 없었을 텐데.' 하고 후회를 했다.

① ㉠　　　　　　　② ㉡
③ ㉢　　　　　　　④ ㉣

정답풀이〉 뚝빼기 → 뚝배기 : '뚝배기'는 '찌개나 지짐이 등을 끓이거나 국밥·설렁탕 따위를 담는 오지그릇'을 의미한다.

오답풀이〉 ㉠ 언덕배기 : 언덕의 꼭대기. 또는 언덕의 경사가 심한 곳. 언덕바지
'언덕배기'는 [언덕빼기]로 발음이 되지만 '언덕바지'와의 형태적 연관성을 보이기 위해 '언덕배기'로 적는다.
㉡ 곱빼기 : 음식의 두 몫을 한 그릇에 담은 분량
여기에서의 접미사 '빼기'는 '그런 특성이 있는 사람이나 물건'의 뜻을 더하는 접미사이다.
㉢ 대갈빼기 : '머리'를 속되게 이르는 말
여기에서의 접미사 '빼기'는 '비하'의 뜻을 더하는 접미사이다.

─배기 「접사」
「1」 (어린아이의 나이를 나타내는 명사구 뒤에 붙어) '그 나이를 먹은 아이'의 뜻을 더하는 접미사
　예 두 살배기, 다섯 살배기
「2」 (몇몇 명사 뒤에 붙어) '그것이 들어 있거나 차 있음'의 뜻을 더하는 접미사
　예 나이배기, 알배기
「3」 (몇몇 명사 뒤에 붙어) '그런 물건'의 뜻을 더하는 접미사
　예 공짜배기, 대짜배기, 진짜배기

─빼기 「접사」(몇몇 명사 뒤에 붙어)
「1」 '그런 특성이 있는 사람이나 물건'의 뜻을 더하는 접미사
　예 곱빼기, 밥빼기, 악착빼기
「2」 '비하'의 뜻을 나타내는 접미사
　예 앍둑빼기(=얼굴이 보기 흉하게 앍둑앍둑 얽은 사람의 별명), 외줄빼기, 코빼기('코'를 속되게 이르는 말)

14 밑줄 친 부분의 고쳐쓰기에 대한 설명으로 적절하지 않은 것은?

2018. 지방직 7급

① 그 일을 한 사람은 <u>민국예요.</u>
　→ '민국이'와 '이에요'가 결합하였으므로, '민국예요'는 '민국이예요'로 바꾸어야 한다.
② 교실에서는 좀 조용히 해 <u>주십시오.</u>
　→ 문장을 종결하는 어미가 나와야 하므로, '주십시요'로 바꾸어야 한다.
③ 자신이 한 말은 <u>반듯이</u> 책임을 져야 한다.
　→ '반듯이'는 '반듯하게'의 의미이므로 문맥에 맞게 '꼭'이라는 의미의 '반드시'로 고쳐야 한다.
④ 선수들의 <u>잇딴</u> 부상으로 전력에 문제가 생겼다.
　→ 동사 '잇달-'과 어미 '-은'이 결합한 활용형은 '잇단'이므로, '잇딴'은 '잇단'으로 바꾸어야 한다.

[정답풀이] '주십시오'는 명령형의 '하십시오'체로서 바르게 쓰였다. '요'는 높임의 보조사로 종결 어미 뒤에 붙거나 어떤 사물이나 사실 따위를 열거할 적에 연결 어미로 쓰인다. (밥먹어요. 저번에 먹은 것이 이거요, 저거요, 그거입니다.)

[오답풀이] ① 어조를 고르는 인칭 접미사 '-이'가 붙은 '민국이'까지가 체언이다. '이에요'는 서술격 조사 '이다'와 '해요'체의 종결 어미 '-에요'를 결합한 형태이다. '민국이(체언)+이(서술격 조사 어간)+에요(어미)'는 '민국이이에요'도 가능하고 '민국이예요'처럼 '이(서술격 조사 어간)+에요(어미)'가 축약된 표현도 가능하다.
③ '반드시'는 '틀림없이 꼭'이라는 뜻으로, 문맥상 '반드시'로 고치는 것이 적절하다.
④ '잇따르다'와 '잇달다'는 유의어로, '뒤를 이어 따르다.'의 뜻이 있다. 하지만 '잇따르다'와 '잇달다'는 활용 형태가 다르다. '잇따르다'는 '一' 규칙 활용을 하여 '잇따른'이지만 '잇달다'는 'ㄹ' 규칙 활용을 하여 '잇단'으로 표기한다. 따라서 '잇단'으로 바꾸어야 한다는 설명은 적절하며, '잇단' 말고 '잇따른'으로 표기해도 된다.

15 밑줄 친 부분 중 맞춤법에 맞지 않는 것은?

2017. 소방직 하반기 복원

① <u>왠</u> 남자가 내게 말을 붙였다.
② 바지의 해어진 부분에 <u>짜깁기</u>를 하다.
③ 약을 먹은 효과가 <u>금세</u> 나타났다.
④ 옛 친구를 <u>오랜만에</u> 만났다.

[정답풀이] 왠→웬 : '어찌된'을 의미하는 '웬'이 옳다. 'why(=왜)'의 의미와는 관련이 없기 때문이다.

[오답풀이] ② 짜깁기 : 직물의 찢어진 데를 그 감의 올로 본디대로 흠집 없이 짜서 깁는 일 ('짜집기'=비표준어)
③ 금세 : '금시에'의 준말. '바로 지금'이라는 의미이다. 이 문장에 '금새(=물건의 값이나 시세)'가 오면 안 된다.
④ 오랜만에 : '오래간만에'의 준말이다. ('오랫만에'=비표준어)

16 밑줄 친 어휘의 표기가 옳은 것은?

2017. 지방직 7급

① 달걀 파동으로 <u>먹거리</u>에 대한 관심이 높아졌다.
② 식당에서 <u>깍두기</u>를 더 주문했다.
③ 손님은 종업원에게 당장 주인을 불러오라고 <u>닥달</u>하였다.
④ 작은 문 옆에 차가 드나들 수 있을 만큼 <u>넓다란</u> 길이 났다.

[정답풀이] 2011년에 '먹거리'는 '사람이 살아가기 위하여 먹는 온갖 것'이란 의미로 '먹을거리'와 함께 복수 표준어로 등재되었다.

[오답풀이] ② '깍두기'는 '깍둑거리다(조금 단단한 물건을 크고 작게 대중없이 자꾸 썰다.)'의 어근 '깍둑-'에 명사 파생 접사 '-이'가 결합된 파생어이다. 어근의 본뜻이 인식되지 않으므로 소리나는 대로 '깍두기'라 표기한다.
③ '닦달하다'가 맞다.
④ '널따란'이 맞다. '널따랗다, 짤막하다, 얄찍하다'와 같은 단어들은 어원적으로 'ㄼ'으로 끝나는 '넓-, 짧-, 얇-'과 관련을 맺지만 겹받침을 표기하지 않고 종성의 발음을 표기에 그대로 반영했기 때문에 표기대로 발음하면 된다.

Answer
12 ③　**13** ④　**14** ②　**15** ①　**16** ①

17 밑줄 친 부분이 맞춤법에 맞는 것은? 2017. 교육행정직 7급

① 이 일을 어찌 <u>할꼬</u>?

② 항상 행복하길 <u>바래</u>!

③ 지금 와서 모른다고 하면 우리는 <u>어떻해</u>?

④ 6월에 잡은 새우로 <u>담궈서</u> 육젓이라고 한다.

정답풀이 원래는 어미의 일부인 'ㄹ' 뒤는 된소리로 나더라도 예사소리로 적는 것이 원칙이다. ('-ㄹ수록, -ㄹ진대, -ㄹ걸' 등) 하지만 의문을 나타내는 어미의 경우에는 된소리로 적는다. 따라서 '할꼬?'는 옳은 표기이다. 의문형 어미로는 '-ㄹ까, -ㄹ꼬, -ㄹ쏘냐, -ㄹ쏜가' 등이 있다.

오답풀이 ② 바래 → 바라 : '원하다'를 의미하는 용언 어간 '바라-'에 종결 어미 '아'가 결합된 것이므로 동음 'ㅏ'가 탈락하여 '바라'로 표기하는 것이 옳다. '바래다'는 '색이 변하다.'를 의미한다.
③ 어떻해 → 어떻게 해(=어떡해) : '우리는 어떻게 해'가 옳다. '어떻게 해'의 준말은 '어떡해'이다. '어떻해'는 아예 틀린 표기이다.
④ 담궈서 → 담가서 : 동사 어간 '담그-'에 어미 '-아서'가 결합되면 'ㅡ'가 탈락되므로 '담가서'로 표기해야 한다. ('ㅡ' 탈락 규칙 활용)

18 밑줄 친 부분이 맞춤법에 맞지 않는 것은? 2015. 국가직 9급

① 하나에 백 원씩 <u>처주마</u>.

② 여름이 되니 몸이 축축 <u>처지네</u>.

③ 아궁이에서 쓰레기를 <u>처대고</u> 있지.

④ 오는 길에 <u>처박힌</u> 자전거를 보았어.

정답풀이 '처주다'는 사전에 등재되지 않은 비표준어이다. ①에는 '셈을 맞추어 주다.'를 의미하는 '쳐주다'가 와야 하므로 '쳐주마'가 옳은 표기이다.

오답풀이 ② 처지다: 감정 혹은 기분 따위가 바닥으로 잠겨 가라앉다.
③ 처대다: 함부로 불에 대어서 살라 버리다.
④ 처박히다: '처박다(마구 쑤셔 넣거나 푹 밀어 넣다.)'의 피동사 ('처지다, 처대다, 처박히다, 처먹다'에서 '처-'는 '마구' 또는 '많이'의 뜻을 더하는 접두사이다.)

19 다음 중 한글 맞춤법 및 표준어 규정에 맞게 쓴 것은? 2014. 국회직 8급

① 큰일은 다 치뤘으니 이제 당분간 홀가분하게 쉬십시오.

② 부모님께 이 자리를 빌어 감사의 말씀을 드립니다.

③ 살을 에는 추위에 쓰레기를 주으면서 등산을 했다.

④ 창고에 벌여 놓았던 책들을 다시 수레에 실으러 갔다.

⑤ 지난주에는 활짝 개인 날씨가 계속되었지만 오늘은 갑자기 우레가 쳤다.

정답풀이 '벌이다'는 '펼쳐 놓다'를 의미하므로 쓰임이 옳다. '실으러'는 동사 어간 '싣-'에 어미 '-(으)러'가 결합된 것으로 모음 어미 앞에서 'ㄷ'이 'ㄹ'로 교체되므로 '실으러'는 쓰임이 옳다. ('싣다'는 모음 어미 앞에서 'ㄷ'이 'ㄹ'로 교체되는 'ㄷ' 불규칙 용언이다.)

오답풀이 ① 치뤘으니 → 치렀으니 : '치르다'만 있고 '치루다'는 이 세상에 없는 표현이므로 '치르+었+으니'가 되어야 한다. 이때 '치르다'는 'ㅡ' 탈락 규칙 용언이므로 '치렀으니'로 표기할 수 있다.
② 빌어 → 빌려 : '빌리다'의 의미로 쓸 때에는 '빌리다'만 쓸 수 있다. '빌다'는 '용서를 빌다, 기도하다'의 의미이다.
③ 주으면서 → 주우면서 : '줍다'는 모음 어미 앞에서 'ㅂ'이 'ㅜ'로 교체되는 'ㅂ' 불규칙 용언이다. '줍+(으)면서'에서 매개모음 (으)는 앞의 어간 받침이 'ㄹ'을 제외한 자음일 경우에 나온다. 어쨌든 '(으)면서'는 모음 어미이므로 'ㅂ'이 'ㅜ'로 교체되어 '주우면서'로 표기해야 한다. (돕다, 가볍다, 무겁다, 덥다 등 = 'ㅂ' 불규칙 활용)
⑤ 개인 → 갠 : '날씨가 맑아지다'를 의미하는 단어는 '개다'뿐이다. 동사 어간 '개-'에 과거형 어미 '-ㄴ'이 결합되면 그대로 '갠'이 된다. '개인'은 불필요한 사동 접미사 '이'가 사용된 것으로 잘못된 표기이다.

20 다음 〈보기〉 중 맞춤법에 맞게 쓰인 문장을 모두 고른 것은?

2014. 국회직 8급

┌─〔보기〕─────────────────────┐
│ ㄱ. 새로 이사한 집이 넓직해서 시원해 보인다. │
│ ㄴ. 아이가 어찌나 속을 썩이던지 도저히 예뻐할 │
│   수가 없었다. │
│ ㄷ. 그는 아버지의 말이라면 철썩같이 믿는다. │
│ ㄹ. 왠일인지 오늘은 자꾸 눈물이 난다. │
│ ㅁ. 그녀는 더위에 지쳐 바닥에 널브러져 있었다. │
└──────────────────────────────┘

① ㄱ, ㄴ   ② ㄱ, ㄹ
③ ㄴ, ㄷ   ④ ㄴ, ㅁ
⑤ ㄴ, ㄷ, ㅁ

정답풀이 ㄴ. '썩이다'는 '마음을 상하게 하다'로 쓰이는 단어이므로 옳다. 반면 '부패하게 하다, 재능이나 사람을 내버려지게 하다'를 의미하는 '썩히다('썩다'의 사동형)'와 구분해야 한다.
ㅁ. '널브러지다'와 '널부러지다' 중에서 '널브러지다'가 널리 쓰이므로 '널브러지다'만 표준어이다.

오답풀이 ㄱ. 넓직해서 → 널찍해서 : '한글 맞춤법 제21항 다만1에서 겹받침의 끝소리가 드러나지 아니하는 것은 소리대로 적는다'에 따른다. '널찍하다'는 '넓– '의 겹받침 끝소리가 드러나지 않으므로, 소리 나는 대로 적게 되어 '넓직해서'가 아니라 '널찍해서'로 표기해야 한다.
ㄷ. 철썩같이 → 철석(鐵石 : 鐵 쇠 철 石 돌 석)같이 : '쇠와 돌같이 의지나 약속, 믿음 따위가 쇠나 돌같이 매우 굳고 단단하다.'를 의미하므로 부사 '철석같이'로 표기해야 한다.
ㄹ. 왠일 → 웬일 : '웬일'만 표준어로 삼는다. '웬일'은 '어찌된 일'을 의미한다. '왠일'은 이 세상에 없는 단어이다.

21 밑줄 친 부분의 맞춤법이 가장 옳지 않은 것은?

2020. 서울시 9급

① 남에게 존경 받는 사람이 <u>돼라는</u> 아버지의 유언
② 존경 받는 사람이 <u>되었다.</u>
③ 남에게 존경 받는 사람이 <u>돼라.</u>
④ 존경 받는 사람이 <u>되고</u> 있다.

정답풀이 돼라는(×) → 되라는(○) : 동사 어간 '되–'에 간접 인용의 명령형 어미 '–라'가 붙기 때문에 '되라는'이 맞다. 직접 인용의 명령형 어미는 '–어라'가 있는데 이 문장에서는 아버지의 말을 간접적으로 인용하는 것이기 때문에 '–어라'가 붙지 못한다.

오답풀이 ② 되었다[되+었+다](○)
③ 돼라[되+어라] (○) : '–어라'는 해라체의 명령형 어미로, '돼라'는 모음 축약을 보여 준다. 한글 맞춤법 제35항을 보면, 모음 'ㅗ, ㅜ'로 끝난 어간에 '–아/–어, –았–/–었–'이 어울려 'ㅘ/ㅝ, �/ㅝ '으로 될 적에는 준 대로 적는다.
④ 되고[되+고] (○) : 동작상으로 볼 때 '진행'의 의미를 지닌다.

22 한자어의 사이시옷 표기가 옳지 않은 것은?

2021. 의무소방원

① 개수(個數)   ② 곳간(庫間)
③ 횟수(回數)   ④ 셋방(貰房)

정답풀이 갯수(個數) → 개수(個數) : 보통의 한자어는 '[개:쑤]'처럼 사잇소리 현상이 나더라도 사이시옷을 적을 수 없다.

오답풀이 '퇴! 고세 차 회수'로 외우면 된다.
'툇간(退間), 곳간, 셋방, 찻간, 횟수, 숫자'만 유일하게 한자어임에도 사이시옷을 적는 예외이다.

23 다음 중 사이시옷의 쓰임이 모두 옳은 것은?

2017. 국회직 8급

① 아랫집, 볏가리, 선짓국, 댓가지, 가게집
② 화젯거리, 수랏간, 푯말, 나뭇잎, 연둣빛
③ 꼭짓점, 횟배, 킷값, 구둣발, 공기밥
④ 버드나뭇과, 장밋과, 봇둑, 무싯날, 쇳조각
⑤ 개수, 귓갓길, 사삿일, 시래깃국, 노잣돈

정답풀이 '개수'는 한자어에도 사이시옷이 붙는 예외 6개에 포함되지 않으므로 사이시옷이 표기되지 않는다.
'귓갓길'은 한자어 '귀가(歸家)'와 고유어 '길'이 결합하면서 '[귀가낄/귀간낄]'로 된소리가 난다. 따라서 사이시옷을 받치어 적는 것이 옳다.
'사삿일'은 한자어 '사사(私私)'와 고유어 '일'이 결합하면서 '[사산닐]'로 발음된다. 'ㄴㄴ'이 덧나기 때문에 사이시옷을 받치어 적는 것이 옳다.
'시래깃국'은 고유어 '시래기'와 고유어 '국'이 결합하면서 '[시래기꾹/시래긷꾹]'으로 된소리가 난다. 따라서 사이시옷을 받치어 적는 것이 옳다.
'노잣돈'은 한자어 '노자(路資)'와 고유어 '돈'이 결합하면서 '[노자똔/노잗똔]'으로 된소리가 난다. 따라서 사이시옷을 받치어 적는 것이 옳다.

오답풀이 ① 가게집(×) → 가겟집(○): '가겟집'은 고유어 '가게'와 고유어 '집'이 결합하면서 '[가:게찝/가:겐찝]'으로 된소리가 난다. 따라서 사이시옷을 받치어 적는 것이 옳다.
② 수랏간(×) → 수라간(○): '수라간(水刺間)'처럼 한자어로만 된 합성어인 경우에는 사이시옷을 적을 수 없다. 따라서 '수라간'이 옳다. 사이시옷이 표기되려면 적어도 하나는 고유어여야 한다.
③ 공기밥(×) → 공깃밥(○): '공깃밥'은 고유어 '공기'와 고유어 '밥'이 결합하면서 '[공기빱/공긷빱]'으로 된소리가 난다. 따라서 사이시옷을 받치어 적는 것이 옳다.
④ 장밋과(×) → 장미과(○): '장미과(薔薇科)[장미꽈]'도 '수라간'과 같은 경우다.

24 〈보기〉는 「한글 맞춤법」 제30항 사이시옷 표기의 일부이다. ㉠, ㉡, ㉢에 들어갈 단어가 바르게 연결된 것은?

2016. 서울시 7급

┌─〈보기〉─────────
제30항 사이시옷은 다음과 같은 경우에 받치어 적는다.
　1. 순우리말로 된 합성어로서 앞말이 모음으로 끝난 경우
　　⑴ 뒷말의 첫소리가 된소리로 나는 것
　　　고랫재　　　귓밥　　　　㉠
　　⑵ 뒷말의 첫소리 ㄴ, ㅁ 앞에서 ㄴ 소리가 덧나는 것
　　　뒷머리　　　아랫마을　　㉡
　　⑶ 뒷말의 첫소리 모음 앞에서 ㄴㄴ 소리가 덧나는 것
　　　도리깻열　　뒷윷　　　　㉢
└────────────────

	㉠	㉡	㉢
①	못자리	멧나물	두렛일
②	쳇바퀴	잇몸	훗일
③	잇자국	툇마루	나뭇잎
④	사잣밥	곗날	예삿일

정답풀이 '못자리', '멧나물', '두렛일'은 모두 순우리말로 된 합성어이다.
'못자리'는 [몯짜리/모짜리]에서 보듯, ㉠ 뒷말의 첫소리가 된소리로 발음되는 경우이다.
'멧나물'은 [멘나물]에서 보듯, ㉡ 뒷말 첫소리 ㄴ, ㅁ 앞에서 ㄴ 소리가 덧나는 경우이다.
'두렛일'은 [두렌닐]에서 보듯, ㉢ 뒷말 첫소리 모음 앞에서 ㄴㄴ 소리가 덧나는 경우이다.

오답풀이 ② ㉠ '쳇바퀴', ㉡ '잇몸'은 부합한다. 하지만 ㉢ '훗일'은 한자 '後'와 우리말 '일'이 결합한 합성어이므로 순우리말 구성이 아니다.
③ ㉠ '잇자국', ㉢ '나뭇잎'은 부합한다. 하지만 ㉡ '툇마루'는 한자 '退'와 우리말 '마루'가 결합한 합성어이므로 순우리말 구성이 아니다.
④ 다 부합하지 않는다. ㉠ '사잣밥'은 한자 '使者'와 우리말 '밥'이 결합한 합성어이므로 순우리말 구성이 아니다. ㉡ '곗날'은 한자 '契'와 우리말 '날'이 결합한 합성어이므로 순우리말 구성이 아니다. ㉢ '예삿일'은 한자 '例事'와 우리말 '일'이 결합한 합성어이므로 순우리말 구성이 아니다.

25 밑줄 친 단어 중 어법에 맞지 않는 것은? ^{2021. 군무원 9급}

① 오늘 이것으로 치사를 <u>갈음</u>하고자 합니다.
② <u>내노라하는</u> 재계의 인사들이 한곳에 모였다.
③ 예산을 대충 <u>걸잡아서</u> 말하지 말고 잘 뽑아보시오.
④ 그가 무슨 잘못을 저질렀는지 나와 눈길을 <u>부딪치기</u>를 꺼려했다.

정답풀이) 내노라하는 → 내로라하는 : '나이로라'의 준말이므로 '내로라하다'가 옳다. '내로라하다'는 '어떤 분야를 대표할 만하다.'를 의미한다.

오답풀이) ①갈음하고자 : '필터를 갈다' 할 때 쓰는 '갈다'에서 온 말이므로 이는 '대체하다(대신하다)'를 의미하는 '갈음하다'가 와야 한다. '가름'은 '승패를 가르다'에서 온 말이므로 '나누다'를 의미하므로 옳지 않다. [치사(致謝)=고맙다는 말]
③ 걸잡아서 : '겉으로 헤아리다'를 의미하므로 '겉잡다'는 옳다. '걷잡다'는 '거두잡다'의 준말로 보통 '걷잡을 수 없는 사태' 등에 쓰인다. '걷잡다'는 '한 방향으로 치우쳐 흘러가는 형세 따위를 바로잡거나 진정시키다'을 의미한다.
④ '부딪치다'는 '부딪다(＝서로 충돌하다)'의 '부딪-'에 강조의 접미사 '치'가 붙은 것이므로 의미는 '부딪다(＝서로 충돌하다)'와 동일하다. 여기에서는 그와 내가 눈길을 서로 충돌(＝맞닿음)하는 것이므로 '부딪치다'는 옳다.
'부딪히다'는 '부딪다(＝서로 충돌하다)'의 '부딪-'에 피동의 접미사 '히'가 붙은 것이므로 부딪음을 당하는 의미를 갖는다.(참고로 '부딪치이다'는 '부딪치-'에 피동 접미사 '이'가 붙은 것이므로 '부딪히다'와 같은 단어이다.)

26 다음 중 밑줄 친 단어가 바르게 쓰인 것은? ^{2014 경찰 2차}

① 해가 뜨자 안개가 다 <u>거쳤다</u>.
② 병세가 <u>겉잡을</u> 수 없게 악화되었다.
③ 그의 전화를 마음을 <u>졸이며</u> 기다렸다.
④ 그녀는 아침 내내 배추를 <u>저리고</u> 있다.

정답풀이) '졸이다'는 '속을 태우다시피 조바심하다.'를 의미하므로 옳다.

오답풀이) ① 안개가 거쳤다. → 안개가 걷혔다.
• 거치다(×) : 오가는 도중에 어디를 지나거나 들르다.
• 걷히다(○) : ('걷다'의 피동사) 구름이나 안개 따위가 없어지다.
② 병세가 겉잡을 → 병세가 걷잡을
• 겉잡다(×) : 겉으로만 보고 대강 헤아려 어림잡다.
• 걷잡다(○) : 한 방향으로 치우쳐 흘러가는 형세 따위를 바로잡거나 진정시키다
④ 배추를 저리고 → 배추를 절이고
• 저리다(×) : 살이나 뼈마디가 오래 눌려서 피가 잘 통하지 않아 감각이 둔하게 되다.
• 절이다(○) : ('절다'의 사동) 소금이나 식초 따위를 먹여서 절게 하다.

27 ㉠~㉢에 들어갈 말로 가장 적절한 것은? ^{2017. 국가직 7급}

> • 외래문화의 무분별한 수입은 가치관의 (㉠)을 초래하였다.
> • 지역 간, 세대 간의 갈등을 (㉡)하고 희망찬 미래로 나아갑시다.
> • 아름다운 자연을 관광 자원으로 (㉢)하려고 한다.

	㉠	㉡	㉢		㉠	㉡	㉢
①	혼돈	지양	개발	②	혼돈	지향	계발
③	혼동	지양	개발	④	혼동	지향	계발

정답풀이) ㉠ 혼돈(混沌)「명사」: 마구 뒤섞여 있어 갈피를 잡을 수 없음. 또는 그런 상태
㉡ 지양하다(止揚--)「동사」: 더 높은 단계로 오르기 위하여 어떠한 것을 하지 아니하다.
㉢ 개발하다(開發--)「동사」: […을 …으로]토지나 천연자원 따위를 유용하게 만들다.

오답풀이) • 혼동(混同)「명사」: 어떤 현상을 잘못 판단하다. 'A, B를 헷갈려 한다'로 많이 사용된다.
예 자유와 방종을 혼동하다.
• 지향하다 「동사」: '어떤 목표로 뜻이 쏠리어 향하다.'의 의미로 부정적인 단어와 쓰이는 '지양하다'와 달리 긍정적인 단어에 많이 쓰인다.
• 계발하다(啓發--)「동사」: '[…을]슬기나 재능, 사상 따위를 일깨워 주다.'의 의미이다. '아름다운 자연'은 슬기나 재능, 사상 따위가 아니므로 ㉢에는 어울리지 않는 단어이다.

28 밑줄 친 부분이 바르게 쓰이지 않은 것은? ^{2014. 국회직 9급}

① 그는 아들에게 학비와 용돈을 <u>부쳤다</u>.
② <u>부쳐</u> 먹을 내 땅 한 평 없다.
③ 한창 커 가는 아이들에게 희망을 <u>부치고</u> 사는 것이 큰 낙이다.
④ 그 일은 이제 기력이 <u>부쳐</u> 할 수 없다.
⑤ 그들은 여행 계획을 비밀에 <u>부쳤다</u>.

정답풀이) '희망을 붙이고'가 옳다. 여기에서 '붙이다'는 「7」기대나 희망을 걸다.'를 의미한다.

오답풀이) ① 편지나 물건 따위를 일정한 수단이나 방법을 써서 상대에게로 보낸다.
② 논밭을 이용하여 농사를 짓다.
④ 모자라거나 미치지 못하다.
⑤ 어떤 일을 거론하거나 문제 삼지 아니하는 상태에 있게 하다.

Answer
23 ⑤ 24 ① 25 ② 26 ③ 27 ① 28 ③

29 다음 중 밑줄 친 부분의 사용이 옳은 것은? ^{2017. 국회직 8급}

① 이 자리를 <u>빌어서</u> 감사의 말씀을 드립니다.
② 스스로 수학의 원리를 <u>깨우치다.</u>
③ 우리 명산에는 곳곳에 사찰이 <u>깃들어</u> 있다.
④ 그런 말을 서슴없이 하다니 아주머니도 참 <u>주책이셔.</u>
⑤ 선생님이 강의를 하고 계신 <u>와중에</u> 전화벨이 울렸다.

> 정답풀이 '주책없다'만 표준어로 인정했지만, 2016년 말부터는 '주책이다' 또한 표준어로 인정하여 '주책이다/주책없다' 모두 표준어가 되었다.

> 오답풀이 ① '빌다'는 '밥을 빌어 먹다. 용서를 빌다. 성공을 빌다'로 쓰이는 단어이므로 문맥상 옳지 않다. 이 문맥에는 '어떤 일을 하기 위해 기회를 이용하다.'를 의미하는 '빌리다'를 사용하여야 한다.
> ② '깨우치다'는 '깨치다'에 사동접미사 '-우-'가 결합된 것으로, '깨닫게 하다.'라는 사동의 의미가 있다. 하지만 이 문맥에서는 스스로 사물의 이치를 깨닫는 것이므로 '깨치다'를 사용해야 한다.
> ③ '깃들어'의 기본형은 '깃들다'이다. '깃들다'는 '아늑하게 서려 들다. / 감정, 생각, 노력 따위가 어리거나 스미다.'를 의미하는 것이므로 '사찰이 깃들다'라는 말은 어색하다. 이 문장에는 '사람이나 건물 따위가 어디에 살거나 그곳에 자리 잡다.'를 의미하는 '깃들이다'를 사용하여 '사찰이 깃들여 있다.'라고 해야 한다.
> ⑤ '와중'은 '일이나 사건 따위가 시끄럽고 복잡하게 벌어지는 가운데'를 의미하므로 옳지 않다. 선생님이 강의를 하는 일이 시끄럽고 복잡하지는 않기 때문이다. 따라서 선생님이 강의를 하고 계시는 상황에는 '중에'를 사용해야 한다.

30 다음 중 밑줄 친 단어가 바르게 쓰인 것은? ^{2014. 경찰 1차}

① 학생들은 공책에 책받침을 <u>받치고</u> 쓴다.
② 마을 이장이 소에게 <u>바쳐서</u> 꼼짝을 못한다.
③ 신에게 제물을 <u>받쳐</u> 우리 부락의 안녕을 빌었다.
④ 이것을 돌절구에 빻아 가는 체로 <u>받혀서</u> 다시 가져오겠다.

> 정답풀이 '받치다'는 '어떤 물건의 밑이나 안에 다른 물건을 대다.'를 의미하므로 옳다.

> 오답풀이 ② 소에게 바쳐서→받혀서
> • 바치다(×): 신이나 웃어른에게 드리다. 마음과 몸을 아낌없이 내놓다. 세금·공납금 등을 내다.
> • 받히다(○): ('받다'의 피동사) 머리나 뿔 따위에 세차게 부딪히다
> ③ 제물을 받쳐→바쳐
> • 받치다(×): (받+치(강조의 접미사)+다) 건더기와 액체가 섞인 것을 체나 거르기 장치에 따라서 액체만을 따로 받아 내다.
> • 바치다(○): 신이나 웃어른에게 드리다. 마음과 몸을 아낌없이 내놓다. 세금·공납금 등을 내다.
> ④ 이것을 돌절구에 빻아 가는 체로 받혀서 다시 가져오겠다.
> • 받히다(×): (받다의 피동사) 머리나 뿔 따위에 세차게 부딪히다
> • 받치다(○): [받+치(강조의 접미사)+다] 건더기와 액체가 섞인 것을 체나 거르기 장치에 따라서 액체만을 따로 받아 내다.

31 다음 문장에서 밑줄 친 단어의 쓰임이 올바른 것은?
^{2016. 경찰직 2차}

① 이런 날씨에 비를 <u>맞추니</u> 멀쩡한 사람도 병이 나지.
② 너라면 아마도 그 문제의 정답을 <u>맞출</u> 수 있었을 텐데.
③ 우리 선수는 마지막 화살까지도 10점 과녁에 <u>맞췄다.</u>
④ 그는 그녀와의 약속 시간을 제대로 <u>맞춘</u> 적이 없었다.

> 정답풀이 '그는 그녀와의 약속 시간을 제대로 맞춘 적이 없었다.'에서 '맞추다'는 '「4」 약속 시간 따위를 넘기지 아니하다.'를 의미하므로 쓰임이 올바르다.

> 오답풀이 ① 비를 맞추니 → 비를 맞히니
> 「1」 자연 현상에 따라 내리는 눈, 비 따위를 닿게 하다. '맞다'의 사동사 (「2」 어떤 좋지 아니한 일을 당하게 하다. '맞다'의 사동사)
> 예 그렇게 착한 여자에게 바람을 맞히다니 용서할 수 없다.
> ② 정답을 맞출 → 정답을 맞힐
> 맞히다1: 문제에 대한 답을 틀리지 않게 하다. '맞다'의 사동사.
> ③ 과녁에 맞췄다. → 과녁에 맞혔다.
> 맞히다3: 물체를 쏘거나 던져서 어떤 물체에 닿게 하다. 또는 그렇게 하여 닿음을 입게 하다. '맞다'의 사동사

맞추다
1. [⋯을 ⋯에][⋯을 (⋯과)] ('⋯과'가 나타나지 않을 때는 여럿임을 뜻하는 말이 목적어로 온다.) 서로 떨어져 있는 부분을 제자리에 맞게 대어 붙이다.
예 문짝을 문틀에 맞추다.
2. [(⋯과) ⋯을][⋯을 (⋯과)] ('⋯과'가 나타나지 않을 때는 여럿임을 뜻하는 말이 주어나 목적어로 온다.)
「1」 (주로 '보다'와 함께 쓰여) 둘 이상의 일정한 대상들을 나란히 놓고 비교하여 살피다.
예 나는 가장 친한 친구와 답을 맞추어 보았다.
여자 친구와 다음 주 일정을 맞추어 보았더니 목요일에만 만날 수 있을 것 같다.
「2」 서로 어긋남이 없이 조화를 이루다.
예 다른 부서와 보조를 맞추다.
3. [⋯을 ⋯에/에게] 어떤 기준이나 정도에 어긋나지 아니하게 하다.
예 원고를 심사 기준에 맞추다.
줄을 맞추다.

32 밑줄 친 단어의 쓰임이 바르지 않은 것은? 2013. 지방직 9급

① 퀴즈의 답을 정확하게 맞추면 상품을 드립니다.
② 얼굴을 보니 심술깨나 부리겠더구나.
③ 정작 죄지은 놈들은 도망친 다음이라 애먼 사람들이 얻어맞았다.
④ 시력이 나빠져서 안경의 도수를 돋구었다.

정답풀이 퀴즈의 답을 맞추면 → 퀴즈의 답을 맞히면: '문제에 대한 답을 틀리지 않게 하다.'는 '맞히다'가 쓰여야 한다.

오답풀이 ② 심술깨나: '깨나'는 '어느 정도는'의 뜻을 나타내는 보조사로 옳은 쓰임이다.
③ 애먼: '일의 결과가 다른 데로 돌아가 억울하게 느껴지는'을 나타내는 관형사로 옳은 쓰임이다.
④ 돋구다: '안경의 도수 따위를 더 높게 하다.'를 뜻하는 말로 '안경의 도수'와 관련된 문맥에만 쓰임을 유의하여야 한다.

33 밑줄 친 단어 중 한글 맞춤법에 맞는 것은? 2016. 국가직 7급

① 대화는 열기를 띄기 시작했다.
② 여우도 제 굴이 있고 공중에 나는 새도 깃들일 곳이 있다.
③ 아침에 찌은 쌀이라서 밥맛이 정말 고소하군요.
④ 아침부터 오던 비가 개이고, 하늘에는 구름 한 점 없다.

정답풀이 '깃들일'의 기본형은 동사 '깃들이다'이다. '깃들이다'는 '조류가 보금자리를 만들어 그 속에 들어 살다.'의 뜻이 있으며, 한글 맞춤법에 맞는 표기이다. 한편, '깃들다'는 '아늑하게 서려 들다, 감정, 생각, 노력 따위가 어리거나 스미다.'는 뜻이 있다.

오답풀이 ① 띄기(×) → 띠기(○)
• 띠다: '감정이나 기운 따위를 나타내다.'이므로 이 문장에 어울리는 단어이다.
• 띄다: '뜨다'의 피동사인 '뜨이다'의 준말로, '감았던 눈이 열리다. 몰랐던 사실이나 숨겨졌던 본능을 깨닫게 되다. 두드러지게 드러나다.'의 의미를 가진다. 혹은 사동인 '띄우다'의 준말인 경우 '물 위나 공중에 뜨게 하다.'의 뜻을 갖는데 모두 ①의 문장과 어울리지 않는다.
③ 찌은(×) → 찧은(○)
• 찧다: '곡식 따위를 쓿거나 빻으려고 절구에 담고 공이로 내리치다.'이므로 이 문장에 어울리는 단어이다.
• 찌다: '뜨거운 김으로 익히거나 데우다.'로 활용하게 되더라도 '찌은'이 아니라 '찐'으로 활용된다.
④ 개이고(×) → 개고(○)
• 개다: 흐리거나 궂은 날씨가 맑아지다.
• 개이다: '개다'의 잘못으로 사전에 없는 말이다.

34 다음 중 밑줄 친 단어의 사용이 옳지 않은 것은?

2015. 서울시 7급

① 선을 <u>반듯이</u> 그어라.
② 눈을 감고 분노를 <u>삭였다</u>.
③ 너 왜 그렇게 내 속을 <u>썩히느냐</u>?
④ 사우나에서 눈을 <u>지그시</u> 감고 앉아 있었다.

정답풀이) '썩히다'는 '유기물이 부패 세균에 의하여 분해됨으로써 썩게 하다.'를 의미하므로 옳지 않다. '걱정이나 근심 따위로 마음이 몹시 괴로운 상태가 되게 만들다.'를 의미하는 '썩이다'가 옳다. (참고로 둘 다 '썩다'의 사동사이다.)

오답풀이) ① '바르게, 반듯하게'의 의미로 옳다.
② '삭이다'는 분한 마음을 가라앉힘을 의미하므로 옳다. (삭이다 = 발효시키다)
③ '지그시'는 '「1」 슬며시 힘을 주는 모양.'을 의미하므로 옳다. (지긋이=나이가 비교적 많아 듬직하게)

35 다음 중 밑줄 친 어휘의 쓰임이 적절하지 않은 것은?

2015. 국회직 8급

① 그 저서는 저자의 해박함을 <u>방증</u>하는 역작이다.
   그 논리의 오류를 입증할 수 있는 <u>반증</u>을 제시해 보십시오.
② 식당 앞에 '안주 <u>일체</u>'라는 문구가 보였다.
   면회 시간 외에 출입을 <u>일절</u> 금하오니, 협조해 주시기 바랍니다.
③ 공과 사는 <u>구분</u>해야 합니다.
   역사는 고대, 중세, 근대, 현대 등으로 <u>구별</u>할 수 있다.
④ 사랑과 동정을 <u>혼동</u>하지 마세요.
   언어생활의 <u>혼돈</u>을 초래하는 무분별한 외국어 사용은 자제하자.
⑤ 그는 입술을 <u>지그시</u> 깨물고 굳게 결심했다.
   <u>지긋이</u> 나이 들어 보이는 중년 신사의 중후함이 보기 좋다.

정답풀이) 공과 사는 구별 : '구별'은 '성질이나 종류에 따라 차이가 남. 또는 성질이나 종류에 따라 갈라놓음.'을 의미한다.
역사는 ~ 등으로 구분할 수 있다 : '구분'은 '일정한 기준에 따라 전체를 몇 개로 갈라 나눔.'을 의미한다.

오답풀이) 나머지는 모두 적절하다.
① 방증(傍證) : 주변의 상황을 밝힘으로써 범죄의 증명에 간접적으로 도움이 되는 증거
반증(反證) : 어떤 사실이나 주장에 대해 증거를 들어 그것을 부정하는 일. 또는 그 증거
② '일체(= 모두, 전부)'는 긍정적인 문맥에 '일절'은 부정적인 문맥에 쓰인다. '일체'는 '모든 것, 온갖 사물, 통틀어서, 모두'를 의미한다. '일절(= 전혀)'은 '사물을 부인하거나 행위를 금지할 때 씀'을 의미하는 것으로 존재 자체가 부정된다. 따라서 '안주 일체', '일절 금함'으로 표현해야 한다.
④ 혼동(混同) : A(사랑)와 B(동정)를 구별하지 못하고 뒤섞어서 생각함.
혼돈(混沌/渾沌) : (언어 생활이) 마구 뒤섞여 있어 갈피를 잡을 수 없음.
⑤ 지그시 : 「1」 슬며시 힘을 주는 모양
지긋이 : 나이가 비교적 많아 듬직하게

Answer

34 ③ 35 ③

MEMO

박혜선의 亦功국어

콤팩트
어문규정

PART

04

한글 맞춤법
- 띄어쓰기

제1절	조 사

제41항 | 조사는 그 앞말에 붙여 쓴다.

1. 조사의 연속

학교에서처럼, 나에게만이라도, 여기서부터입니다, 아이까지도

2. 어미 뒤 조사

말하면서까지도, 사과하기는커녕, 먹을게요, 놀라기보다는, 맑군그래, 오는군요

🧴 떠먹여 주는 **출.종.포** 제41항 조사(보조사)

1. 같이	예 찐빵같이 생긴 조카
2. 밖에	예 철수는 영희밖에 모른다. (없다.)
3. 는커녕	예 그는 웃기는커녕 날 보지도 않았다.
4. 그래(그려)	예 그녀가 이미 떠났네그려.
5. 치고	예 처음치고 시험을 잘 보았다.
6. 깨나	예 철수는 돈깨나 있겠다.
7. 이나마	예 이것이나마 있는 게 다행이다.
8. 라고	예 그녀는 "사랑해"라고 속삭였다.
9. 마다	예 눈이 마주칠 때마다 인사를 했다.

제2절 의존 명사, 단위를 나타내는 명사 및 열거하는 말 등

제42항 | 의존 명사는 띄어 쓴다.

떠먹여 주는 **출.좋.포** 제42항 최고 많이 나오는 의존명사

그가 집을 떠난 <u>지</u> 오래되었다.

그가 10년 <u>만</u>에 돌아왔다.

나를 사랑하는 <u>만큼</u> 원을 크게 그려 봐.

그는 밥을 먹은 <u>데</u>를 기억하지 못한다.

꼬마는 잘 모르겠다는 <u>듯이</u> 눈만 껌벅이고 있었다.

제43항 | 단위를 나타내는 명사는 띄어 쓴다.

사과 한 <u>개</u> / 금 서 <u>돈</u>   북어 한 쾌 / 조기 한 <u>손</u>
집 두 <u>채</u> / 연필 한 <u>자루</u>   십이 개월 / <u>두 시간</u>

떠먹여 주는 **출.좋.포** 제43항 순서를 나타내는 단위 명사는 붙여 쓸 수 있다.

1. 삼 학년(원칙), 삼학년(허용) / 육 층(원칙), 육층(허용) / 제일 과(원칙), 제일과(허용)

2. **연월일**
   예 일천구백팔십팔 년 오 월 이십 일(원칙), 일천구백팔십팔년 오월 이십일(허용)

   > 단, 흐르는 시간은 무조건 띈다.
   > 예 나라를 구하는 데 <u>일천구백팔십팔 년</u>이 흘렀다.
   >   합격하는 데 <u>오 개월</u>이 걸렸다.
   >   그 사람과 <u>이십 일</u> 귀었다.

3. **시각**
   예 두 시 삼십 분 오 초(원칙) / 두시 삼십분 오초(허용)

   > 단, 흐르는 시간은 무조건 띈다.
   > 예 밥을 하는 데 <u>두 시간</u>이 걸렸다.
   >   안 온 지 <u>삼십 분</u>이나 되었다.
   >   <u>오 초</u> 만에 뛰어 와라.

😊 숫자와 함께 쓰이는 '몇, 수' 등
은 숫자에 붙여 쓴다.
예 몇백 년, 수천 개

다만, 아라비아 숫자를 나타내는 경우도 붙여 쓸 수 있다.

예 80 원(원칙), 80원(허용) / 10 개(원칙), 10개(허용) / 7 미터(원칙), 7미터(허용)

[Q1] 띄어쓰기가 옳은 것에 ○표 하시오.

열 명 / 열명	소주 세 병 / 소주 세병
십팔 세기 / 십팔세기	개 네 마리 / 개 네마리
십층 / 십 층	육학년 / 육 학년
제삼 장 / 제삼장 / 제 삼장	
여덟 시 오십구 분 팔 초 / 여덟시 오십구분 팔초	
여덟 시간 / 여덟시간	
이천이십일 년 걸렸다. / 이천이십일년 걸렸다.	
올해는 이천이십일 년이다. / 올해는 이천이십일년이다.	
오 월 이십 일 / 오월 이십일	다섯 개월 / 다섯개월

[Q1] 띄어쓰기가 옳은 것에 ○표 하시오.

열 명 / 열명	소주 세 병 / 소주 세병
십팔 세기 / 십팔세기	개 네 마리 / 개 네마리
십층 / 십 층	육학년 / 육 학년
제삼 장 / 제삼장 / 제 삼장	
여덟 시 오십구 분 / 여덟시 오십구분	
여덟 시간 / 여덟시간	
이천이십일 년 걸렸다. / 이천이십일년 걸렸다.	
올해는 이천이십일 년이다. / 올해는 이천이십일 년이다.	
오 월 이십 일 / 오월 이십일	다섯 개월 / 다섯개월

제44항| 수를 적을 적에는 '만(萬)' 단위로 띄어 쓴다.

십이억 삼천사백오십육만 칠천팔백구십팔
12억 3456만 7898

제45항| 두 말을 이어 주거나 열거할 적에 쓰이는 말들은 띄어 쓴다.

국장 겸 과장   책상, 걸상 등이 있다.   사과, 배 등속
열 내지 스물   이사장 및 이사들   부산, 광주 등지
청군 대 백군   사과, 배, 귤 등등

[Q2] 띄어쓰기가 옳은 것에 ○표 하시오.

<u>청군 대 백군</u> / 청군대 백군

<u>국장 겸 과장</u> / 국장겸 과장

<u>책상, 걸상 등이 있다.</u> / 책상, 걸상등이 있다.

사과, 배, 귤 등 등 / <u>사과, 배, 귤 등등</u> / 사과, 배, 귤등등

[Q2] 띄어쓰기가 옳은 것에 ○표 하시오.

청군 대 백군 / 청군대 백군

국장 겸 과장 / 국장겸 과장

책상, 걸상 등이 있다. / 책상, 걸상등이 있다.

사과, 배, 귤 등 등 / 사과, 배, 귤 등등 / 사과, 배, 귤등등

제46항 | 단음절로 된 단어가 연이어 나타날 적에는 붙여 쓸 수 있다.

좀더 큰것 　　　　　　　이말 저말 　　　　　　　한잎 두잎

🧴 떠먹여 주는 😊.😊.😊 **제46항 셋 이상 연속되는 단음절 단어의 띄어쓰기**

1. 의미단위를 고려하여 ❶____ 개의 음절만 붙일 수 있다.

원칙	허용	×
좀 더 큰 이 새 차	좀더 큰 이 새차	좀더큰 이새차
내 것 네 것	내것 네것	내것네것
물 한 병	물 한병	물한병

2. 아래의 것들은 붙여 쓸 수 없다.

원칙	×
더 못 가.	더못 가. 더 못가. 더못가.
잘 안 와.	잘안 와. 잘 안와. 잘안와.
늘 더 자.	늘더 자. 늘 더자. 늘더자.

떠먹여 주는 😊.😊.😊

❶ 두

[**Q3**] 띄어쓰기가 옳은 것에 ○표 하시오.

좀 더 큰 이 새 차 / 좀더 큰 이 새차 / 좀더 큰이 새차

내 것 네 것 / 내것 네것

물 한 병 / 물 한병 / 물한병 / 물 한 병

그 옛 차 / 그 옛차 / 그옛 차

더 못 가 / 더못 가 / 더 못가

잘 안 와 / 잘안 와 / 잘 안와

늘 더 자 / 늘더 자 / 늘 더자

[**Q3**] 띄어쓰기가 옳은 것에 ○표 하시오.

좀 더 큰 이 새 차 / 좀더 큰 이 새차 / 좀더 큰이 새차

내 것 네 것 / 내것 네것

물 한 병 / 물 한병 / 물한병 / 물 한 병

그 옛 차 / 그 옛차 / 그옛 차

더 못 가 / 더못 가 / 더 못가

잘 안 와 / 잘안 와 / 잘 안와

늘 더 자 / 늘더 자 / 늘 더자

해설

떠내려∨가∨버렸다(×) → 떠내려 가∨버렸다(○) : 이 문장에서 '버리 다'는 보조 용언이다. 보조 용언은 띄어 씀을 원칙으로 하되, 경우에 따 라 붙여 씀도 허용한다. 다만 앞말이 합성 동사인 경우 그 뒤에 오는 보조 용언은 무조건 띄어 써야 한다. '떠 내려가다'는 합성 동사이므로 '떠내 려가∨버렸다'로만 써야 한다.

🔒 ③

오답풀이 ① '꺼져∨간다'(원칙), 꺼 져간다(허용) 모두 인정한다. : '꺼 지어 간다'로서 '-아/-어+보조 용 언' 구성이므로 띄는 것이 원칙이나 붙여 씀도 허용하는 것이다.

② 아는∨척한다(원칙), 아는척한다 (허용) 모두 인정한다. : '척하다'는 보조 용언이다. '보조 용언(의존 명 사+-하다/싶다)' 구성이므로 띄는 것이 원칙이나 붙여 씀도 허용하는 것이다.

④ 올∨듯도∨하다(○) : [올듯도하 다(×)] 원래 '듯하다'는 하나의 보조 형용사로 붙어 있으나, 의존 명사 '듯' 뒤에 조사가 붙을 때에는 붙여 쓰지 않는다. (올∨만도 ∨하다, 갈 ∨성도∨싶다.)

제 3 절 보조 용언

최빈출 亦功 **기출**

다음 중 띄어쓰기가 옳지 않은 것은? ²⁰¹⁹. 서울시 9급(2차)

① 불이 꺼져 간다.

② 그 사람은 잘 아는척한다.

③ 강물에 떠내려 가 버렸다.

④ 그가 올 듯도 하다.

제47항 | 보조 용언은 띄어 씀을 원칙으로 하되, 경우에 따라 붙여 씀도 허용한다.

원래는 본용언과 보조 용언은 띄어 쓰는 것이 원칙이다.

떠먹여 주는 출.흥.포 제47항 본용언과 보조 용언의 띄어쓰기

1. 본용언과 보조 용언 : 일반적으로 띄는 것이 원칙이다.

2. 본용언과 보조 용언을 붙여 쓰는 것이 허용되는 경우
   (1) 연결어미 '-아/-어'로 연결

원칙(○)	허용(○)
먹어∨보았다.	먹어보았다.
먹어∨간다.	먹어간다.
먹어∨버렸다.	먹어버렸다.

   심화 단, 본용언 뒤에 조사가 붙는 경우라면 무조건 띄어야 한다.

원칙(○)	틀림(×)
먹어도∨보았다.	먹어도보았다.
먹어만∨간다.	먹어만간다.

   (2) '관형사형 어미＋보조 용언(의존 명사＋-하다/싶다)'

원칙(○)	허용(○)
아는∨체하다.	아는체하다.
올∨듯하다.	올듯하다.
겨룰∨만하다.	겨룰만하다

   심화 단, 의존 명사 뒤에 조사가 붙는 경우라면 앞뒤를 무조건 띄어야 한다.

원칙(○)	틀림(×)
아는∨체를∨한다.	아는체를∨한다. 아는체를한다.
올∨듯도∨하다.	올듯도∨하다. 비가 올듯하다.
겨룰∨만은∨하다.	겨룰만은∨하다. 겨룰만은하다.

   (3) '명사형＋보조 용언' 구성

원칙(○)	허용(○)
먹었음∨직하다	먹었음직하다

3. 본용언이 복합어 : 무조건 띄어야 한다.

원칙(○)	틀림(×)
공부해∨보아라.	공부해보아라
집어넣어∨둔다.	집어넣어둔다.
쫓아내∨버렸다.	쫓아내버렸다.
매달아∨놓는다.	매달아놓는다.
파고들어∨본다.	파고들어본다.

4. '본-보조-보조'의 구성 : 앞의 '본용언-보조 용언'만 붙여 쓸 수 있다.

원칙(○)	허용(○)	틀림(×)
적어∨둘∨만하다.	적어둘∨만하다.	적어∨둘만하다.
읽어∨볼∨만하다.	읽어볼∨만하다.	읽어∨볼만하다.
되어∨가는∨듯하다.	되어가는∨듯하다.	되어∨가는듯하다

5. '-아/-어 지다'와 '-아/-어 하다': 붙여쓴다.

원칙(O)	틀림(×)
낙서가 <u>지워진다</u>.(<u>써진다</u>. 등등)	낙서가 지워∨진다.(써∨진다. 등등)
아기를 <u>예뻐한다</u>.(<u>그리워하다</u>. 등등)	아기를 예뻐∨한다.(그리워∨하다. 등등)

심화 다만, '-아/-어 하다'가 구(句)에 결합 : 띄어 쓴다.

원칙(O)	틀림(×)
먹고∨<u>싶어</u>∨하다.	먹고∨싶어하다.
마음에∨<u>들어</u>∨하다.	마음에∨들어하다.
내키지∨<u>않아</u>∨하다.	내키지∨않아하다.

[**Q4**] 띄어쓰기가 옳은 것에 ○표 하시오.

집에 (<u>가 보았다</u> / <u>가보았다</u>).

일이 (<u>될 법하다</u> / <u>될법하다</u>).

그 일은 (<u>할 만하다</u> / <u>할만하다</u>).

<u>아는 체하다</u>, 아는체하다

<u>알은 체하다</u>, <u>알은체하다</u>(합성어)

비가 (<u>올 듯도하다</u> / <u>올 듯도 하다</u> / 올듯도 하다).

<u>울었음 직하다</u>, 울었음직하다

직접 (<u>먹어도 보았다</u> / 먹어도보았다).

그녀가 (<u>도착할 성싶다</u> / 도착할성싶다).

<u>파고들어 본다</u>. / 파고들어본다.

<u>공부해 보아라</u>, 공부해보아라

<u>집어넣어 둔다</u>. / 집어넣어둔다.

<u>적어 둘 만하다</u>, <u>적어둘 만하다</u>, 적어둘만하다, 적어 둘만하다

<u>되어 가는 듯하다</u>, <u>되어가는 듯하다</u>, 되어가는듯하다

[Q4] 띄어쓰기가 옳은 것에 ○표 하시오.

집에 (가 보았다 / 가보았다).

일이 (될 법하다 / 될법하다).

그 일은 (할 만하다 / 할만하다).

아는 체하다, 아는체하다

알은 체하다, 알은체하다

비가 (올 듯도하다 / 올 듯도 하다 / 올듯도 하다).

울었음 직하다, 울었음직하다

직접 (먹어도 보았다 / 먹어도보았다).

그녀가 (도착할 성싶다 / 도착할성싶다).

파고들어 본다. / 파고들어본다.

공부해 보아라, 공부해보아라

집어넣어 둔다. / 집어넣어둔다.

적어 둘 만하다, 적어둘 만하다, 적어둘만하다, 적어 둘만하다

되어 가는 듯하다, 되어가는 듯하다, 되어가는듯하다

제4절 고유 명사 및 전문 용어

제48항 | 성과 이름, 성과 호 등은 붙여 쓰고, 이에 덧붙는 호칭어, 관직명 등은 띄어 쓴다.

김양수(金良洙)　　　　　채영신 씨　　　　　　퇴계 이황 (이퇴계)
최치원 선생　　　　　　충무공 이순신 장군 (이충무공)

다만, 성과 이름, 성과 호를 분명히 구분할 필요가 있을 경우에는 띄어 쓸 수 있다.
남궁억 (원칙) / 남궁 억 (허용)
독고준 (원칙) / 독고 준 (허용)
황보지봉(皇甫芝峰) (원칙) / 황보 지봉 (허용)

제49항 | 성명 이외의 고유 명사는 단어별로 띄어 씀을 원칙으로 하되, 단위별로 붙여 쓸 수 있다.
(ㄱ을 원칙으로 하되, ㄴ을 허용함.)

ㄱ(○)

대한 중학교
한국 대학교 사범 대학
한국 대학교 의과 대학 부속 병원

ㄴ(○)

대한중학교
한국대학교 사범대학
한국대학교 의과대학 부속병원

≫ 산 이름, 강 이름, 산맥 이름, 평야 이름, 고원 이름 등은 굳어진 지명이므로 띄어 쓰지 않는다.
예 북한산, 에베레스트산 / 영산강, 미시시피강 / 소백산맥, 알프스산맥 / 나주평야, 화베이평야 / 개마고원, 티베트고원

[Q5] 띄어쓰기가 옳은 것에 ○표 하시오.

박혜선, 박 혜선, 박혜선 씨, 박혜선씨	
이퇴계, 이 퇴계	
부부의 날, 부부의날	즐거운 노래방, 즐거운노래방
알프스산맥, 알프스 산맥	티베트고원, 티베트 고원
미시시피강, 미시시피 강	
한국 대학교 의과 대학 부속 병원, 한국대학교 의과대학 부속병원, 한국대학교의과대학 부속병원	

[Q5] 띄어쓰기가 옳은 것에 ○표 하시오.

박혜선, 박 혜선, 박혜선 씨, 박혜선씨	
이퇴계, 이 퇴계	
부부의 날 , 부부의날	즐거운 노래방, 즐거운노래방
알프스산맥, 알프스 산맥	
티베트고원, 티베트 고원	
미시시피강, 미시시피 강	
한국 대학교 의과 대학 부속 병원, 한국대학교 의과대학 부속병원, 한국대학교의과대학 부속병원	

제50항ㅣ 전문 용어는 단어별로 띄어 씀을 원칙으로 하되, 붙여 쓸 수 있다.
(ㄱ을 원칙으로 하되, ㄴ을 허용함.)

ㄱ(○)	ㄴ(○)
만성 골수성 백혈병	만성골수성백혈병
중거리 탄도 유도탄	중거리탄도유도탄

떠먹여 주는 **흄.흄.꾶** 제50항 붙여야 하는 어미와 접사

1. 어미

① ㄹ수록 예 사랑할수록 니가 미워진다.

② ㄹ뿐더러 예 합격하면 돈도 벌뿐더러 편하다.

③ 고말고(다마다) 예 그럼! 가고말고(가다마다)

2. 접두사

제(第) : '그 숫자에 해당되는 차례'의 뜻을 더하는 접두사

예 제일 차 세계대전 / 제3 분과

3. 접미사

① **여(餘)** : '그 수를 넘음'의 뜻을 더하는 접미사

예 이십여 년을 기다렸다.

② **순(順)** : '차례'의 뜻을 더하는 접미사

예 도착순, 나이순, 키순, 성적순, 가나다순

③ **차(次)** : '목적'의 뜻을 나타내는 접미사

예 인사차 방문하다, 연구차 외유하다, 사업차 지방 출장을 가다.

④ **꼴** : '그 수량만큼 해당함'의 뜻을 더하는 접미사

예 100원꼴로 가져가라.

⑤ **당(當)** : '마다'의 뜻을 더하는 접미사

예 고등어가 마리당 삼천 원입니다.

⑥ **백** : '말씀드리다'는 뜻을 더하는 접미사

예 주인백

⑦ **가량(假量)** : '정도'의 뜻을 더하는 접미사

예 10%가량, 한 시간가량, 30세가량

⑧ **짜리** : '그만한 수나 양을 가진 것' 또는 '그만한 가치를 가진 것'의 뜻을 더하는 접미사

예 열 살짜리 아이가 울고 있었다.

⑨ **어치** : '그 값에 해당하는 분량'의 뜻을 더하는 접미사

예 한 푼어치 없는 녀석

⑩ **상(上)** : '그것과 관계된 입장' 또는 '그것에 따름'의 뜻을 더하는 접미사

예 관계상 / 절차상 / 사실상 / 외관상, 인터넷상 / 지구상의 생물

⑪ **하(下)** : '그것과 관련된 조건이나 환경'의 뜻을 더하는 접미사

예 식민지하, 원칙하, 지배하

⑫ **씩** : '그 수량이나 크기로 나뉘거나 되풀이됨'의 뜻을 더하는 접미사

예 하나씩 먹어라.

기타 의존 명사의 띄어쓰기
- ★ 그곳에 갈 수 있다.
- ★ 학교에 갈 줄 안다.
- 네 따위가 뭘 안다고
- 그럴 리가 없다.
- 이게 다 너 때문이다.
- ★ 여행 시 주의 사항
- 내 딴은 모두 설명했다.
- ★ 학기 초, 학기 말
- ★ 시간 내, 필기도구 외
- 얼이 빠진 양 구경하다.
- 노루를 산 채로 잡았다.
- 잘난 체(척)하다.
- 토할 듯 말 듯
- 좋을 터인데.

1. 1순위 빈출 띄어쓰기

만	의존 명사	시간, 거리, 횟수를 나타내는 말 예 떠난 지 사흘 만에 돌아왔다. / 세 번 만에 시험에 합격했다.
	조사	• 다른 것으로부터 제한하여 어느 것을 한정함. 예 하나만 알고, 둘은 모른다. / 이것은 그것만 못하다. • 앞말이 나타내는 정도에 달함. 예 집채만 한 파도가 몰려온다. 청군이 백군만 못하다. 안 가느니만 못하다.
지	의존 명사	지금까지의 동안을 나타냄. (시간의 경과) 예 그를 만난 지도 꽤 오래되었다. 집을 떠나온 지 어언 3년이 지났다.
	어미	어미의 일부 (-ㄴ지, -ㄹ지) 예 집이 큰지 작은지 모르겠다. / 어떻게 해야 할지 모르겠다.
데	의존 명사	'곳'이나 '장소', '일'이나 '것', '경우'의 뜻을 나타냄. 예 지금 가는 데가 어디인데? / 그 책을 다 읽는 데 삼 일이 걸렸다. 사람을 돕는 데 애 어른이 어디 있겠습니까? / 머리 아픈 데 먹는 약 이 그릇은 귀한 거라 손님을 대접하는 데 쓴다.
	어미	연결 또는 종결 어미로 쓰이는 '-ㄴ데' 예 여기가 우리 고향인데 인심 좋고 경치 좋은 곳이지. 나무가 정말 큰데 대체 몇 살인 걸까?
바	의존 명사	'~니까'를 넣었을 때 말이 안 됨. 예 평소에 느낀 바를 말해라. / 어찌할 바를 모르다. 어차피 매를 맞을 바에는 먼저 맞겠다.
	어미	'~니까'를 넣었을 때 말이 됨. 예 서류를 검토한바 몇 가지 미비한 사항이 발견되었다. / 그는 나와 동창 인바 그를 잘 알고 있다. / 너의 죄가 큰바 응당 벌을 받아야 한다.
망정	의존 명사	괜찮거나 잘된 일이라는 뜻을 나타냄. 예 그 집은 마침 네 눈에 띄었기에 망정이다.
	어미	'-ㄹ망정' 연결 어미 예 머리는 나쁠망정 손은 부지런하다.
같이	부사격 조사	체언 뒤 예 얼음장같이 차가운 방바닥 / 눈같이 흰 박꽃
	부사	뒤의 용언을 수식 예 친구와 같이 사업을 하다. / 모두 같이 갑시다.
밖에	보조사	'그것 말고는', '그것 이외에는', '피할 수 없는'의 뜻을 지님. (보통 뒤에 부정어가 옴) 예 공부밖에 모르는 학생. 널 사랑할 수밖에 없다.
	명사+조사	'바깥'을 넣었을 때 말이 됨. 예 교실 밖에 그가 와 있다. 시험 범위 밖에 있는 단원이다.
	어미	-ㄹ밖에(='-ㄹ 수밖에'의 준말) 예 선생님이 시키는데 할밖에 없다. 어른들이 다 가시니 나도 갈밖에.

'같은'은 '같다'의 활용형이므로 반드시 띄어야 한다.

씨(氏)	의존 명사	특정인 뒤 예 그 일은 김 씨가 맡기로 했네. 길동 씨, 홍길동 씨
	접미사	'그 성씨 자체', '그 성씨의 가문이나 문중' 예 김씨, 이씨, 박씨 부인
간(間)	의존 명사	'한 대상에서 다른 대상까지의 사이'나 '둘 사이' 또는 '어느 경우든지 관계없이'의 뜻을 나타냄. 예 서울과 광주 간 열차 / 부모 자식 간에 / 음식을 먹든지 말든지 간에
	합성어	부부간, 부자간, 부녀간, 모자간, 모녀간 / 고부간 / 동기간, 인척간 / 피차간, 좌우간, 조만간, 국제간, 천지간
		단, 부모∨간, 자식∨간(혈육∨간) / 친구∨간, 친척∨간 / 국가∨간, 남녀∨간
	접미사	'동안'의 뜻을 나타냄. 예 이틀간 / 한 달간

2. 자주 나오는 한 글자 띄어쓰기

시	의존 명사	(일부 명사나 어미 '-을' 뒤에 쓰여) 어떤 일이나 현상이 일어날 때나 경우 예 비행 시에는 휴대 전화를 사용하면 안 된다. 규칙을 어겼을 시에는 처벌을 받는다. 여행 시 주의사항
	접미사	'그렇게 여김.'·'그렇게 봄.'의 뜻을 나타냄. 예 등한시, 백안시, 적대시
초(初)	의존 명사	어떤 기간의 처음이나 초기 예 학기 초, 조선 초, 20세기 초, 내년 초
중(中)	의존 명사	1. 여럿의 가운데 2. 무엇을 하는 동안 예 회의 중, 건설 중 / 꽃 중의 꽃 / 임신 중, 수감 중 / 그는 오늘내일 중으로 출국할 예정이다. / 공기 중에 떠다니는 바이러스
	합성어	예 무의식연중 / 한밤중 / 은연중 / 부재중
말(末)	의존 명사	어떤 기간의 끝이나 말기 예 학기 말, 조선 말, 20세기 말, 내년 말
내(內)	의존 명사	일정한 범위의 안 예 범위 내, 건물 내, 일주일 내
	부사화 접미사	그 기간의 처음부터 끝까지 예 봄내, 여름내, 저녁내
외(外)	의존 명사	일정한 범위나 한계를 벗어남. 예 그 외에 다른 것은 필요 없다. / 병실에 가족 외의 사람은 출입을 제한한다.
판	의존 명사	승부를 겨루는 일을 세는 단위성 의존 명사 예 바둑 한 판 두자. / 장기를 세 판이나 두었다.
	합성어의 어근	예 노름판 / 씨름판 / 웃음판

차(次)	의존 명사	• '-던 차에', '-던 차이다' 구성으로 쓰이는 의존 명사 　예 고향에 갔던 차에 선을 보았다. / 마침 가려던 차였다. • (주로 한자어 수 뒤에 쓰여) '번', '차례'의 뜻을 나타냄. 　예 제일 차 세계 대전 / 그들은 선생님 댁을 수십 차 방문했다. • (일정한 기간을 나타내는 명사구 뒤에 쓰여) 주기나 경과의 해당 시기를 나타냄. 　예 입사 3년 차 / 결혼 10년 차에 내 집을 장만했다.
	접미사	체언 뒤에서 목적의 뜻을 나타냄. 　예 인사차 들렀다. / 사업차 왔다. / 연구차 입학했다.

3. 원리만 알면 쉬운 띄어쓰기

만큼	의존 명사	관형사형 어미 '-는/ㄴ/ㄹ/던' 뒤 　예 볼 만큼 보았다. / 애쓴 만큼 얻는다.
	조사	체언 뒤 　예 중학생이 고등학생만큼 잘 안다. / 키가 전봇대만큼 크다.
듯	의존 명사	관형사형 어미 '-는/ㄴ/ㄹ/던' 뒤 　예 아기는 아버지를 빼다 박은 듯 닮았다. / 잠을 잔 듯 만 듯 정신이 하나도 없다. 　안타깝게도 수돗물은 나올 듯 나올 듯 하면서도 나오지 않았다.
	어미	어간 바로 뒤 　예 땀이 비 오듯 하다. / 그는 물 쓰듯 돈을 쓴다. 　내가 전에도 말했듯 저 앤 정말 공을 잘 차.
대로	의존 명사	관형사형 어미 '-는/ㄴ/ㄹ/던' 뒤 　예 아는 대로 말한다. / 예상했던 대로 시험 문제는 까다로웠다.
	조사	체언 뒤 예 법대로 / 약속대로
뿐	의존 명사	• 관형사형 어미 '-는/ㄴ/ㄹ/던' 뒤 　예 웃을 뿐이다. / 만졌을 뿐이다. • ('-다 뿐이지' 구성으로 쓰여) 오직 그렇게 하거나 그러하다는 것을 나타내는 말 　예 이름이 나지 않았다 뿐이지 참 성실한 사람이다.
	조사	체언이나 부사어 뒤 　예 남자뿐이다 / 셋뿐이다 / 학교에서뿐만 아니라 집에서도
들	의존 명사	두 개 이상의 사물을 열거하는 구조에서 '그런 따위'란 뜻을 나타냄. 　예 쌀, 보리, 콩, 조, 기장 들을 오곡(五穀)이라 한다.
	접미사	체언 뒤 　예 남자들 / 학생들

4. 준말의 띄어쓰기

거	의존 명사	건(것은), 거야(것이야), 게(것이), 걸(것을) ◉ 내가 갈 걸(=것을) 알고 있었어? 　나에게 좀 줘봐. 맛있게 먹을 걸(=것을). 　나 그 일을 할거야(=것이야) 　말할 게(=것이) 그뿐이니?
	어미	'-ㄹ걸'의 일부 (추측, 후회) ◉ 혜선 쌤 돼지라서 지금 밥 먹을걸. 처음부터 혜선 쌤 강의 들을걸.
터	의존 명사	(어미 '-을' 뒤에 쓰여) '예정'이나 '추측', '의지'의 뜻을 나타냄. ◉ 내일 갈 터이니(=테니) 그리 알아라. 　시장할 터인데(=텐데) 어서 들어라.

떠먹여 주는 출.좋.포 자주 나오는 구와 합성어의 띄어쓰기

1. '한 번' '한번' : '두 번'을 넣었을 때 문장의 의미가 어색해지면 '한번'이 옳다.

구(한 번)	합성어(한번)
• 한 번 두 번 하다 보면 실력이 늘 것이다.	▶ '두 번'을 넣었을 때 이상함. • 한번은 그런 일도 있었지. 　(「명사」 지난 어느 때나 기회) • 이 문제를 한번 잘 생각해 봐. 　(「부사」 어떤 일을 시험 삼아 시도함을 나타내는 말) • 시간 날 때 낚시나 한번 갑시다. 　(「부사」 기회 있는 어떤 때에) • 동네 인심 한번 고약하구나. 　(「부사」 어떤 행동이나 상태를 강조하는 뜻을 나타내는 말) 　• 한번 먹으면 멈출 수 없는 맛이다. 　(「부사」 일단 한 차례)

2. '안 되다' '안되다' : 제3의 의미를 갖는 '안되다'

구(안 되다)	합성어(안되다)	
• 철수는 연예인이 안 되었다. ▶ 100% 되지 않는 경우 • 조용히 해야 하니 말하면 안 돼 ▶ 금지의 의미	동사	• 공부가 안돼서 잠깐 쉬고 있다. (현6상, 물건 따위가 좋게 이루어지지 않다.) • 학생이 안되기를 바라는 선생님은 없다. (사람이 훌륭하게 되지 못하다.) • 우리 중 안되어도 세 명은 합격할 것 같다. (일정한 수준이나 정도에 이르지 못하다.)
	형용사	• 그것참, 안됐군. (섭섭하거나 가엾어 마음이 언짢다.) • 몸살을 앓더니 얼굴이 많이 안됐구나. (근심이나 병 따위로 얼굴이 많이 상하다.)

3. '잘 되다' '잘되다': 제3의 의미를 갖는 '잘되다'

구(잘 되다)	합성어(잘되다)
철수는 연예인이 웬일로 <u>잘 되었다</u>. ▶ 100% 되는 경우	• 농사가 <u>잘되다</u>. (「동사」 일, 현상, 물건 따위가 좋게 이루어지다.) • 선생님은 늘 학생이 <u>잘되기</u>를 바란다.. (「동사」 사람이 훌륭하게 되지 못하다.) • 우리 중 <u>잘되어야</u> 두 명만이 합격할 수 있다 (「동사」 일정한 수준이나 정도에 이르다.) • 운전면허 시험에 떨어졌다고 하자 사촌 오빠는 <u>잘됐다</u>며 약을 올렸다. (「동사」(반어적으로) 결과가 좋지 아니하게 되다.))

4. '못 되다' '못되다': 제3의 의미를 갖는 '못되다'

구(못 되다)	합성어(못되다)
갑자기 나타나는 것을 보니 양반은 <u>못 되는</u>구나. ▶ 100% 되지 않는 경우	• <u>못되게</u> 굴다. (「형용사」 성질이나 품행 따위가 좋지 않거나 고약하다.) • 그 일이 <u>못된</u> 게 남의 탓이겠어. (「형용사」 일이 뜻대로 되지 않은 상태에 있다.)

5. '못 하다' '못하다': 제3의 의미를 갖는 '못하다'

구(못 하다)	합성어(못하다)
목이 아파서 노래를 <u>못 했다</u>. ▶ 그 순간 못 하는 경우	• 노래를 <u>못한다</u>. (「동사」 어떤 일을 일정한 수준에 못 미치게 하거나, 그 일을 할 능력이 없다.) • 음식 맛이 예전보다 <u>못하다</u>. (「형용사」 비교 대상에 미치지 아니하다.) • 잡은 고기가 <u>못해도</u> 열 마리는 되겠지. (「형용사」 아무리 적게 잡아도) • 그는 그녀를 기다리지 <u>못하였다</u>. ('-지 못하다'의 구성)

6. '잘 하다' '잘하다': 제3의 의미를 갖는 '잘하다'

구(잘 하다)	합성어(잘하다)
목이 나아서 노래방에서 노래를 <u>잘 하다</u> ▶ 그 순간 잘 하는 경우	• 공부를 <u>잘하다</u>. (「동사」 좋고 훌륭하게 하다.) • 그러기에 평소 처신을 <u>잘해야지</u>. (「동사」 옳고 바르게 하다.) • 우리 집 식구들은 외식을 <u>잘한다</u>. (「동사」 버릇으로 자주 하다.) • <u>잘한다</u>! 이제 어떻게 수습할래? (「동사」(반어적으로) 하는 짓이 못마땅하다는 뜻을 나타낸다.) • <u>잘하면</u> 올해도 풍년이 들겠다. (「동사」'운이나 여건 따위가 좋으면', '여차하면'의 뜻을 나타낸다.) • 이 정도 물건이라면 <u>잘해서</u> 3,500원이면 살 수 있다. (「동사」 넉넉잡아서) • 부모에게 <u>잘하다</u>. (「동사」 친절히 성의껏 대하다.)

7. '라고', '하고' : '라고'는 인용을 나타내는 조사이므로 붙여 쓰고, '하고'는 용언 '하다'의 활용형이므로 띄어 쓴다.

> ᴼ 그녀는 "사랑해"라고 속삭였다. / 그녀는 "사랑해" 하고 속삭였다.

8. 아주 헷갈리는 띄어쓰기 모음

구	합성어
	★<u>그동안</u> / 이때, 그때, 접때 / 이날, 그날, 저날 ★<u>이분, 그분, 저분, 여러분</u> / 이이, 그이, 저이 / 이자, 그자, 저자 이곳, 그곳, 저곳 / 이쪽, 그쪽, 저쪽 / 이편, 그편, 저편 / <u>이만큼, 그만큼, 저만큼</u>
★<u>아무것(대명사)</u>/어느새	아무∨사람, 어느∨곳
★<u>그∨밖, 집∨밖,</u>	★<u>창밖, 문밖, 뜻밖</u>
동굴∨속, 학교∨속	★<u>굴속, 물속, 꿈속</u>, 마음속, 가슴속, 숲속, 산속, 땅속, 몸속, 귓속, 뱃속, 머릿속,
★<u>정처∨없다, 후회∨없다</u>, 미련∨없다	★<u>주책없다, 시름없다, 쓸데없다, 보잘것없다, 속절없다,</u> 관계 <u>없다, 상관없다,</u> 하잘것없다, 꾸밈없다, 끊임없다, 거침없다, 그지없다, 끄떡없다, 끊임없다, 두말없다, 빈틈없다, 버릇없 다, 빠짐없다, 사정없다, 소용없다, 아낌없다, 어림없다, 어처 구니없다, 영락없다, 온데간데없다, 올데갈데없다, 인정사정 없다, 힘없다, 열없다
★<u>아는∨체하다(=척하다)</u> (단, '아는체하다'는 허용)	★<u>알은체, 알은척 / 알은체하다 / 알은척하다</u>
★<u>지난∨계절</u>	★<u>지난봄, 지난여름, 지난가을, 지난겨울</u> 지난주, 지난날, 지난밤
이번∨주, 다음∨주, 저번∨주	다음번
새∨옷	새색시(새로 시집온 여자), 새집(새로 지은 집)
큰∨집, 작은∨집	★<u>큰집(맏형의 집), 작은집(아우의 집)</u>
별∨볼일	볼일, 별일
	앞서가다, 뒤로하다, 쩔쩔매다, 농사짓다
	★<u>찾아보다, 찾아오다 / 알아보다, 알아주다 /</u> <u>돌아오다, 돌아가다 / 걸어오다, 걸어가다 /</u> 놀아나다, 놀아먹다 / 굴러오다, 굴러가다, 굴러먹다
	★<u>도와주다, 도와드리다 / 데려다주다, 모셔다주다 /</u> ★<u>물어보다, 여쭈어보다 / ★ 가져다주다, 가져다드리다</u> 알아주다−알아드리다 / 빌려주다−빌려드리다 / 건네주다−건네드리다 / 놓아주다−놓아드리다 / 돌려주다−돌려드리다 / 밀어주다−밀어드리다 / 몰라뵈다, 몰라뵙다 ▶ '−주다'와 결합한 단어가 사전에 등재되어 있는 경우, 이에 대응하 는 '드리다'가 합성어로 등재되지 않더라도 앞말에 붙여 쓴다.
갖은∨고생	갖은것, 갖은양념
외딴∨학교	외딴섬, 외딴집, 외딴길
집채만∨하다	본척만척하다, 대문짝만하다

💬 '합성어'에 '같다'가 있으면 붙여 쓴다.

> ᴼ 한결같다, 전반같다, 꿈같다, 불같다, 감쪽같다, 쏜살같다, 굴뚝같다, 실낱같다, 철석같다, 찰떡같다

PART
04

떠먹여 주는 🄰.🄱.🄲 지울 수 있는 샤프나 연필로 답을 쓰시오.

1. 무조건 나오는 "의존 명사 vs 조사" 구별

» 의존 명사: 앞에 용언의 관형사형이 와서 꾸며 줌.
조사: 앞에 체언이 와서 결합되어 있음.

1. 날 사랑하는 <u>만큼</u> 널 사랑해. / <u>나만큼</u> 널 사랑해.
                  (❶   )   (❷   )

2. 내가 하는 <u>대로</u> 따라해 봐. / <u>나대로</u> 하고 있어.
             (❸   )   (❹   )

3. 열심히 공부했을 <u>뿐</u>이다. / <u>너뿐</u>이다.
                (❺   ) (❻   )

4. 너를 본 지 3년 <u>만</u>이다. / 전교 1등이면 그렇게 공부할 <u>만</u>도 하다.
               (❼   )   (❽   )

5. <u>너만</u> 생각하니? / 너를 생각하는 마음이 집채<u>만</u> 하다.
(❾   )   (❿   )

2. 무조건 나오는 "의존 명사 vs 어미" 구별

» 의존 명사: 앞에 용언의 관형사형이 와서 꾸며 줌.
어미: 앞에 용언의 어간이 결합되어 있음.

1. 그릇까지 먹을 <u>듯이</u> / 거짓말을 밥 먹<u>듯이</u> 하는 그녀
               (⓫   )   (⓬   )

2. 저번에 떡볶이 먹은 <u>데</u>가 어디지? / 거기 맛있었는<u>데</u> 또 가자.
               (⓭   )   (⓮   )

3. 이 돈은 유학 가는 <u>데</u> 쓰일 것이다. / 밥은 있는<u>데</u> 반찬이 없네.
            (⓯   )   (⓰   )

4. 가출한 <u>지</u> 3년 지났다. / 가출이 얼마나 힘들었는<u>지</u> 폭삭 늙었다.
        (⓱   )   (⓲   )

5. 이번에는 내가 한다<u>마는</u>, 다음에는 니가 하렴.
               (⓳   )

3. 무조건 나오는 "의존 명사 vs 접미사" 구별

» 의존 명사: 둘 이상의 사물을 나열한 경우
접미사: 하나의 사물이 여러 개임을 의미하는 경우

1. 사과, 배, 딸기 <u>들</u>을 좋아한다. / 저기 사과<u>들</u>이 먹고 싶다.
           (⓴   )   (㉑   )

떠먹여 주는 🄰.🄱.🄲

1.
❶ 의존 명사 ❷ 조사
❸ 의존 명사 ❹ 조사
❺ 의존 명사 ❻ 조사
❼ 의존 명사 ❽ 의존 명사
❾ 조사 ❿ 조사

2.
⓫ 의존 명사 ⓬ 어미
⓭ 의존 명사 ⓮ 어미
⓯ 의존 명사 ⓰ 어미
⓱ 의존 명사 ⓲ 어미
⓳ 어미

3.
⓴ 의존 명사 ㉑ 접미사

01 띄어쓰기 규정의 '원칙'에 맞게 쓴 것으로 가장 적절한 것은?

2018. 경찰직 3차

① 제주에∨온∨지∨십여∨년이∨됐다.
② 지금∨부터는∨오는∨대로∨입장해야∨한다.
③ 그밖의∨사안은∨차기로∨이관하도록∨한다.
④ 이∨방법은∨쇠의∨강도를∨높이는데∨활용될∨것이다.

정답풀이 온∨지 : '지'가 시간과 관련된 의미(지금까지의 동안)인 경우에는 의존명사이므로 앞말과 띄어 써야 한다.
십여∨년이 : '-여(餘)'는 한자로 된 수사 뒤에 붙어, 그 이상이란 뜻을 나타내는 접미사이므로 앞의 어근과 붙여야 한다. '년'은 단위 의존 명사이므로 앞의 관형어 '십여'와 띄어 쓰는 것은 옳다.

오답풀이 ② '지금∨부터는'(×) : '지금부터는'이 옳다. '부터'는 조사이므로 앞의 체언 '지금'과 붙여야 한다. '오는∨대로'에서 관형어 '오는'과 의존 명사 '대로'는 띄어야 하므로 옳다.
③ '그밖의'(×) : '그∨밖의'가 옳다. '그밖'이 사전에 등재되지 않았으므로 각각의 단어로 띄어 써야 한다.
④ '높이는데'(×) : '높이는∨데'가 옳다. '것에'를 넣었을 때 말이 되므로 '데'는 의존명사이다. 따라서 관형어 '높이는'과 띄어 써야 한다.

02 다음 중 띄어쓰기가 옳은 것은? (∨는 띄어쓰기 표시)

2018. 기상직 9급

① 그는∨네팔∨인∨셰르파와∨함께∨에베레스트∨산∨등정에∨성공하였다.
② 그가∨십여∨년∨만에∨고국을∨찾아∨온∨것은∨매우∨큰∨사건이었다.
③ 그는∨이틀∨간∨집에∨머물렀고,∨그동안∨한∨끼도∨밥을∨먹지∨않았다.
④ 그는∨꿈속의∨기억이∨너무도∨생생해서∨지금도∨눈에∨떠오르는∨듯했다.

정답풀이 꿈속의(○) : '꿈속'은 하나의 단어로 사전에 등재된 합성어이므로 붙여야 하므로 옳다.
떠오르는∨듯했다.(○) : '듯하다' 앞의 관형어 '떠오르는'과 띄어 쓰는 것은 옳다.

오답풀이 ① 네팔∨인(×) : '네팔인'이 옳다. '-인(人)'은 '사람'을 뜻하는 접미사이므로 붙이는 것이 옳다.
에베레스트∨산(×) : '에베레스트산'이 옳다. '해(海), 섬, 강(江), 산(山), 산맥(山脈), 고원(高原), 평야(平野)' 등은 앞이 외래어든 고유어이든 한자어이든 모두 붙여 써야 한다.
② 찾아∨온(×) : '찾아온'이 옳다. '찾아오다'는 하나의 단어로 사전에 등재된 합성어이므로 붙여야 한다.
십여∨년∨만에(○) : '-여(餘)'는 한자로 된 수사 뒤에 붙어, 그 이상이란 뜻을 나타내는 접미사이므로 앞의 어근과 붙여야 한다. '만'은 '앞말이 가리키는 동안'을 나타내는 의존명사이므로 앞말과 띄어 쓰는 것이 옳다.
③ 이틀∨간(×) : '이틀간'이 옳다. '-간(間)'은 '동안'의 뜻을 더하는 접미사이므로 붙여 써야 한다. 아래의 의미가 아닌 경우에는 의존명사 '간(間)'임에 유의해야 한다.

03 다음 중 띄어쓰기가 가장 적절한 것은?

2018. 경찰직 2차

① 최정상급으로∨이루어∨진∨시립교향악단이∨곧∨정기∨공연을∨한다.
② 제∨2분과∨회의가∨끝났으니∨이제∨자리를∨뜨는∨것이∨좋을∨성싶다.
③ 경찰∨조사를∨통해∨진상을∨들은바∨그것은∨사실이∨아님이∨드러났다.
④ 그∨사람은∨오직∨졸업장을∨따는데∨목적이∨있는∨듯∨전공∨공부에는∨전혀∨관심이∨없다.

정답풀이 들은바(○) : '-ㄴ바'는 '-니까'를 의미하는 어미이다. '-ㄴ바'가 나오는 경우에는 '-니까'를 넣어서 말이 되면 어미이고 말이 어색하면 '바'는 의존명사이므로 앞과 띄어 써야 한다.

오답풀이 ① 이루어∨진(×) → 이루어진(○) : '-아/-어지다', '-아/-어하다'는 항상 앞말에 붙여 쓰는 보조 동사이다. '이루어지다 – 이루어진', '예뻐하다 – 예뻐한'처럼 앞말과 붙여 써야 한다.
시립∨고향∨악단(○) 시립교향악단(○) : 단어별로 띄어 쓰는 것이 원칙이나 하나의 명칭으로 굳어 보아 '시립교향악단'처럼 붙여 쓰는 것도 허용한다.

Answer

01 ① **02** ④ **03** ③

② 제∨2분과(×) → 제2∨분과(○) , 제2분과(○) : '제-'는 그 숫자에 해당되는 차례'의 뜻을 더하는 접두사이므로 반드시 뒷말과 붙여 써야 한다. '분과' 앞은 띄는 것이 원칙이지만 차례(순서)이므로 붙임도 허용한다.

좋을∨성싶다.(원칙 : ○) 좋을성싶다.(허용 : ○) : 관형어와 '의존 명사 + 하다(싶다)'의 경우 관형어와 '의존 명사+하다(싶다)' 사이를 띄는 것이 원칙이지만 붙임도 허용한다.

④ 따는데 (×) → 따는∨데 (○) : '데'에 '것에'를 넣었을 때 말이 되므로 '데'는 의존명사이므로 앞의 관형어 '따는'과 띄어 써야 한다.

04 다음 중 띄어쓰기가 가장 적절한 것은? (단, ∨ 표시 없는 곳도 포함함.) 2021. 경찰직 2차

① 너는∨너∨대로∨나는∨나∨대로∨서로∨열심히∨일하자.
② 지금으로부터∨십여∨년∨전에∨이∨마을에∨사람이∨살았다.
③ 내가∨감당할만한∨능력이∨없는∨것을∨알게∨되자∨막내∨마저∨떠나는구나.
④ 비행시에는∨휴대　전화를∨사용하면∨안∨된다.∨이를∨어겼을시에는∨처벌을∨받는다.

정답풀이〉 '십여∨년∨전에'는 띄어쓰기가 적절하다. '-여(餘)'는 '그 수를 넘음'의 뜻을 더하는 접미사이므로 앞의 수 관형사 '십' 뒤에 붙여야 한다. '년(年)'은 의존명사이므로 '십여'와 띄어야 한다. '전(前)'은 '앞'을 의미하는 명사이므로 띄어야 한다. 한 글자도 명사이면 띄어야 함에 유의하여야 한다.

오답풀이〉 ① 너∨대로 → 너대로, 나∨대로 → 나대로 : '너'와 '나'는 체언이므로 '대로'는 조사이다. 따라서 붙이는 것으로 고쳐야 한다. (참고로 관형사형 어미 뒤에 '대로'가 오는 경우에는 '대로'가 의존명사이므로 띄어 써야 한다.)
③ 감당할만한 → 감당할∨만한, 막내∨마저→막내마저 : 관형사형 어미 '-ㄹ' 뒤에 '만하다'는 (보조)형용사이므로 띄어 써야 한다. 체언 뒤에 쓰이는 '마저'는 보조사이므로 앞말에 붙여 써야 한다.
④ 비행시에는 → 비행∨시에는, 어겼을∨시에는 : '시(時)'는 '어떤 일이나 현상이 일어날 때나 경우를 의미하는 의존명사'이므로 앞에 말과 띄어야 한다. (참고로 '휴대 전화'는 띄는 것이 원칙이지만 '휴대전화'처럼 붙여 쓰는 것도 허용한다. 안∨된다(○) : 금지를 의미하는 경우에는 띄어 써야 한다.)

05 다음 중 띄어쓰기가 옳지 않은 것은? 2018. 국회직 9급

① 꽃 중의 꽃 무궁화가 활짝 피었다.
② 새로 들어온 요리사는 다년간의 경험을 살려 손님을 끌었다.
③ 정말로 아무것도 아닌 사람이 행복하다는 말을 하고 싶다.
④ 그런 거짓말을 하는 것을 보니 심보가 참 못 된 친구이다.
⑤ 두 사람은 가까워지기는커녕 점점 더 멀어져만 갔다.

정답풀이〉 못 된(×) : '못된'이 옳다. '못되다'는 합성어로서 '되다'의 부정의 의미와 멀어져 '(성질이나 품행 따위가) 좋지 않거나 고약하다.', '(일이) 뜻대로 되지 않은 상태에 있다.'를 의미하므로 붙여 써야 한다.

오답풀이〉 ① 꽃 중의(○) : '중(中)'은 '(여럿의) 가운데를 의미하는 의존 명사이므로 앞의 관형어 '꽃'과 띄어 써야 한다.
② 다년간의(○) : '-간(間)'이 '동안'의 뜻을 나타내면 접미사이므로 붙여 써야 한다.
③ 아무것(○) : '아무것'은 하나의 '명사'로 굳은 말이므로 붙여 쓴다.
⑤ 가까워지기는커녕(○) : '는', '커녕'은 모두 조사이므로 반드시 앞말에 붙여 써야 한다.

06 띄어쓰기가 옳은 것은? 2018. 지방직 7급

① 부모와 자식간에도 예의는 지켜야 한다.
② 김 양의 할머니는 안동 권씨라고 합니다.
③ 내일이 이 충무공 탄신 500돌이라고 합니다.
④ 이번 여름에는 카리브 해로 휴가를 가기로 했어.

정답풀이〉 김 양(○) : '양'은 결혼하지 않은 특정한 여자를 조금 높여 부르는 의존명사이므로 앞말과 띄어 써야 한다. '군'도 마찬가지이다.
권씨(○) : 특정인을 의미하는 것이 아니라 성씨 그 자체이므로 '-씨'는 접사이다. 접사는 앞말과 붙여 써야 한다.

오답풀이〉 ① 자식간(×) → 자식∨간(○) : '간'은 의존명사이므로 앞말과 띄어 써야 한다. 접미사 '-간'은 '동안'이나 '장소'의 뜻을 더하지 않는 '간'은 의존 명사이다.
③ 이∨충무공(×) → 이충무공(○) : '이충무공'은 '이순신'의 성과 시호를 함께 이르는 말로 사전에 등재된 하나의 단어이므로 띄어 쓰지 말고 붙여 써야 한다. 참고로, '500'은 아라비아 숫자이므로 띄는 것이 원칙이나 붙여 씀도 허용하므로 '500돌'은 옳다.
④ 카리브∨해(×) → 카리브해(○) : 2017년 개정부터 "'해', '섬', '강', '산' 등은 붙여 쓴다. 따라서 '카리브해, 발리섬, 홍해, 발트해, 아라비아해, 타이완섬, 코르시카섬, 도시마섬(利島), 하야카와강(早川), 리오그란데강, 몬테로사산' 등과 같이 붙여 써야 한다.

07 다음 중 띄어쓰기가 옳지 않은 것은?　2016. 경찰직 1차

① 그녀가 떠난 지 벌써 3년이 지났다. 내가 좋아하는 사람은 아직도 그녀뿐이다.
② 억울하면 법대로 해라. 그리고 궁금한 것은 스스로 책이나 컴퓨터로 찾아보아라.
③ 우리는 어릴 망정 어떤 고난도 참아 냈다. 지금까지 애쓴 만큼 강팀들도 이길 수 있다.
④ 철수는 일을 하다가 실수로 그릇을 깨뜨려 버렸다. 그러나 사장님에게 혼나기는커녕 수고했다고 칭찬까지 받았다.

정답풀이 어릴 망정(×) : '어릴망정'이 옳다. '-ㄹ망정'은 받침 없는 어간에 붙어, '비록 그러하지만 그러나'의 뜻을 나타내는 연결 어미이므로 붙여 써야 한다. 의존명사 '망정'은 (주로 '-기에'·'-니(까)' 따위의 뒤에서 '망정이지'의 꼴로 쓰여) 다행히 그러함의 뜻을 나타내는 말이다.
예 네가 도왔기에 망정이지 밤늦게까지 해야 할 뻔했다.

오답풀이 나머지는 모두 옳다.
② '찾아보다'는 합성어이므로 '찾아보아라'의 띄어쓰기는 옳다.

08 밑줄 친 부분의 띄어쓰기가 옳지 않은 것은?
2017. 지방직 7급

① 너, 말 <u>한번</u> 잘했다.
② 값이 얼만지 <u>한번</u> 물어보세요.
③ 우리는 겨우 일주일에 <u>한번</u>밖에 못 만난다.
④ <u>한번</u> 엎지른 물은 다시 주워 담지 못한다.

정답풀이 '번'이 차례나 일의 횟수를 나타내기 때문에 '한 번'으로 띄어 써야 한다. 이는 '두 번', '세 번'을 바꾸어 넣어 봐서 말이 되면 '한 번'이지만, 어색하면 '한번'으로 붙여 쓴다. 여기에서는 '우리는 겨우 일주일에 두 번(세 번)밖에 못 만난다.'로 바꿔도 말이 되므로 '한 번'으로 띄어 써야 한다.

오답풀이 ① '한번'은 어떤 행동이나 상태를 강조하는 뜻을 나타내는 부사이므로 붙여 쓴다. '너 말 두 번(세 번) 잘 했다.'라고 바꾸면 매우 어색하므로 '한번'이 맞다.
② '한번'은 어떤 일을 시험 삼아 시도함을 나타내는 부사이므로 붙여 쓴다. '값이 얼만지 두 번(세 번) 물어보세요.'라고 바꾸면 매우 어색하므로 '한번'이 맞다.
④ '한번'은 '일단 한 차례'의 뜻을 나타내는 부사이므로 붙여 쓴다. '두 번(세 번) 엎지른 물은 다시 주워 담지 못한다.'라고 바꾸면 매우 어색하므로 '한번'이 맞다.

09 다음 중 띄어쓰기가 옳은 것은?　2017. 국회직 8급

① 그∨녀석∨고마워하기는∨커녕∨알은체도∨않더라.
② 집채∨만한∨파도가∨몰려온다.
③ 한∨번은∨네거리에서∨큰∨사고를∨낼∨뻔했다.
④ 보잘것없는∨수입이지만∨저는∨이∨일이∨좋습니다.
⑤ 김∨양의∨할머니는∨안동∨권∨씨라고∨합니다.

정답풀이 '보잘것없다'는 '볼만한 가치가 없을 정도로 하찮다.'를 의미하는 합성어이므로 붙여 쓰는 것이 옳다.

오답풀이 ① '커녕'은 보조사이므로 '고마워하기는커녕'처럼 앞말에 붙여 써야 하므로 '고마워하기는∨커녕'은 옳지 않다. 참고로 '알은체(=알은척)'는 명사로 등재된 합성어이므로 붙여 쓰는 것이 맞다.
② 체언 뒤에 오는 '만'은 '~의 정도에 달함'의 뜻을 더해 주는 보조사이므로 앞말과 붙여 써야 한다.
③ '지난 어느 때나 기회'를 뜻하는 '한번'은 합성어이므로 붙여 써야 한다.
참고로 '한 지점에서 길이 네 방향으로 갈라져 나간 곳'을 뜻하는 '네거리'는 명사로 등재된 합성어이므로 붙여 쓰는 것이 옳다. '뻔하다'는 보조 형용사로 앞말과 띄어 쓰는 것이 맞다.
⑤ '양'은 의존 명사이므로 '김∨양'과 같이 띄어 쓰는 것이 맞고, '안동 권씨'에서 '씨'는 '그 성씨의 가문이나 문중'의 뜻을 더하는 접미사이므로 앞말에 붙여 써야 한다.

PART
04

Answer
04 ② **05** ④ **06** ② **07** ③ **08** ③ **09** ④

10 밑줄 친 부분 중 띄어쓰기에 맞지 않는 것은?

2015. 국가직 7급

① 난점은 앞서 말한 바와 같다.

그는 나와 동창인바 그를 잘 알고 있다.

② 사람은 항상 배운 대로 행동하기 마련이다.

사회의 규범대로 움직여야 타인의 지탄을 받지 않는다.

③ 어른들이 다 떠나시니 나도 떠날 밖에.

그밖에 더 논의할 사항은 두 가지 관점으로 요약될 수 있다.

④ 업무에 최선을 다할 뿐만 아니라 화합에도 각별히 신경을 쓴다.

젊은이들뿐만 아니라 기성세대와도 소통할 수 있어야 한다.

정답풀이〉 '떠날 밖에'는 띄어쓰기가 옳지 않다. 이 경우에는 '-ㄹ 수밖에 다른 수가 없다'의 뜻을 나타내는 종결 어미인 '-ㄹ밖에'가 사용되어야 하므로 '떠날 밖에'가 아니라 '떠날밖에'가 옳다. '밖에'가 '그것 말고는'의 뜻을 나타낼 때는 조사이므로 앞말에 붙여 써야 하는데, ③의 첫 문장에서는 그런 의미로 쓰이지 않았다. 일정한 한도나 범위에 들지 않는 나머지를 의미할 때 '밖'은 의존 명사 '외(外)'의 의미를 갖는 명사이므로 '그 밖에'로 띄어 써야 한다.

오답풀이〉① '말한 바'의 '바'는 앞에서 말한 내용 그 자체를 나타내는 말로, 조사가 붙을 수 있는 의존 명사이므로 앞말과 띄어 써야 한다. '동창인바'의 '-ㄴ바'는 '-으니까'를 의미하는 어미로 치환했을 때 말이 되면 '-ㄴ바'는 어미이므로 모두 붙여 써야 한다.

② '배운 대로'의 '대로'는 용언의 관형사형의 꾸밈을 받을 때는 의존 명사이므로 띄어 쓰는 것이 옳다. '규범대로'의 '대로'는 체언 뒤에 붙는 조사이므로 붙여 써야 한다.

④ '다할 뿐만 아니라'의 '뿐'은 용언의 관형사형의 꾸밈을 받을 때는 의존 명사이므로 띄어 쓰는 것이 옳다. '젊은이들뿐만'의 '뿐'은 체언 '젊은이들' 뒤에 온 조사이므로 붙여 써야 한다.

11 띄어쓰기가 옳지 않은 것은?

2018. 지방직 9급

① 졸지에 부도를 맞았다니 참 안됐어.

그렇게 독선적으로 일을 처리하면 안 돼.

② 그건 사실 아무것도 아니니 걱정하지 말게.

지금 네가 본 것은 실상의 절반에도 못 미쳐.

③ 저 집은 부부 간에 금실이 좋아.

집을 살 때 부모님이 얼마간을 보태 주셨어.

④ 저 사람은 아무래도 믿을 만한 인물이 아니야.

지난번 해일이 밀어닥칠 때 집채만 한 파도가 해변을 덮쳤다.

정답풀이〉 부부∨간(✕) → 부부간(○): '부부간'은 한 단어이므로 붙여 쓴다. 이와 비슷한 예로, '동기간. 형제간. 얼마간. 다년간' 등이 있다. 단, '자식∨간'은 띄어야 한다.

얼마간을(○): '얼마간'은 한 단어이므로 붙여 쓴다. '그리 많지 아니한 수량이나 정도 / 그리 길지 아니한 시간 동안'의 뜻이 있다.

오답풀이〉① 안됐어(○): '안되다'가 한 단어이므로 붙여 쓴다. '섭섭하거나 가엾어 마음이 언짢다'의 의미인 형용사이다. '안∨되다'가 되려면 '금지, 부정'의 의미가 있어야 한다.

안∨돼(○): '안'이 '금지'를 뜻하는 부정 부사로 쓰일 때에는 띄어 쓴다.

② 아무것도(○): '아무것'은 '특별히 정해지지 않은 어떤 것 일체 / 대단하거나 특별한 어떤 것'을 뜻하는 대명사이므로 붙여 쓴다.

못∨미쳐(○): '못'은 부정의 뜻을 나타내는 부사로 쓰였으므로 띄어 쓴다.

④ 믿을∨만한(○): '만하다'는 보조 형용사이므로 본용언 '믿을'과 띄어 쓰는 것이 원칙이고 '믿을만한'과 같이 붙여 쓰는 것도 허용한다.

지난번(○): '지난번'은 한 단어이므로 붙여 쓴다. '지난주 지난 밤. 지난봄'도 마찬가지이다. '지난∨계절'은 띄어 쓴다. ('이번∨주, 다음∨주'도 띄어 쓴다.)

집채만∨한(○): 이때 '만'은 앞말이 나타내는 대상이나 내용 정도에 달함을 나타내는 보조사로 쓰인 것이므로 앞 말에 붙여 쓴다. 또한 뒤의 '한'은 '하다'의 활용형이므로 띄어 써야 한다.

12 다음 중 띄어쓰기가 잘못된 것은?

2012. 국회직 9급

① 큰놈은 지금 아홉살로 초등학교 이학년이다.

② 시험은 잠시 후 실시되는바 모두 자리에 앉을 것.

③ 떨어져 봤자 조금 다치기밖에 더하겠니?

④ 어디서 밥이나 제대로 먹고 지내는지 걱정이 된다.

⑤ 김 선생은 추운 날씨에 강물에 들어가 보았다.

정답풀이〉 단위를 나타내는 의존 명사는 띄어 써야 하므로 '아홉∨살'이 옳다. '이학년'은 순서를 나타내는 경우이므로 붙여 쓸 수 있다. '큰놈'은 '큰아들'을 속되게 이르는 합성어로 붙여 쓰는 것이 옳다.

오답풀이〉② '실시되는바'에서 '-는바'는 '-으니까'의 어미로 치환하여도 자연스러우므로 '-는바'는 어미이다. 따라서 앞말과 붙여 쓴다.

③ '밖에'는 체언 뒤에 붙어 '그것 말고는'의 뜻을 나타낼 때는 조사이므로 앞말과 붙여 쓴다.

④ '지내는지'의 '-는지'는 막연한 의문을 나타내는 연결 어미로 앞말에 붙여 쓴다.

⑤ 성과 이름 등에 붙는 호칭어, 관직명은 띄어 써야 하므로 '김∨선생'이 맞다.

13 띄어쓰기가 바른 것은? 2018. 서울시 9급 변형

① 영수는 쓰레기를 주워서버렸다.
② 모르는 사람이 나를 아는 척한다.
③ 요리 맛이 어떤지 일단 먹어는본다.
④ 우리는 공부를 할 수록 더 많은 것을 알아 간다.

정답풀이 '아는 척한다'는 '본용언+보조 용언(의존 명사+하다)'의 구성이므로 띄어 쓰는 것이 원칙이나, 붙여 씀도 허용한다. '아는 척한다, 아는척한다' 모두 가능하다.

오답풀이 ① 주워서버렸다(✕)→주워서 버렸다(○): '본용언+본용언' 구성이므로 무조건 '주워서 버렸다'로 띄어 써야 한다.
③ 먹어는본다(✕)→먹어는 본다(○): 본용언과 보조 용언 사이에 조사가 들어간 경우에는 무조건 띄어 써야 한다.
④ 할 수록(✕)→할수록(○): '-ㄹ수록'이 하나의 어미이기 때문이다. '알아 간다'는 '본용언+-아/-어+보조 용언' 구성이므로 '알아 간다'(원칙), '알아간다'(허용) 모두 가능하다.

14 밑줄 친 부분의 띄어쓰기가 옳은 것은? 2017. 국가직 9급

① <u>한밤중</u>에 전화가 왔다.
② 그는 일도 <u>잘할 뿐더러</u> 성격도 좋다.
③ 친구가 도착한 지 두 <u>시간만에</u> 떠났다.
④ 요즘 경기가 안 좋아서 장사가 잘 <u>안 된다.</u>

정답풀이 '한밤중'은 '깊은 밤'을 의미하는 하나의 단어이므로 붙여 쓴다. '중(中)'은 의존 명사이므로 앞의 말과 띄어 쓰는 것이 원칙이나, '그중, 무심중, 무언중, 무의식중, 부재중, 부지불식중, 부지중, 은연중, 한밤중, 허공중 등'과 같은 경우는 붙여 써야 한다.

오답풀이 ② 잘할 뿐더러(✕)→잘할뿐더러(○): '뿐'은 의존 명사가 아니라, 연결 어미 '-ㄹ뿐더러'의 일부이다. '어떤 일이 그것만으로 그치지 않고 나아가 다른 일이 더 있음.'의 뜻을 가지는 연결 어미이므로 붙여 써야 한다.
≫ A ㄹ뿐더러 B=A 하기도 하고 B 하기도 하다.
③ 시간만에(✕)→시간 만에(○): '만'은 '두 시간'의 수식을 받는 의존 명사이므로, '시간'과 띄어 써야 한다.
≫ 문장 내에서 '만, 지'가 '시간의 경과'의 의미이면 '의존 명사'이므로 반드시 앞의 말과 띄어 쓴다.
④ 안 된다(✕)→안된다(○): 장사가 잘 안 풀린다는 의미이므로 '안되다'는 한 단어이다. 따라서 붙여 써야 한다.

15 띄어쓰기가 잘못된 문장은? 2016. 지방직 7급

① 이제 봄이 옵니다그려.
② 집에서처럼 그렇게 해야겠지?
③ 사과하고 배하고는 과일입니다.
④ 나가면서 까지도 말썽을 피우고 있다.

정답풀이 나가면서∨까지도(✕)→나가면서까지도(○): '까지'와 '도'는 모두 보조사이므로 앞말에 붙여 쓴다.

오답풀이 ① '그려(그래)': (일부 종결 어미 뒤에 붙어) 청자에게 문장의 내용을 강조함을 나타내는 보조사이므로 앞말에 붙여 쓴다.
예 그녀는 여전히 예쁘네그래(그려).
② '에서'도 체언 뒤에 붙는 부사격 조사이고, '처럼'도 두 대상을 비교하는 의미를 갖는 부사격 조사이다. 조사들은 연달아 붙여 쓰므로 '집에서처럼'은 옳다.
예 '부사격 조사' 수업에서 외우기 쉬운 방법 알려드렸쥬?
'에로와'로 시작하는 조사들+비교의 의미를 갖는 '처럼, 만큼, 보다' 예 난 너처럼(너만큼, 너보다) 이뻐.
③ '하고'는 (체언 뒤에 붙어) 둘 이상의 사물을 같은 자격으로 이어주는 접속 조사이고, '는'은 어떤 대상이 다른 것과 대조됨을 나타내거나 강조의 뜻을 나타내는 보조사이다. 조사들은 연달아 붙여 쓰므로 '사과하고 배하고는'은 옳다.

Answer
10 ③ 11 ③ 12 ① 13 ② 14 ① 15 ④

박혜선의 亦功국어

콤팩트
어문규정

PART

05

외래어 표기법

외래어 표기법

제1장 | 표기 원칙

제1항 | 외래어는 국어의 현용 24자모만으로 적는다.

자음(14개)	ㄱ, ㄴ, ㄷ, ㄹ, ㅁ, ㅂ, ㅅ, ㅇ, ㅈ, ㅊ, ㅋ, ㅌ, ㅍ, ㅎ
모음(10개)	ㅏ, ㅑ, ㅓ, ㅕ, ㅗ, ㅛ, ㅜ, ㅠ, ㅡ, ㅣ

떠먹여 주는 흘.흘.쭙 제1항

이 조항은 우리말에는 없는, 외국어의 소리를 나타내기 위해 맞춤법에 정한 24자모 이외의 특수한 기호나 문자를 만들어서는 안 된다는 것이다.
Othello[ouθélou] 오셀로 : [θ] → ❶_____
service[sə́ːrvis] 서비스 : [v] → ❷_____

제2항 | 외래어의 1 음운은 원칙적으로 1 기호로 적는다.

구 분	바른 표기(○)	틀린 표기(✗)
family	패밀리	훼밀리
fighting	파이팅★	화이팅

떠먹여 주는 흘.흘.쭙 제2항 f → 'ㅍ'

[f]의 경우 '❸_____'과 '❹_____'으로 쓸 수 있지만, 1 음운은 1 기호로 적는다는 원칙에 의해 일관되게 '❺_____'으로 적는다.

떠먹여 주는 흘.흘.쭙

❶ ㅅ ❷ ㅂ ❸ ㅎ ❹ ㅍ
❺ ㅍ

제3항 | 받침에는 'ㄱ, ㄴ, ㄹ, ㅁ, ㅂ, ㅅ, ㅇ'만을 쓴다.

구 분	바른 표기(○)	틀린 표기(✕)
racket	라켓*	라켙
diskette	디스켓*	디스켙
biscuit	비스킷*	비스킽
market	마켓*	마켙
chocolate	초콜릿*	초콜맅
workshop	워크숍*	워크숖
Gallup	갤럽*	갤렆

🧴 떠먹여 주는 音.春.丑 제3항 외래어의 받침 표기

외래어는 ❶_____이 적용된 것이 표기에 반영된다. 단, 모음 조사를 넣었을 때 '로보시, 라케시, 디스케시, 마케시, 초콜리시'로 발음되므로 [ㄷ]으로 발음되는 외래어들은 표기에 '❷___'을 반영하여 표기된다.

제4항 | 파열음 표기에는 된소리를 쓰지 않는 것을 원칙으로 한다.

1. [p, t, k]나 [b, d, g] 등의 파열음은 국어에서 된소리나 된소리에 가깝게 발음하는 경향이 있으나 표기에는 된소리를 쓰지 않는다.

😃 파열음, 파찰음, 마찰음 모두
된소리로 쓰지 않는다.

구 분	바른 표기(○)	틀린 표기(✕)
Paris	파리*	빠리
conte	콩트*	꽁트
札幌	삿포로*	삿뽀로
東京	도쿄*	도꾜
大阪市	오사카*	오사까
福岡	후쿠오카*	후쿠오까
Moscow	모스크바	모스끄바
baguette	바게트*	바게뜨
dam	댐*	땜

😃 된소리를 써도 되는 예외
호찌민, 마오쩌둥('모택동'도 표준 표기),
샤쓰('셔츠'도 표준 표기),
빵, 짬뽕, 삐라, 껌, 조끼,
빨치산('파르티잔'도 표준 표기),
히로뽕('필로폰'도 표준 표기)

떠먹여 주는 音.春.丑
❶ 음절의 끝소리 규칙 ❷ ㅅ

2. 서구 외래어의 경우에는 마찰음 'ㅅ'과 파찰음 'ㅈ'을 된소리 'ㅆ, ㅉ'으로 표기하지 않는다.

구 분	바른 표기(○)	틀린 표기(✕)
self service	셀프 서비스	쎌프 써비스
Mozart	모차르트	모짜르트
suntan	선탠	썬탠

떠먹여 주는 音·흥·표 제4항 된소리 표기

'❶____, ❷____, ❸____, ❹____, ❺____'의 된소리 '❻____, ❼____, ❽____, ❾____, ❿____'는 외래어 표기에 쓰이지 않는 것을 원칙으로 한다.

제5항 | 이미 굳어진 외래어는 관용을 존중하되, 그 범위와 용례는 따로 정한다.

1. '카메라(camera), 라디오(radio)' 등 이미 굳어진 외래어는 외래어 표기법 원칙을 준수하지 않고 관용에 따른다(캐머러✕, 레이디오✕).

구 분	관용 존중(○)	원칙이지만 인정 안 함(✕)
camera	카메라★	캐머러
radio	라디오★	레이디오
mania	마니아★	매니아
observer[+]	옵서버★	옵저버
九州	규슈★	큐슈
condenser[+]	콘덴서★	컨덴서
accent	악센트★	액센트
technology	테크놀로지★	테크날로지
bat[+]	배트	뱃
hit[+]	히트	힛
knock	노크	녹
set	세트	셋
net	네트★	넷
check	체크	첵
web	웹★	웨브
bag	백	배그
lab[+]	랩★	래브
supermarket	슈퍼마켓★	수퍼마켓
permanent	파마★	펌, 퍼머

+ observer: 회의 따위에서, 정식 회원이 아닌 사람으로 방청하면서 의견을 발표할 수 있으나 의결권은 없는 사람
+ condenser: 축전기, 응축기

+ bat: 야구 배트
+ hit : 대성공

+ lab : 연구소

떠먹여 주는 音·흥·표
❶ ㄱ ❷ ㄷ ❸ ㅂ ❹ ㅅ
❺ ㅈ ❻ ㄲ ❼ ㄸ ❽ ㅃ
❾ ㅆ ❿ ㅉ

2. 뜻에 따라 외래어 표기 원칙을 준수하거나 관용 표기가 모두 사용되는 경우도 있다.

구 분	외래어 표기 원칙	관용 표기
cut	컷(인쇄물의 작은 사진)★	커트(머리를 자름)★
type	타이프(글자를 찍는 기계)★	타입(유형)★

[Q1] 다음 중 바른 외래어 표기에 ○표 하시오.

<u>라켓</u>, 라켙	디스켙, <u>디스켓</u>	댐, 땜	마켓, 마켙
<u>콩트</u>, 꽁트	워크샵, 워크샾, <u>워크숍</u>, 워크숖	갤럽, 갤렆	<u>셀프 서비스</u>, 쎌프 써비스
<u>선탠</u>, 썬탠	<u>모차르트</u>, 모짜르트	<u>빨치산</u>, 파르티잔	<u>히로뽕</u>, 필로폰
<u>샤쓰</u>, 셔츠	카메라, 캐머러	초콜릿, 초콜맅	비스킷, 비스킽
오사까, <u>오사카</u>	<u>규슈</u>, 큐슈, 규수, 큐수	패밀리, 훼밀리	바게뜨, <u>바게트</u>
<u>옵서버</u>, 옵저버	<u>라디오</u>, 레이디오	<u>모스크바</u>, 모스끄바	<u>도쿄</u>, 도꾜
<u>파리</u>, 빠리	테크날로지, <u>테크놀로지</u>	매니아, <u>마니아</u>	<u>파이팅</u>, 화이팅
<u>콘덴서</u>, 컨덴서	<u>삿포로</u>, 삿뽀로	<u>후쿠오카</u>, 후쿠오까	액센트, <u>악센트</u>
(사진) <u>컷</u>, 커트	(자른 머리) 컷, 커트	(글자 찍는 기계) 타이프, 타입	(유형) 타이프, <u>타입</u>
<u>배트</u>, 뱃	<u>히트</u>, 힏	<u>노크</u>, 녹	<u>세트</u>, 셋
<u>넷</u>, 네트	웨브, 웹	첵, 체크	<u>백</u>, 배그
<u>랩</u>, 래브	펌, 퍼머, <u>파마</u>		

[Q1] 다음 중 바른 외래어 표기에 ○표 하시오.

라켓, 라켙	디스켙, 디스켓	댐, 땜	마켓, 마켙
콩트, 꽁트	워크샵, 워크샾, 워크숍, 워크숖	갤럽, 갤렆	셀프 서비스, 쎌프 써비스
선탠, 썬탠	모차르트, 모짜르트	빨치산, 파르티잔	히로뽕, 필로폰
샤쓰, 셔츠	카메라, 캐머러	초콜릿, 초콜맅	비스킷, 비스킽
오사까, 오사카	규슈, 큐슈, 규수, 큐수	패밀리, 훼밀리	바게뜨, 바게트
옵서버, 옵저버	라디오, 레이디오	모스크바, 모스끄바	도쿄, 도꾜
파리, 빠리	테크날로지, 테크놀로지	매니아, 마니아	파이팅, 화이팅
콘덴서, 컨덴서	삿포로, 삿뽀로	후쿠오카, 후쿠오까	액센트, 악센트
(사진) 컷, 커트	(자른 머리) 컷, 커트	(글자 찍는 기계) 타이프, 타입	(유형) 타이프, 타입
배트, 뱃	히트, 힏	노크, 녹	세트, 셋
넷, 네트	웨브, 웹	첵, 체크	백, 배그
랩, 래브	펌, 퍼머, 파마		

제2장 표기 세칙

제1절 자음의 표기

'국제 음성 기호와 한글 대조표'에 따라 적되, 다음 사항에 유의하여 적는다.

제1항 | 무성 파열음([p], [t], [k])

1. 짧은 모음 다음의 어말 무성 파열음([p], [t], [k])은 받침으로 적는다.

gap[gæp] 갭★	cat[kæt] 캣
book[buk] 북	spirit[spírit] 스피릿★
carpet[káːrpit] 카펫★	pilot[páilət] 파일럿★
omelet[áməlit] 오믈렛★	helmet[hélmit] 헬멧
pamphlet[pǽmflit] 팸플릿★	carat[kǽrət] 캐럿★
shot[ʃɔt] 숏(=컷, 장면)★	bonnet[bánit] 보닛★
doughnut[dóugh·nùt] 도넛★	boycott[bɔ́ikɑt] 보이콧★

2. 짧은 모음과 유음·비음([l], [r], [m], [n]) 이외의 자음 사이에 오는 무성 파열음([p], [t], [k])은 받침으로 적는다.

apt[æpt] 앱트	setback[setbæk] 셋백
act[ækt] 액트	Gips[gɪps] 깁스★
lipstick[lípstìk] 립스틱	napkin[nǽpkin] 냅킨★
scout[skaut] 스카우트★	coffeepot[kɔ́ffee·pòt] 커피 포트
Tibet[tibét] 티베트★	

3. 위 경우 이외의 어말과 자음 앞의 [p], [t], [k]는 '으'를 붙여 적는다.

stamp[stæmp] 스탬프	cape[keip] 케이프
nest[nest] 네스트	part[pɑːt] 파트
desk[desk] 데스크	make[meik] 메이크
apple[æpl] 애플	mattress[mǽtris] 매트리스★
chipmunk[tʃipmʌŋk] 치프멍크	sickness[siknis] 시크니스★
short[ʃɔːt] 쇼트★	flute[fluːt] 플루트★
network[nétwə̀ːrk] 네트워크	front[frʌnt] 프런트★
teamwork[téam·wòrk] 팀워크★	soup[suːp] 수프★

제2항 | 유성 파열음([b], [d], [g])

어말과 모든 자음 앞에 오는 유성 파열음은 '으'를 붙여 적는다.

bulb[bʌlb] 벌브	land[lænd] 랜드
zigzag[zigzæg] 지그재그	lobster[lɔbstə] 로브스터★＋ / 랍스터★
kidnap[kidnæp] 키드냅	signal[signəl] 시그널★
head[hed] 헤드	herb[həːrb] 허브
bug[bʌg] 버그	pyramid[pírəmìd] 피라미드
bulldog[búll·dòg] 불도그★	tag[tæg] 태그

＋ lobster[lɔbstə]: 로브스터, 랍스터 복수 인정

떠먹여 주는 출.출.포 제2항

[ə]는 외래어 표기법에서 이를 '어'로 옮기도록 규정하였다.
예 signal [sígnəl] 시그널★, digital[dídʒitəl] 디지털★, terminal[təːrminəl] 터미널★

PART 05

[Q2] 다음 중 바른 외래어 표기에 ○표 하시오.

pamphlet[pǽmflit] 팸플릿, 펨플렛	melet[ǽməlit] 오믈릿, 오믈렛
carat[kǽrət] 캐릿, 캐럿	gap[gæp] 개프, 갭
spirit[spírit] 스프릿, 스피리트, 스피릿	carpet[káːrpit] 카펫, 카페트
shot[ʃɔt] 쇼트, 숏	bonnet[bánit] 보넷, 보닛, 보네트, 보니트
pilot[páilət] 파일럿, 파일러트	helmet[hélmit] 헬멧, 헬메트
apt[æpt] 앱트, 앺	setback[setbæk] 세트백, 셋백
napkin[nǽpkin] 내프킨, 냅킨	lipstick[lípstìk] 립스틱, 리브스틱
Gips[gɪps] 기브스, 깁스	Tibet[tibét] 티벳, 티베트
scout[skaut] 스카우트, 스카웃	coffeepot[cɔ́ffee·pòt] 커피 포트, 커피 파트, 터피퐂, 커피팟
soup[suːp] 수프, 숩	doughnut[dóugh·nùt] 도넛, 도너츠, 도낫, 도나츠
make[meik] 메이크, 메익	front[frʌnt] 프론트, 프런트
cape[keip] 케이프, 케입	nest[nest] 네스트, 네슷
part[pɑːt] 파트, 팟	desk[desk] 데스크, 데슥
mattress[mǽtris] 매트리스, 맷리스	plot[plɑt] 플로트, 플롯
chipmunk[tʃipmʌŋk] 치프멍크, 칩멍크	flute[fluːt] 플루트, 플룻
sickness[siknis] 식니스, 시크니스	short[ʃɔːt] 쇼트, 숏
network[nétwòːrk] 네트워크, 네트웍, 넷웍	teamwork[téam·wòrk] 팀워크, 팀웍
bulb[bʌlb] 벌브, 발브	zigzag[zigzæg] 지그재그, 직잭
lobster[lɔbstə] 로브스터, 랍스터, 랍스타	signal[signəl] 시그날, 시그널
kidnap[kidnæp] 키드냅, 키드내프	bug[bʌg] 버그, 벅
bulldog[búll·dòg] 불도그, 불독	head[hed] 헤드, 헷
pyramid[pírəmìd] 피라미드, 피라밋	tag[tæg] 태그, 택

[Q2] 다음 중 바른 외래어 표기에 ○표 하시오.

pamphlet[pǽmflit] 팸플릿, 펨플렛	melet[áməlit] 오믈릿, 오믈렛
carat[kǽrət] 캐릿, 캐럿	gap[gæp] 개프, 갭
spirit[spírit] 스프릿, 스피리트, 스피릿	carpet[káːrpit] 카펫, 카페트
shot[ʃɔt] 쇼트, 숏	bonnet[bánit] 보넷, 보닛, 보네트, 보니트
pilot[páilət] 파일럿, 파일러트	helmet[hélmit] 헬멧, 헬메트
apt[æpt] 앱트, 앺	setback[setbæk] 세트백, 셋백
napkin[nǽpkin] 내프킨, 냅킨	lipstick[lípstìk] 립스틱, 리브스틱
Gips[gɪps] 기브스, 깁스	Tibet[tibét] 티벳, 티베트
scout[skaut] 스카우트, 스카웃	coffeepot[cóffee·pòt] 커피 포트, 커피 파트, 터피폿, 커피팟
soup[suːp] 수프, 숩	doughnut[dóugh·nùt] 도넛, 도너츠, 도낫, 도나츠
make[meik] 메이크, 메익	front[frʌnt] 프론트, 프런트
cape[keip] 케이프, 케입	nest[nest] 네스트, 네슷
part[pɑːt] 파트, 팟	desk[desk] 데스크, 데슥
mattress[mǽtris] 매트리스, 맷리스	plot[plɑt] 플로트, 플롯
chipmunk[tʃipmʌŋk] 치프멍크, 칩멍크	flute[fluːt] 플루트, 플룻
sickness[siknis] 식니스, 시크니스	short[ʃɔːt] 쇼트, 숏
network[nétwəːrk] 네트워크, 네트웍, 넷웍	teamwork[téam·wòrk] 팀워크, 팀웍
bulb[bʌlb] 벌브, 발브	zigzag[zigzæg] 지그재그, 직잭
lobster[lɔbstə] 로브스터, 랍스터, 랍스타	signal[signəl] 시그날, 시그널
kidnap[kidnæp] 키드냅, 키드내프	bug[bʌg] 버그, 벅
bulldog[búll·dòg] 불도그, 불독	head[hed] 헤드, 헷
pyramid[pírəmìd] 피라미드, 피라밋	tag[tæg] 태그, 택

제3항 | 마찰음([s], [z], [f], [v], [θ], [ð], [ʃ], [ʒ])

1. 어말 또는 자음 앞의 [s], [z], [f], [v], [θ], [ð]는 '으'를 붙여 적는다.

mask[mɑːsk] 마스크   jazz[dʒæz] 재즈★
graph[græf] 그래프   olive[ɔliv] 올리브
thrill[θril] 스릴★   bathe[beið] 베이드★
through pass[θruːpæs] 스루 패스★   Othello[ouθélou] 오셀로★

떠먹여 주는 🅰.🅱.🆊 제3항

[θ] 발음은 '❶___'으로 표기한다.

떠먹여 주는 🅰.🅱.🆊
❶ ㅅ

2. 어말의 [ʃ]는 '시'로 적고, 자음 앞의 [ʃ]는 '슈'로, 모음 앞의 [ʃ]는 뒤따르는 모음에 따라 '샤, 섀, 셔, 셰, 쇼, 슈, 시'로 적는다.

flash[flæʃ] 플래시★	shrub[ʃrʌb] 슈러브
shark[ʃɑːk] 샤크	shank[ʃæŋk] 섕크
fashion[fæʃən] 패션	sheriff[ʃerif] 셰리프
shopping[ʃɔpiŋ] 쇼핑	shoe[ʃuː] 슈
shim[ʃim] 심	english[íŋgliʃ] 잉글리시★
shepherd[ʃépərd] 셰퍼드★	shake[ʃeik] 셰이크★
eye shadow[aɪʃædoʊ] 아이 섀도★	shrimp[ʃrimp] 슈림프★
Einstein[áinstain] 아인슈타인★	Tashkent[tɑːʃként] 타슈켄트★
leadership[líːdərʃip] 리더십★	membership[mémbərʃip] 멤버십★

🧴 떠먹여 주는 🎵.🎵.🎵 제3항

'❶____, ❷____'는 표기에 없다는 것에 유의하여야 한다.

3. 어말 또는 자음 앞의 [ʒ]는 '지'로 적고, 모음 앞의 [ʒ]는 'ㅈ'으로 적는다.

mirage[mirɑːʒ] 미라지★   vision[viʒən] 비전★

제4항 | 파찰음([ts], [dz], [tʃ], [ʤ])

1. 어말 또는 자음 앞의 [ts], [dz]는 '츠', '즈'로 적고, [tʃ], [ʤ]는 '치', '지'로 적는다.

Keats[kiːts] 키츠	odds[ɔdz] 오즈
Pittsburgh[pitsbəːg] 피츠버그	bridge[briʤ] 브리지★
switch[switʃ] 스위치★	hitchhike[hitʃhaik] 히치하이크
reach[riːtʃ] 리치	coach[koutʃ] 코치★
catch[kætʃ] 캐치	inch[intʃ] 인치
bench[bentʃ] 벤치	

2. 모음 앞의 [tʃ], [ʤ]는 'ㅊ', 'ㅈ'으로 적는다.

chart[tʃɑːt] 차트★   virgin[vəːʤin] 버진

💬 'ㅈ, ㅊ' 뒤에 오는 'ㅣ' 계열의 이중 모음 표기

외래어를 한글로 표기할 경우 'ㅈ, ㅊ' 뒤에는 이중 모음 'ㅑ, ㅕ, ㅛ, ㅠ'를 쓸 수 없다. 따라서 단모음 'ㅏ, ㅓ, ㅗ, ㅜ'로 적는다.
🔲 juice 주스(쥬스×)★,
   junior 주니어(쥬니어×),
   jewelry 주얼리(쥬얼리×)★,
   chocolate 초콜릿(쵸콜릿×)★,
   chart 차트(챠트×),
   schedule 스케줄(스케쥴×)★,
   television 텔레비전(텔레비젼×)★,
   ketchup 케첩(케쳡×)★

🧴 떠먹여 주는 🎵.🎵.🎵 제4항 'ㅈ, ㅊ' 뒤에 오는 'ㅣ' 계열의 이중 모음 표기

외래어를 한글로 표기할 경우 'ㅈ, ㅊ' 뒤에는 이중 모음 '❸____, ❹____, ❺____, ❻____'를 쓸 수 없다. 따라서 단모음 'ㅏ, ㅓ, ㅗ, ㅜ'로 적는다.
🔲 juice 주스(쥬스×), junior 주니어(쥬니어×), jewelry 주얼리(쥬얼리×), chocolate 초콜릿(쵸콜릿×), chart 차트(챠트×), schedule 스케줄(스케쥴×), television 텔레비전(텔레비젼×) ketchup 케첩(케쳡×)

떠먹여 주는 🎵.🎵.🎵

❶ 쉬 ❷ 쉐 ❸ ㅑ ❹ ㅕ
❺ ㅛ ❻ ㅠ

[Q3] 다음 중 바른 외래어 표기에 ○표 하시오.

mask[mɑ:sk] <u>마스크</u>, 마슥, 매스크	jazz[dʒæz] 째즈, <u>재즈</u>
bathe[beið] <u>베이드</u>, 베이스	through pass[θru:pæs] 드루 패스, <u>스루 패스</u>
Othello[ouθélou] <u>오셀로</u>, 오델로	thrill[θril] <u>스릴</u>, 드릴
olive[ɔliv] <u>올리브</u>, 올립	graph[græf] <u>그래프</u>, 그랩
shrub[ʃrʌb] 쉬러브, <u>슈러브</u>	shoe[ʃu:] 쇼, <u>슈</u>
shrimp[ʃrimp] 쉬림프, <u>슈림프</u>	Tashkent[tɑ:ʃként] <u>타슈켄트</u>, 타쉬겐트
Einstein[áinstain] 아인쉬타인, <u>아인슈타인</u>	shim[ʃim] <u>쉼</u>, 심
flash[flæʃ] <u>플래시</u>, 플래쉬	english[íŋgliʃ] 잉글리쉬, <u>잉글리시</u>
leadership[lí:dərʃip] 리더쉽, <u>리더십</u>	membership[mémbərʃip] 멤버쉽, <u>멤버십</u>
shark[ʃɑ:k] <u>샤크</u>, 샥, 사크	eye shadow[aɪʃædoʊ] <u>아이 섀도</u>, 아이 섀도우, 아이 새도우
shank[ʃæŋk] 생크, <u>쉥크</u>	shopping[ʃɔpiŋ] 소핑, <u>쇼핑</u>
sheriff[ʃerif] <u>세리프</u>, 쉐리프	shepherd[ʃépərd] 쉐퍼드, <u>셰퍼드</u>
shake[ʃeik] 쉐이크, <u>셰이크</u>	mirage[mirɑ:ʒ] 미라쥐, <u>미라지</u>
television['teliviʒn] <u>텔레비전</u>, 텔레비젼	vision[viʒən] 비젼, <u>비전</u>
juice[dʒu:s] 쥬스, <u>주스</u>	junior['dʒu:niər] <u>주니어</u>, 쥬니어
jewelry['dʒu:əlri] 쥬얼리, <u>주얼리</u>	chocolate[tʃɔ:klit] <u>초콜릿</u>, 쵸콜릿
Keats[ki:ts] 킷츠, <u>키츠</u>	Pittsburgh[pitsbə:g] <u>피츠버그</u>, 핏츠버그
bridge[bridʒ] 브릿지, <u>브리지</u>	switch[switʃ] <u>스위치</u>, 스윗치
hitchhike[hitʃhaik] <u>히치하이크</u>, 히츠하이크	virgin[və:dʒin] 벌진, <u>버진</u>
inch[intʃ] 인취, <u>인치</u>	bench[bentʃ] 벤취, <u>벤치</u>
ketchup[kétʃəp] <u>케첩</u>, 케첩, 케찹, 케챂	

[Q3] 다음 중 바른 외래어 표기에 ○표 하시오.

mask[mɑ:sk] 마스크, 마슥, 매스크	jazz[dʒæz] 째즈, 재즈
bathe[beið] 베이드, 베이스	through pass[θru:pæs] 드루 패스, 스루 패스
Othello[ouθélou] 오셀로, 오델로	thrill[θril] 스릴, 드릴
olive[ɔliv] 올리브, 올립	graph[græf] 그래프, 그랩
shrub[ʃrʌb] 쉬러브, 슈러브	shoe[ʃu:] 쇼, 슈
shrimp[ʃrimp] 쉬림프, 슈림프	Tashkent[tɑ:ʃként] 타슈켄트, 타쉬겐트
Einstein[áinstain] 아인쉬타인, 아인슈타인	shim[ʃim] 쉼, 심
flash[flæʃ] 플래시, 플래쉬	english[íŋgliʃ] 잉글리쉬, 잉글리시
leadership[lí:dərʃip] 리더쉽, 리더십	membership[mémbərʃip] 멤버쉽, 멤버십
shark[ʃɑ:k] 샤크, 샥, 사크	eye shadow[aɪʃædoʊ] 아이 섀도, 아이 섀도우, 아이 새도우
shank[ʃæŋk] 생크, 쉥크	shopping[ʃɔpiŋ] 소핑, 쇼핑

sheriff[ʃerif] 셰리프, 쉐리프	shepherd[ʃépərd] 쉐퍼드, 셰퍼드
shake[ʃeik] 쉐이크, 셰이크	mirage[mirɑːʒ] 미라쥐, 미라지
television['teliviʒn] 텔레비전, 텔레비젼	vision[viʒən] 비전, 비젼
juice[dʒuːs] 쥬스, 주스	junior['dʒuːniə(r)] 주니어, 쥬니어
jewelry['dʒuːəlri] 쥬얼리, 주얼리	chocolate[tʃɔːklit] 초콜릿, 쵸콜릿
Keats[kiːts] 킷츠, 키츠	Pittsburgh[pitsbəːg] 피츠버그, 핏츠버그
bridge[bridʒ] 브릿지, 브리지	switch[switʃ] 스위치, 스윗치
hitchhike[hitʃhaik] 히치하이크, 히츠하이크	virgin[vəːdʒin] 벌진, 버진
inch[intʃ] 인취, 인치	bench[bentʃ] 벤취, 벤치
ketchup[kétʃəp] 케첩, 케쳡, 케찹, 케챱	

제5항 | 비음([m], [n], [ŋ])

1. 어말 또는 자음 앞의 비음은 모두 받침으로 적는다.

steam[stiːm] 스팀 corn[kɔːn] 콘
ring[riŋ] 링 lamp[læmp] 램프
hint[hint] 힌트 ink[iŋk] 잉크

2. 모음과 모음 사이의 [ŋ]은 앞 음절의 받침 'ㅇ'으로 적는다.

hanging[hæŋiŋ] 행잉 longing[lɔŋiŋ] 롱잉
cunning[kʌniŋ] 커닝★ running[rʌniŋ] 러닝★

떠먹여 주는 훈.훈.포 제5항

❶ _____ 하면 ❷ _____ 해야 한다.

떠먹여 주는 훈.훈.포
❶ 커닝 ❷ 러닝

제6항 | 유음([l])

1. 어말 또는 자음 앞의 [l]은 받침으로 적는다.

hotel[houtel] 호텔	pulp[pʌlp] 펄프

2. 어중의 [l]이 모음 앞에 오거나, 모음이 따르지 않는 비음([m], [n]) 앞에 올 때에는 'ㄹㄹ'로 적는다. 다만, 비음([m], [n]) 뒤의 [l]은 모음 앞에 오더라도 'ㄹ'로 적는다.

slide[slaid] 슬라이드	film[film] 필름
helm[helm] 헬름	swoln[swouln] 스월른
Hamlet[hæmlit] 햄릿★	Henley[henli] 헨리★
plaza[plάːzə] 플라자★	melon[mélən] 멜론★
Poclain[PokleIn] 포클레인★	kilo[kí(ː)lou] 킬로★
calendar[kǽləndər] 캘린더★	club[klʌb] 클럽
dilemma[dilémə] 딜레마★	Cleopatra [klìːəpǽtrə] 클레오파트라
proletaria[prolétaria] 프롤레타리아	nylon[náilɑn] 나일론★
dry cleaning[drý cléaning] 드라이클리닝★	alkali[ǽlkəlài] 알칼리★
catalogue[kǽtəlɔ̀ːg] 카탈로그★	glass[glæs] 글라스★
claim[kleim] 클레임	helium[híːliəm] 헬륨
morphine[mɔ́ːrfiːn] 모르핀	endorphin[endɔ́ːrfin] 엔도르핀★
Allergie[alɛrgíː] 알레르기★	blouse[blaus] 블라우스
bungalow[bʌ́ŋgəlòu] 방갈로★	digital[didʒitəl] 디지털★
terminal[təːrminəl] 터미널★	color[kʌlər] 컬러★
sprinkler['sprIŋklə(r)] 스프링클러★	gondola[gɒndələ] 곤돌라

[Q4] 다음 중 바른 외래어 표기에 ○표 하시오.

cunning[kʌ́niŋ] <u>커닝</u>, 컨닝	running[rʌ́niŋ] <u>러닝</u>, 런닝
pulp[pʌlp] 퍼프, 펄프	slide[slaid] 스라이드, <u>슬라이드</u>
Henley[henli] <u>헨리</u>, 헬리	plaza[plάːzə] <u>플라자</u>, 프라자
melon[mélən] 메론, <u>멜론</u>	Poclain[PokleIn] 포크레인, <u>포클레인</u>, 폴클레인
calendar[kǽləndər] 캐린더, <u>캘린더</u>	kilo[kí(ː)lou] <u>킬로</u>, 키로
dilemma[dilémə] <u>딜레마</u>, 디레마	alkali [ǽlkəlài] 알카리, <u>알칼리</u>
nylon[náilɑn] 나일롱, <u>나일론</u>	dry cleaning[drý cléaning] <u>드라이클리닝</u>, 드라이크리닝
glass[glæs] <u>글라스</u>, 글래스, 그래스, 그라스	bungalow[bʌ́ŋgəlòu] 뱅갈로, <u>방갈로</u>
morphine[mɔ́ːrfiːn] 몰핀, <u>모르핀</u>	endorphin[endɔ́ːrfin] 엔돌핀, <u>엔도르핀</u>
Allergie[alɛrgíː] <u>알레르기</u>, 알러지	blouse[blaus] <u>블라우스</u>, 브라우스
digital[didʒitəl] <u>디지털</u>, 디지탈	terminal[təːrminəl] <u>터미널</u>, 터미날
color[kʌlər] <u>컬러</u>, 칼라	helium[híːliəm] 헤륨, <u>헬륨</u>
catalogue[kǽtəlɔ̀ːg] 카달로그, <u>카탈로그</u>	sprinkler['sprIŋklə(r)] <u>스프링클러</u>, 스프링쿨러
gondola[gɒndələ] <u>곤돌라</u>, 콘돌라	

[Q4] 다음 중 바른 외래어 표기에 ○표 하시오.

cunning[kʌ́niŋ] 커닝, 컨닝	running[rʌ́niŋ] 러닝, 런닝
pulp[pʌlp] 펄프 퍼프, 펄프	slide[slaid] 스라이드, 슬라이드
Henley[henli] 헨리, 헬리	plaza[plɑ́ːzə] 플라자, 프라자
melon[mélən] 메론, 멜론	poclain 포크레인, 포클레인, 폴클레인
calendar[kǽləndər] 캐린더, 캘린더	kilo[kí(ː)lou] 킬로, 키로
dilemma[dilémə] 딜레마, 디레마	alkali [ǽlkəlài] 알카리, 알칼리
nylon[náilɑn] 나일롱, 나일론	dry cleaning[drý cléaning] 드라이 클리닝, 드라이크리닝
glass[glæs] 글라스, 글래스, 그래스, 그라스	bungalow[bʌ́ŋgəlòu] 뱅갈로, 방갈로
morphine[mɔ́ːrfiːn] 몰핀, 모르핀	endorphin[endɔ́ːrfin] 엔돌핀, 엔도르핀
Allergie[alɛrgíː] 알레르기, 알러지	blouse[blaus] 블라우스, 브라우스
digital[didʒitəl] 디지털, 디지탈	terminal[təːrminəl] 터미널, 터미날
color[kʌlər] 컬러, 칼라	helium[híːliəm] 헤륨, 헬륨
catalogue[kǽtəlɔ̀ːg] 카달로그, 카탈로그	sprinkler['sprɪŋklə(r)] 스프링클러, 스프링쿨러
gondola[gɒ́ndələ] 곤돌라, 콘돌라	

제 2 절 **모음의 표기**

제7항 | 장모음

장모음의 장음은 따로 표기하지 않는다.

team[tiːm] 팀(타임x) route[ruːt] 루트(루우트x)
margarine[mɑːdʒəríːn] 마가린★ yard[jɑːrd] 야드
tulip[tjúːlip] 튤립 humor[hjúːmər] 유머★

💬 장모음의 장음을 표기하는 경우
📙 알코올★, 앙코르★, 콩쿠르★
엔도르핀★

제8항 | 중모음([ai], [au], [ei], [ɔi], [ou], [auə])

중모음은 각 단모음의 음가를 살려서 적되, [ou]는 '오'로, [auə]는 '아워'로 적는다.

time[taim] 타임	house[haus] 하우스
skate[skeit] 스케이트	oil[ɔil] 오일
boat[bout] 보트	tower[tauə] 타워
show[ʃou] 쇼	window[wíndou] 윈도★
snow[snou] 스노★	yellow [jélou] 옐로★
soul music[sóul mùsic] 솔뮤직★	bowling[bóuliŋ] 볼링(보울링×)
power[páuər] 파워(파우어×)	shadow[ʃædoʊ] 섀도★
rainbow[réinbòu] 레인보★	

🔖 떠먹여 주는 🔴.🔴.뜸 제8항

[ou]는 '오'로, [auə]는 '아워'로 적는다.

예 yellow [jélou] 옐로, soul music[sóul mùsic] 솔뮤직, window[wíndou] 윈도,
shadow[ʃædou] 섀도, boat[bout] 보트, bowling[bóuliŋ] 볼링, tower[tauə] 타워, power[páuər] 파워

제9항 | 반모음([w], [j])

1. [w]는 뒤따르는 모음에 따라 [wə], [wɔ], [wou]는 '워', [wa]는 '와', [wæ]는 '왜', [we]는 '웨', [wi]는 '위', [wu]는 '우'로 적는다.

word[wəːd] 워드	want[wɔnt] 원트
woe[wou] 워★	wander[wɑndə] 완더★
wag[wæg] 왜그★	west[west] 웨스트
witch[witʃ] 위치★	wool[wul] 울

2. 자음 뒤에 [w]가 올 때에는 두 음절로 갈라 적되, [gw], [hw], [kw]는 한 음절로 붙여 적는다.

swing[swiŋ] 스윙	twist[twist] 트위스트
penguin[peŋgwin] 펭귄	whistle[hwisl] 휘슬★
quarter[kwɔːtə] 쿼터	

3. 반모음 [j]는 뒤따르는 모음과 합쳐 '야, 얘, 여, 예, 요, 유, 이'로 적는다. 다만, [d], [l], [n] 다음에 [jə]가 올 때에는 각각 '디어', '리어', '니어'로 적는다.

yard[jɑːd] 야드	yank[jæŋk] 얭크
yearn[jəːn] 연	yellow[jelou] 옐로★
yawn[jɔːn] 욘★	you[juː] 유
year[jiə] 이어	Indian[indjən] 인디언★
battalion[bətæljən] 버탤리언	union[juːnjən] 유니언★

떠먹여 주는 출.출.포 컨 vs 콘 / 컴 vs 콤

1. con(컨 vs 콘) 구분

	예시
컨	컨트롤*, 리모컨*, 에어컨*, 컨테이너*, 컨디션, 컨베이어+, 컨설팅, 컨소시엄+, 컬렉션*, 커넥션, 커넥터
콘	콘덴서*+, 콘서트*, 콘셉트*, 콘텐츠*, 콘테스트*, 콘사이스*+, 콘도미니엄*+, 콘택트렌즈

2. com(컴 vs 콤) 구분

	예시
컴	컴퍼스*+, 컴퓨터, 커뮤니티, 커뮤니케이션, 컴포넌트+, 커미션*
콤	콤플렉스*, 콤팩트+, 콤마, 콤비네이션, 시트콤

+ **컨베이어**: 운반 장치
+ **컨소시엄**: 은행이나 기업이 공동으로 참가하여 형성하는 차관단 또는 융자단
+ **콘덴서**: 전기의 도체(導體)에 많은 양의 전기를 모으는 장치
+ **콘사이스**: 휴대용 사전
+ **콘도미니엄**: '콘도'의 정식 이름
+ **컴퍼스**: 제도용 기구
+ **컴포넌트**: 어떤 시스템을 구성하고 있는 일부
+ **콤팩트**: 휴대용 화장 도구

[Q5] 다음 중 바른 외래어 표기에 ○표 하시오.

route[ruːt] <u>루트</u>, 루우트	margarine[mɑːdʒəˈriːn] 마아가린, <u>마가린</u>
tulip[tjúːlip] 튜울립, <u>튤립</u>	humor[hjúːmər] 유우머, <u>유머</u>
encore[áŋkɔːr] 앵콜, 앵코르, 앙콜, <u>앙코르</u>	alcohol[ǽlkəhɔ(ː)l] 알콜, <u>알코올</u>
concours[kɔ̃kuːr] 콩쿨, <u>콩쿠르</u>	boat[bout] <u>보트</u>, 보우트
tower[tauə] <u>타워</u>, 타우어	power[páuər] <u>파워</u>, 파우어
show[ʃou] <u>쇼</u>, 쇼우	rainbow[réinbòu] <u>레인보</u>, 레인보우
shadow[ʃædoʊ] 섀도우, <u>섀도</u>	snow[snou] 스노우, <u>스노</u>
yellow[jélou] 옐로우, <u>옐로</u>	soul music[sóul mùsic] 소울 뮤직, <u>솔 뮤직</u>
bowling[bóuliŋ] <u>볼링</u>, 보울링	wander[wandə] 원더, <u>완더</u>, 완다
witch[witʃ] 윗치, <u>위치</u>	wag[wæg] <u>왜그</u>, 웨그
west[west] 왜스트, <u>웨스</u>	penguin[peŋgwin] <u>펭귄</u>, 펭구윈
whistle[hwisl] <u>휘슬</u>, 위슬	yank[jæŋk] 이앵크, <u>얭크</u>
yawn[jɔːn] 야운, <u>욘</u>	Indian[indjən] <u>인디언</u>, 인디안
union[juːnjən] 유니안, <u>유니언</u>	battalion[bətæljən] <u>버탤리언</u>, 버밸리안
control[kənˈtroʊl] <u>컨트롤</u>, 콘트롤	aircon(air conditioner) <u>에어컨</u>, 에어콘
remocon(remote control) <u>리모컨</u>, 리모콘	consortium[kənˈsɔːrtiəm] <u>컨소시엄</u>, 콘소시엄
concept[ǀkɑːnsept] 컨셉트, <u>콘셉트</u>	container[kənˈteɪnə(r)] 콘테이너, <u>컨테이너</u>
content[kənˈtent] 컨텐츠, <u>콘텐츠</u>	contest[ǀkɒntestː] 컨테스트, <u>콘테스트</u>
concise[kənˈsaɪs] 컨사이스, <u>콘사이스</u>	compass[ˈkʌmpəs] 콤퍼스, <u>컴퍼스</u>
consulting[kənsʌ́ltiŋ] <u>컨설팅</u>, 콘설팅	connexion[kənékʃən] <u>커넥션</u>, 코넥션
component[kəmˈpoʊnənt] <u>컴포넌트</u>, 콤포넌트	compact[ˈkɒmpækt] 콤팩트, 컴팩트
comma[ˈkɑːmə] 컴마, <u>콤마</u>	complex[ˈkɒmpleks] <u>콤플렉스</u>, 컴플렉스
combination[kɑːmbɪneɪʃn] <u>콤비네이션</u>, 컴비네이션	sitcom(situation comedy)[sɪtkɑːm] 시트컴, <u>시트콤</u>
condition[kənˈdɪʃn] 콘디션, <u>컨디션</u>	contact lens 콘택트 렌즈, <u>컨택트 렌즈</u>
collection[kəˈlekʃn] <u>컬렉션</u>, 콜렉션	

[Q5] 다음 중 바른 외래어 표기에 ○표 하시오.

route[ruːt] 루트, 루우트	margarine[mɑːdʒəˈriːn] 마아가린, 마가린
tulip[tjúːlip] 튜울립, 튤립	humor[hjúːmər] 유우머, 유머
encore[ɑ́ŋkɔːr] 앵콜, 앵코르, 앙콜, 앙코르	alcohol[ǽlkəhɔ̀(ː)l] 알콜, 알코올
concours[kɔ̃kuːr] 콩쿨, 콩쿠르	boat[bout] 보트, 보우트
tower[tauə] 타워, 타우어	power[páuər] 파워, 파우어
show[ʃou] 쇼, 쇼우	rainbow[réinbòu] 레인보, 레인보우
shadow[ʃǽdoʊ] 섀도우, 섀도	snow[snou] 스노우, 스노
yellow[jélou] 옐로우, 옐로	soul music[sóul mùsic] 소울 뮤직, 솔 뮤직
bowling[bóuliŋ] 볼링, 보울링	wander[wɑndə] 원더, 완더, 완다
witch[witʃ] 윗치, 위치	wag[wæg] 왜그, 웨그
west[west] 왜스트, 웨스트	penguin[peŋgwin] 펭귄, 펭구윈
whistle[hwisl] 휘슬, 위슬	yank[jæŋk] 이앵크, 앵크
yawn[jɔːn] 야운, 욘	Indian[indjən] 인디언, 인디안
union[juːnjən] 유니안, 유니언	battalion[bətæljən] 버탤리언, 버탤리안
control[kənˈtroʊl] 컨트롤, 콘트롤	aircon(air conditioner) 에어컨, 에어콘
remocon(remote control) 리모컨, 리모콘	consortium[kənˈsɔːrtiəm] 컨소시엄, 콘소시엄
concept[ˈkɑːnsept] 컨셉트, 콘셉트	container[kənˈteɪnə(r)] 콘테이너, 컨테이너
content[kənˈtent] 컨텐츠, 콘텐츠	contest[ˈkɒntestː] 컨테스트, 콘테스트
concise[kənˈsaɪs] 컨사이스, 콘사이스	compass[ˈkʌmpəs] 콤퍼스, 컴퍼스
consulting[kənsʌ́ltiŋ] 컨설팅, 콘설팅	connexion[kənékʃən] 커넥션, 코넥션
component[kəmˈpoʊnənt] 컴포넌트, 콤포넌트	compact[ˈkɒmpækt] 콤팩트, 컴팩트
comma[ˈkɑːmə] 컴마, 콤마	complex[ˈkɒmpleks] 콤플렉스, 컴플렉스
combination[kɑːmbɪneɪʃn] 콤비네이션, 컴비네이션	sitcom(situation comedy)[sɪtkɑːm] 시트컴, 시트콤
condition[kənˈdɪʃn] 콘디션, 컨디션	contact lens 콘택트 렌즈, 컨택트 렌즈
collection[kəˈlekʃn] 컬렉션, 콜렉션	

제10항 | 복합어

1. 따로 설 수 있는 말의 합성으로 이루어진 복합어는 그것을 구성하고 있는 말이 단독으로 쓰일 때의 표기대로 적는다.

cuplike[kʌplaik] 컵라이크	bookend[bukend] 북엔드★
headlight[hedlait] 헤드라이트	touchwood[tʌtʃwud] 터치우드
sit-in[sitin] 싯인	topknot[tɔpnɔt] 톱놋★
flashgun[flæʃgʌn] 플래시건	bookmaker[bukmeikə] 북메이커
highlight[hailait] 하이라이트★	luchy bag[lʌki bæg] 러키 백★
offside[ɔː|saɪd;] 오프사이드	outlet[áutlet] 아웃렛★
makeup[meɪkʌp] 메이크업	kickoff[kɪkɔf] 킥오프

2. 원어에서 띄어 쓴 말은 띄어 쓴 대로 한글 표기를 하되, 붙여 쓸 수도 있다.

Los Alamos[lɔs æləmous] 로스 앨러모스/로스앨러모스
top class[tɔpklæs] 톱 클래스/톱클래스★

[Q6] 다음 중 바른 외래어 표기에 ○표 하시오.

cuplike[kʌplaik] 컵라이크, 커플라이크	bookend[bukend] 부켄드, <u>북엔드</u>
headlight[hedlait] <u>헤드라이트</u>, 헤들라이트	touchwood[tʌtʃwud] <u>터치우드</u>, 터츄드
luchy bag[lʌki bæg] <u>러키 백</u>, 럭키 백	topknot[tɔpnɔt] <u>톱놋</u>, 탑놑, 탑놋
sit-in[sitin] 시틴, 시딘, <u>싯인</u>	weekend[wíːkènd] 위켄드, <u>위크엔드</u>
highlight[hailait] <u>하이라이트</u>, 하일라이트	flashgun[flæʃgʌn] <u>플래시건</u>, 플래쉬건
outlet[áutlet] 아울렛, <u>아웃렛</u>	offside[ɔː|saɪd;] <u>오프사이드</u>, 옵사이드
top class[tɔpklæs] 탑 클래스, <u>톱 클래스</u>	

[Q6] 다음 중 바른 외래어 표기에 ○표 하시오.

cuplike[kʌplaik] 컵라이크, 커플라이크	bookend[bukend] 부켄드, 북엔드
headlight[hedlait] 헤드라이트, 헤들라이트	touchwood[tʌtʃwud] 터치우드, 터츄드
luchy bag[lʌki bæg] 러키 백, 럭키 백	topknot[tɔpnɔt] 톱놋, 탑놑, 탑놋
sit-in[sitin] 시틴, 시딘, 싯인	weekend[wíːkènd] 위켄드, 위크엔드
highlight[hailait] 하이라이트, 하일라이트	flashgun[flæʃgʌn] 플래시건, 플래쉬건
outlet[áutlet] 아울렛, 아웃렛	offside[ɔːsaɪd;] 오프사이드, 옵사이드
top class[tɔpklæs] 탑 클래스, 톱 클래스	

제3장 인명, 지명 표기의 원칙

제1절 서양의 인명, 지명 표기

제1항 | 외국의 인명, 지명의 표기는 제1장, 제2장, 제3장의 규정을 따르는 것을 원칙으로 한다.

제2항 | 제3장에 포함되어 있지 않은 언어권의 인명, 지명은 원지음을 따르는 것을 원칙으로 한다.

Ankara 앙카라   Gandhi 간디

» 외래어 표기는 현지 발음에 가깝게 적는 것이 원칙이다. 이 원칙에 따라 원어 철자가 같은 말들이라도 한글로는 달리 표기되는 경우가 종종 있다. 예를 들어, 'Charles'는 그것이 영어 이름인지, 프랑스어 이름인지에 따라 한글 표기가 달라진다. 영어권 사람의 이름이라면 '찰스'라고 해야 하지만 프랑스어권 사람의 이름이라면 '샤를'이라고 적는다.

» 지명의 경우도 마찬가지이다. 세계 지도에 보면 'San Jose'라고 적혀 있는 도시가 두 곳 있다. 하나는 남아메리카에 있는 코스타리카의 수도이고, 다른 하나는 미국 캘리포니아 주에 있는 도시이다. 이들은 비록 같은 철자를 쓰지만 두 지역에서 사용하는 언어가 달라 한글로는 전혀 다르게 적힌다. 코스타리카는 에스파냐어를 사용하는 지역이므로 그 수도는 에스파냐어 표기법에 따라 '산호세'라고 적어야 하며, 미국 도시는 영어 발음 [sæn-houzéi]에 따라 '새너제이'로 적는다.

제3항 | 원지음이 아닌 제3국의 발음으로 통용되고 있는 것은 관용을 따른다.

Hague 헤이그   Caesar 시저* ('카이사르'도 옳음.)

제4항 | 고유 명사의 번역명이 통용되는 경우 관용을 따른다.

Pacific Ocean 태평양   Black Sea 흑해

제2절 동양의 인명, 지명 표기

제1항 | 중국 인명은 과거인과 현대인을 구분하여 과거인은 종전의 한자음대로 표기하고, 현대인은 원칙적으로 중국어 표기법에 따라 표기하되, 필요한 경우 한자를 병기한다.
[과거인과 현대인의 구분은 신해혁명(1911)을 기준으로 함.]

» 중국 인명 중에서 고대인의 경우는 현대 중국어 발음대로 표기하지 않고 '공자, 맹자, 왕안석' 등 우리 한자음대로 표기한다. 현대인의 경우는 중국어 발음에 맞추어 '주음 부호와 한글 대조표'에 따라서 표기한다. 그러므로 '張國榮(Zhāng Guo rong)'은 '장국영'이 아니라 '장궈룽'으로, '張藝謀(Zhāng Yi mou)'는 '장예모'가 아니라 '장이머우'로 표기해야 한다.

제2항 | 중국의 역사 지명으로서 현재 쓰이지 않는 것은 우리 한자음대로 하고, 현재 지명과 동일한 것은 중국어 표기법에 따라 표기하되, 필요한 경우 한자를 병기한다.

　　예 長安 : 장안(○)/창안(×)

제3항 | 일본의 인명과 지명은 과거와 현대의 구분 없이 일본어 표기법에 따라 표기하는 것을 원칙으로 하되, 필요한 경우 한자를 병기한다.

» 한자로 적힌 중국이나 일본의 인명, 지명에 대해서는 우리 한자음으로 읽는 것이 오랜 관행이었으나, 현행 외래어 표기법 원칙에 따라 원어의 발음대로 적는다. 예를 들어, 일본의 지명 '鹿兒島(かごしま)'의 우리 한자음은 '녹아도' 이지만 일본어의 발음을 따라 '가고시마'로 적는다. 일본 인명도 마찬가지로 '풍신수길, 이등박문' 대신에 '도요토미 히데요시, 이토 히로부미'로 적는다.

제4항 | 중국 및 일본의 지명 가운데 한국 한자음으로 읽는 관용이 있는 것은 이를 허용한다.

| 東京 도쿄, 동경★ | 京都 교토, 경도 | 上海 상하이, 상해 |
| 臺灣 타이완, 대만 | 黃河 황허, 황하 | 北京 베이징, 북경 |

제3절　바다, 섬, 강, 산 등의 표기

제1항 | 바다는 '해(海)'로 통일한다.

　　홍해　　　　　　　　　발트해　　　　　　　　　아라비아해

제2항 | 우리나라를 제외하고 섬은 모두 '섬'으로 통일한다.

　　타이완섬　　　　　　　　　　　코르시카섬

제3항 | 한자 사용 지역(일본, 중국)의 지명이 하나의 한자로 되어 있을 경우, '강', '산', '호', '섬' 등은 겹쳐 적는다.

| 온타케산[御岳] | 주장강[珠江] | 도시마섬[利島] |
| 하야카와강[早川] | 위산산[玉山] | |

제4항 | 지명이 산맥, 산, 강 등의 뜻이 들어 있는 것은 '산맥', '산', '강' 등을 겹쳐 적는다.

| Rio Grande 리오그란데강★ | Monte Rosa 몬테로사산★ |
| Mont Blanc 몽블랑산★ | Sierra Madre 시에라마드레산맥★ |

💬 개정 규정(2017. 6. 1.부터 시행)
외래어 표기법 제4장 제3절 제1항이 었던 "'해', '섬', '강', '산' 등이 외래 어에 붙을 때에는 띄어 쓰고, 우리말 에 붙을 때에는 붙여 쓴다."는 규정 이 삭제됨에 따라 '해, 섬, 강, 산, 산 맥' 등의 단어를 외래어에 붙을 때에 도 앞말에 붙여 쓰게 되었다.

💬 우리나라 : 제주도, 울릉도

PART
05

🔖 떠먹여 주는 **출.좋.포** 주의해야 할 인명/지명 표기

주의해야 할 인명 표기

바른 표기(○)	틀린 표기(×)	바른 표기(○)	틀린 표기(×)	바른 표기(○)	틀린 표기(×)
고흐*	고호	뉴턴*	뉴튼	도스토옙스키*	도스토예프스키
도요토미 히데요시*	토요토미 히데요시 (풍신수길)	루스벨트*	루즈벨트	마르크스*	맑스
마오쩌둥*, 모택동*	마오쩌뚱	모차르트*	모짜르트	바흐*	바하
셰익스피어*	세익스피어	아서왕*	아더왕	칭기즈 칸*	징기스칸
카이사르, 시저*	케사르	콜럼버스*	콜롬부스	페스탈로치*	페스탈로찌
페스탈로치*	페스탈로찌	호찌민*	호치민	드보르자크	드보르작
비틀스	비틀즈	산타클로스	싼타크로스	생텍쥐페리	생떽쥐뻬리
쑨원, 손문	순원	엘리엇	엘리어트	차이콥스키	차이코프스키
체호프	체홉	키르케고르	키에르케고르		

주의해야 할 지명 표기

바른 표기(○)	틀린 표기(×)	바른 표기(○)	틀린 표기(×)	바른 표기(○)	틀린 표기(×)
게티즈버그*	게티스버그	그레나다*	그라나다	기타큐슈*	기타규슈,
뉴욕 타임스*	뉴욕 타임즈	도이칠란트*	도이칠란드	라스베이거스*	라스베가스
라스베이거스*	라스베거스	맨해튼*	맨하탄	베네수엘라*	베네주엘라
상하이, 상해*	샹하이	슬로바키아*	슬로바키야	시칠리아*	시실리아
싱가포르*	싱가폴	아랍 에미리트*	아랍 에미레이트	아바나*	하바나
아이티*	하이티	에스파냐*	에스파니아	에콰도르*	에콰돌
에티오피아*	이디오피아	키리바시*	기리바시	티베트*	티벳
포르투갈*	포르투걀	푸껫섬*	푸켓섬*	하얼빈*	하얼삔
교토, 경도	×	그리스	그리이스	네덜란드	네델란드
노르망디	노르만디	댈러스	달라스	도쿄, 동경	도꾜
룩셈부르크	룩셈부르그	마다가스카르	마다가스카	말레이시아	말레이지아
몽마르트르	몽마르뜨	버밍엄	버밍햄	베르사유	베르사이유
베이징, 북경	뻬이징	브리스틀	브리스톨	블라디보스토크	블라디보스톡
상파울루	상파울로	센트럴 파크	쎈트럴 파크	쓰촨성	사천성
아우크스부르크	아우구스부르크	아이슬란드	아이스란(랜)드	아프가니스탄	아프카니스탄
알래스카	알라스카	잘츠부르크	짤쯔부르크	취리히	쮜리히
칭다오	칭따오	케임브리지	캠브리지	쿠알라룸푸르	콸라룸푸르
쿤룬산맥	곤륜산맥	키르기스스탄	키르기스탄	키타큐슈	
타이베이	타이페이	타이완, 대만	×	터키	터어키
템스강	템즈강	푸순	무순	핀란드	핀랜드, 필란드

[Q7] 다음 중 바른 외래어 표기에 ○표 하시오.

Acqua alta	아콰 알타, 아쿠아 알타	Newton	뉴튼, 뉴턴
file	파일, 화일	Bach	바하, 바흐
sausage	소세지, 소시지	Gogh	고흐, 고호
Christian	크리스티안, 크리스찬, 크리스천	Mozart	모차르트, 모짜르트
encore	앙코르, 앵콜	Caesar	시저, 케사르, 카이사르
chocolate	초콜릿, 초콜렛	target	타깃, 타겟
sofa	소파, 쇼파	mania	매니아, 마니아
sprinkler	스프링쿨러, 스프링클러	pamphlet	팸플릿, 팜플렛, 팜플릿, 팸플릿
Roosevelt	루스벨트, 루즈벨트	omelet	오믈렛, 오믈릿
message	메세지, 메시지	cake	케익, 케잌, 케이크
stadium	스타디움, 스타디엄	Chingiz Khan	징기스칸, 칭기즈칸
barbecue	바비큐, 바베큐	concept	콘셉트, 컨셉
towel	타월, 타올	carpet	카페트, 카펫
digital	디지털, 디지탈	Allergie	알러지, 알레르기
Vladivostock	블라디보스토크, 블라디보스톡	Singapore	싱가폴, 싱가포르
Ethiopia	에티오피아, 에디오피아	workshop	워크숍, 워크샵
buckle	버클, 벅클, 바클	Marseille	마르세유, 마르세이유
emerald	에메럴드, 에메랄드	Vancouver	벤쿠버, 밴쿠버
window	윈도, 윈도우	Pesstalozzi	페스탈로치, 페스탈로찌
rent-a-car	렌터카, 렌트카	navigation	내비게이션, 네비게이션
presentation	프레젠테이션, 프리젠테이션		

[Q7] 다음 중 바른 외래어 표기에 ○표 하시오.

Acqua alta	아콰 알타, 아쿠아 알타	Newton	뉴튼, 뉴턴
file	파일, 화일	Bach	바하, 바흐
sausage	소세지, 소시지	Gogh	고흐, 고호
Christian	크리스티안, 크리스찬, 크리스천	Mozart	모차르트, 모짜르트
encore	앙코르, 앵콜	Caesar	시저, 케사르, 카이사르
chocolate	초콜릿, 초콜렛	target	타깃, 타겟
sofa	소파, 쇼파	mania	매니아, 마니아
sprinkler	스프링쿨러, 스프링클러	pamphlet	팸플릿, 팜플렛, 팜플릿, 팸플릿
Roosevelt	루스벨트, 루즈벨트	omelet	오믈렛, 오믈릿
message	메세지, 메시지	cake	케익, 케잌, 케이크

stadium	스타디움, 스타디엄	Chingiz Khan	징기스칸, 칭기즈칸
barbecue	바비큐, 바베큐	concept	콘셉트, 컨셉
towel	타월, 타올	carpet	카페트, 카펫
digital	디지털, 디지탈	Allergie	알러지, 알레르기
Vladivostock	블라디보스토크, 블라디보스톡	Singapore	싱가폴, 싱가포르
Ethiopia	에티오피아, 에디오피아	workshop	워크숍, 워크샵
buckle	버클, 벅클, 바클	Marseille	마르세유, 마르세이유
emerald	에메럴드, 에메랄드	Vancouver	벤쿠버, 밴쿠버
window	윈도, 윈도우	Pesstalozzi	페스탈로치, 페스탈로찌
rent-a-car	렌터카, 렌트카	navigation	내비게이션, 네비게이션
presentation	프레젠테이션, 프리젠테이션		

[Q8] 다음 중 바른 외래어 표기에 ○표 하시오.

ad lib	애드리브, 애드립	yogurt	요구르트, 요거트
vaseline	바셀린, 바세린	respberry	라스베리, 라즈베리
body lotion	바디로션, 보디로션	Catholic	카톨릭, 가톨릭
sign	싸인, 사인	snowboard	스노보드, 스노우보드
Taibei	타이베이, 타이페이	throw-in	드로인, 스로인, 스로우인
carol	캐럴, 캐롤	paradox	패러독스, 파라독스
accent	액센트, 악센트	scaling	스켈링, 스케일링
flute	플루트, 플룻	conte	꽁뜨, 콩트, 꽁트, 콩뜨
platform	플랫폼, 플래폼	bourgeois	부르주아, 부루주아
Halloween	할로윈, 핼러윈, 할러윈	cardigan	가디건, 카디건
amateur	아마추어, 아마츄어	trot	트로트, 트롯
montage	몽타주, 몬타주, 몽타지	fighting	화이팅, 파이팅
compact	콤팩트, 컴팩트	napkin	냅킨, 내프킨
chart	차트, 챠트	leadership	리더쉽, 리더십
snack	스넥, 스낵	alcohol	알코올, 알콜
biscuit	비스킷, 비스켓	doughnut	도넛, 도너츠
narcissism	나르시즘, 나르시시즘	broach	브로치, 브롯치, 브로찌
aluminium	알루미늄, 알루미늄	cognac	코냑, 꼬냑
caffeine	카페인, 까페인	counselint	카운슬링, 카운셀링
Gips	깁스, 기브스	climax	클라이막스, 클라이맥스
sponge	스폰지, 스펀지	diskette	디스켓, 디스켙
castela	카스텔라, 카스테라	mammoth	맘모스, 매머드
boycott	보이코트, 보이콧	chandelier	상들리에, 샹들리에

[Q8] 다음 중 바른 외래어 표기에 ○표 하시오.

ad lib	애드리브, 애드립	yogurt	요구르트, 요거트
vaseline	바셀린, 바세린	respberry	라스베리, 라즈베리
body lotion	바디로션, 보디로션	Catholic	카톨릭, 가톨릭
sign	싸인, 사인	snowboard	스노보드, 스노우보드
Taibei	타이베이, 타이페이	throw-in	드로인, 스로인, 스로우인
carol	캐럴, 캐롤	paradox	패러독스, 파라독스
accent	액센트, 악센트	scaling	스켈링, 스케일링
flute	플루트, 플룻	conte	꽁뜨, 콩트, 꽁트, 콩뜨
platform	플랫폼, 플래폼	bourgeois	부르주아, 부루주아
Halloween	할로윈, 핼러윈, 할러윈	cardigan	가디건, 카디건
amateur	아마추어, 아마츄어	trot	트로트, 트롯
montage	몽타주, 몬타주, 몽타지	fighting	화이팅, 파이팅
compact	콤팩트, 컴팩트	napkin	냅킨, 내프킨
chart	차트, 챠트	leadership	리더쉽, 리더십
snack	스넥, 스낵	alcohol	알코올, 알콜
biscuit	비스킷, 비스켓	doughnut	도넛, 도너츠
narcissism	나르시즘, 나르시시즘	broach	브로치, 브롯치, 브로찌
aluminium	알루미늄, 알루미늊	cognac	코냑, 꼬냑
caffeine	카페인, 까페인	counselint	카운슬링, 카운셀링
Gips	깁스, 기브스	climax	클라이막스, 클라이맥스
sponge	스폰지, 스펀지	diskette	디스켓, 디스켙
castela	카스텔라, 카스테라	mammoth	맘모스, 매머드
boycott	보이코트, 보이콧	chandelier	상들리에, 샹들리에

[Q9] 다음 중 바른 외래어 표기에 ○표 하시오.

mystery	미스테리, 미스터리	baguette	바게트, 바게뜨
caramel	캐러멜, 카라멜, 캬라멜	sandal	샌달, 샌들
gas range	가스렌지, 가스레인지	nonsense	넌센스, 난센스
bariquant	바리깡, 바리캉	center	센타, 센터
freesia	프리지어, 프리지아	radiator	라지에이터, 라디에이터
crystal	크리스탈, 크리스털	curtain	커튼, 커텐
basket	배스킷, 바스켓	Columbus	콜럼버스, 컬럼버스
lesson	레슨, 렛슨	supermarket	수퍼마켓, 슈퍼마켓
juice	주스, 쥬스	contest	컨테스트, 콘테스트

jazz	째즈, <u>재즈</u>	narration	<u>내레이션</u>, 나레이션
business	<u>비즈니스</u>, 비지니스	placard	플랭카드, <u>플래카드</u>
outlet	아울렛, <u>아웃렛</u>	Deutschland	도이칠란드, <u>도이칠란트</u>
accessory	<u>액세서리</u>, 악세사리	Tibet	티벳, <u>티베트</u>
knowhow	노우하우, <u>노하우</u>	Hollywood	<u>할리우드</u>, 헐리우드, 헐리웃
rotary	로타리, <u>로터리</u>	Portugal	<u>포르투갈</u>, 포르투칼
symposium	<u>심포지엄</u>, 심포지움	mustard	머스타드, <u>머스터드</u>
Truman	트루만, <u>트루먼</u>	buffet	<u>뷔페</u>, 부페
lobster	<u>랍스터</u>, 랍스타, <u>로브스터</u>	pyramid	<u>피라미드</u>, 피라밋
robot	로보트, <u>로봇</u>	siren	<u>사이렌</u>, 싸이렌
report	<u>리포트</u>, 레포트	shutter	섯디, <u>셔터</u>
label	<u>라벨</u>, 레이블, 래벨	saxophone	섹소폰, <u>색소폰</u>
Shakespeare	세익스피어, <u>셰익스피어</u>	royalty	로열티, 로얄티
repertory	<u>레퍼토리</u>, 레파토리	Poclain	<u>포클레인</u>, 포크레인
original	<u>오리지널</u>, 오리지날	fantasy	<u>환타지</u>, 판타지
custard	카스타드, 카스터드, <u>커스터드</u>	castela	카스테라, <u>카스텔라</u>

[Q9] 다음 중 바른 외래어 표기에 ○표 하시오.

mystery	미스테리, 미스터리	baguette	바게트, 바게뜨
caramel	캐러멜, 카라멜, 캬라멜	sandal	샌달, 샌들
gas range	가스렌지, 가스레인지	nonsense	넌센스, 난센스
bariquant	바리깡, 바리캉	center	센타, 센터
freesia	프리지어, 프리지아	radiator	라지에이터, 라디에이터
crystal	크리스탈, 크리스털	curtain	커튼, 커텐
basket	배스킷, 바스켓	Columbus	콜럼버스, 컬럼버스
lesson	레슨, 렛슨	supermarket	수퍼마켓, 슈퍼마켓
juice	주스, 쥬스	contest	컨테스트, 콘테스트
jazz	째즈, 재즈	narration	내레이션, 나레이션
business	비즈니스, 비지니스	placard	플랭카드, 플래카드
outlet	아울렛, 아웃렛	Deutschland	도이칠란드, 도이칠란트
accessory	액세서리, 악세사리	Tibet	티벳, 티베트
knowhow	노우하우, 노하우	Hollywood	할리우드, 헐리우드, 헐리웃
rotary	로타리, 로터리	Portugal	포르투갈, 포르투칼
symposium	심포지엄, 심포지움	mustard	머스타드, 머스터드
Truman	트루만, 트루먼	buffet	뷔페, 부페

lobster	랍스터, 랍스타, 로브스터	pyramid	피라미드, 피라밋
robot	로보트, 로봇	siren	사이렌, 싸이렌
report	리포트, 레포트	shutter	셧터, 셔터
label	라벨, 레이블, 래벨	saxophone	섹소폰, 색소폰
Shakespeare	세익스피어, 셰익스피어	royalty	로열티, 로얄티
repertory	레퍼토리, 레파토리	Poclain	포클레인, 포크레인
original	오리지널, 오리지날	fantasy	환타지, 판타지
custard	카스타드, 카스터드, 커스터드	castela	카스테라, 카스텔라

[Q10] 다음 중 바른 외래어 표기에 ○표 하시오.

television	텔레비전, 텔레비젼	straw	스트로우, 스트로
endorphin	엔돌핀, 엔도르핀	container	컨테이너, 콘테이너
jacket	자켓, 자케트, 재킷	gap	갭, 갶, 개브
nonfiction	논픽션, 난픽션, 넌픽션	propose	프러포즈, 프로포즈
sink臺	씽크대, 싱크대	enquête	앙케트, 앙케이트
cafe	카페, 까페	service	서비스, 써비스
aquamarine	아쿠아마린, 아콰마린	comedy	코메디, 코미디
aquarium	아쿠아리움, 아콰리움	flash	플래시, 플래쉬
bonnet	본네트, 본넷, 보닛	Einstein	아인쉬타인, 아인슈타인
staff	스태프, 스탭	gradation	그러데이션, 그라데이션
collar	카라, 칼라	symbol	심볼, 심벌
color	컬러, 칼라	margarine	마가린, 마아가린
battery	배터리, 밧데리	jeep	짚, 지프
Indian	인디언, 인디안	short cut	쇼트커트, 숏컷
union	유니언, 유니안, 유니온	caricature	캐리커쳐, 캐리커처
Iceland	아이슬란드, 아이슬랜드	nugget	너깃, 너겟
fanfare	팡파레, 팡파르	ketchup	케첩, 케챱, 케첲
recreation	레크레이션, 레크리에이션	scaling	스케일링, 스켈링
dot	도트, 다트	Dalmatian	달마시안, 달마티안
dart	다트, 달트	custard	카스타드, 커스터드
soul	소울, 솔	Gettysburg	게티즈버그, 게티스버그
stapler	스태플러, 스테이플러	sherbet	셔벗, 샤베트
Valentine Day*	발렌타인데이, 밸런타인데이	valet parking*	발레파킹, 발렛파킹
taboo*	터부, 타부	talent	탈렌트, 탤런트
Dalmatian	달마시안, 달마티안	Metasequoia	메타세콰이어, 메타세쿼이아

[Q10] 다음 중 바른 외래어 표기에 ○표 하시오.

television	텔레비전, 텔레비젼	straw	스트로우, 스트로
endorphin	엔돌핀, 엔도르핀	container	컨테이너, 콘테이너
jacket	자켓, 자케트, 재킷	gap	갭, 갶, 개브
nonfiction	논픽션, 난픽션, 넌픽션	propose	프러포즈, 프로포즈
sink臺	씽크대, 싱크대	enquête	앙케트, 앙케이트
cafe	카페, 까페	service	서비스, 써비스
aquamarine	아쿠아마린, 아콰마린	comedy	코메디, 코미디
aquarium	아쿠아리움, 아콰리움	flash	플래시, 플래쉬
bonnet	본네트, 본넷, 보닛	Einstein	아인쉬타인, 아인슈타인
staff	스태프, 스탭	gradation	그러데이션, 그라데이션
collar	카라, 칼라	symbol	심볼, 심벌
color	컬러, 칼라	margarine	마가린, 마아가린
battery	배터리, 밧데리	jeep	짚, 지프
Indian	인디언, 인디안	short cut	쇼트커트, 숏컷
union	유니언, 유니안, 유니온	caricature	캐리커쳐, 캐리커처
Iceland	아이슬란드, 아이슬랜드	nugget	너깃, 너겟
fanfare	팡파레, 팡파르	ketchup	케첩, 케챱, 케찹
recreation	레크레이션, 레크리에이션	scaling	스케일링, 스켈링
dot	도트, 다트	Dalmatian	달마시안, 달마티안
dart	다트, 달트	custard	카스타드, 커스터드
soul	소울, 솔	Gettysburg	게티즈버그, 게티스버그
stapler	스태플러, 스테이플러	sherbet	셔벗, 샤베트
Valentine Day	발렌타인데이, 밸런타인데이	valet parking	발레파킹, 발렛파킹
taboo	터부, 타부	talent	탈렌트, 탤런트
Dalmatian	달마시안, 달마티안	Metasequoia	메타세콰이어, 메타세쿼이아

01 〈보기〉의 외래어 표기법을 고려할 때, 다음 중 외래어 표기가 올바른 것은?

2017. 경찰 1차 여경

┌─ 〈보기〉─────────────────────
│ 제1항 외래어는 국어의 현용 24자모만으로 적는다.
│ 제2항 외래어의 1음운은 원칙적으로 1기호로 적는다.
│ 제3항 받침에는 'ㄱ, ㄴ, ㄹ, ㅁ, ㅂ, ㅅ, ㅇ'만을
│   쓴다.
│ 제4항 파열음 표기에는 된소리를 쓰지 않는 것을
│   원칙으로 한다.
└──────────────────────────────

① fighting 파이팅
② coffee shop 커피숖
③ jazz 째즈
④ conte 콩트

정답풀이 〉 제4항 파열음 표기에는 된소리를 쓰지 않는 것을 원칙으로 하므로 '꽁트'가 아니라 '콩트'로 외래어를 표기하는 것은 옳다.

오답풀이 ① fighting : '제2항 외래어의 1음운은 원칙적으로 1기호로 적는다'에 따라 'f' 음운은 'ㅍ'과 'ㅎ' 중 'ㅍ'만 1기호로 삼기 때문에 '파이팅'으로 고쳐야 한다.
② coffee shop : '제3항 받침에는 'ㄱ, ㄴ, ㄹ, ㅁ, ㅂ, ㅅ, ㅇ' 만을 쓴다.'에 따라 받침은 'ㅍ'이 아니라 'ㅂ'으로 써야 한다. 따라서 '커피숍'으로 고쳐야 한다.
③ jazz : '제4항 파열음 표기에는 된소리를 쓰지 않는 것을 원칙으로 한다.'에 따라 '째즈'가 아니라 '재즈'로 고쳐야 한다. 'ㅈ'은 파열음이 아닌 파찰음이지만 파찰음(ㅈ,ㅉ,ㅊ)과 마찰음(ㅅ, ㅆ) 모두 된소리를 쓰지 않는다.

02 다음 외래어 표기의 근거만을 바르게 제시한 것은?

2014. 지방직 7급

┌──────────────────────────────
│ 〈표기〉 leadership − 리더십
│ 〈근거〉
│ ㉠ 모음 앞의 [ʃ]는 뒤따르는 모음에 따라 '샤',
│   '섀', '셔', '셰', '쇼', '슈', '시'로 적는다.
│ ㉡ 받침에는 'ㄱ, ㄴ, ㄹ, ㅁ, ㅂ, ㅅ, ㅇ'만을 적
│   는다.
│ ㉢ 이미 굳어진 외래어는 관용을 존중한다.
│ ㉣ [l]이 어말 또는 자음 앞에 올 때는 'ㄹ'로 적
│   는다.
└──────────────────────────────

① ㉠   ② ㉠, ㉡
③ ㉠, ㉡, ㉢   ④ ㉠, ㉡, ㉢, ㉣

정답풀이 〉 'leadership'의 발음은 [líːdərʃip]이다. 이에 통하는 근거는 ㉠과 ㉡이다. ㉠에서 모음 앞의 [ʃ]는 뒤따르는 모음에 따라 적는데, '리더십'에서는 [ʃ] 뒤에 [i]가 오므로 '시'로 적는 것이다. 또한 ㉡에서 받침에는 'ㄱ, ㄴ, ㄹ, ㅁ, ㅂ, ㅅ, ㅇ'만을 적는다는 규정에 따라 받침 'p'는 'ㅂ'으로 쓰게 되어 '리더십'으로 표기한다.

오답풀이 ㉢ 관용에 따른 것이 아니라 표기 조항을 잘 지켜 적은 것이다.
㉣ '리더십'의 [l]은 어말 또는 자음 앞이 아니라 모음 [i] 앞에 오기 때문에 이 조항이 적용되는 것이 아니다. [l]이 오는 환경이 다르기 때문이다.

Answer

01 ④   **02** ②

03 외래어 표기가 옳은 것은?

2018. 소방직

① cafe — 까페
② vision — 비젼
③ jazz — 재즈
④ supermarket — 수퍼마켓

정답풀이 파열음, 파찰음, 마찰음은 외래어 표기에서 초성에 된소리를 쓰지 않는다. 따라서 '재즈'는 옳다.

오답풀이 ① 파열음, 파찰음, 마찰음은 외래어 표기에서 초성에 된소리를 쓰지 않으므로 '카페'로 고쳐야 한다.
② 'ㅈ'이나 'ㅊ' 다음에 이중 모음(ㅑ, ㅕ, ㅛ, ㅠ, ㅒ, ㅖ)을 쓰지 않으므로 'vision'은 '비전'이라 표기한다.
④ 영어에서 들어온 외래어는 영국식 발음을 기준으로 삼는다. 'super-'의 영국식 발음은 '수퍼'가 아니라 '슈퍼'이다. 그래서 'superman', 'supermarket'은 '슈퍼맨', '슈퍼마켓'이라 표기한다.

04 외래어 표기법 규정에 맞는 단어로만 짝지어진 것은?

2019. 기상직 9급

① 그라나다(Grenada), 에콰도르(Ecuador)
② 에티오피아(Ethiopia), 포르투칼(Portugal)
③ 싱가포르(Singapore), 베네주엘라(Venezuela)
④ 아이티(Haïti), 아랍 에미리트(Arab Emirates)

정답풀이 'Haiti[héiti]'는 공용어인 프랑스어의 영향을 받아 '아이티'가 바른 표기이다. 'Arab Emirates'는 페르시아만 남쪽 기슭에 있는 연방 국가로 '아랍 에미리트'가 바른 표기이다.

오답풀이 ① 'Grenada'의 올바른 외래어 표기는 '그레나다'[grənéidə]이다. '서인도 제도의 Windward 제도 최남단에 있는 입헌 군주국'의 이름이다.
② 'Portugal'의 바른 외래어 표기는 '포르투갈'[pɔ́ːrtʃəɡəl]이다. 남유럽에 있는 나라이다.
③ 'Venezuela'의 바른 외래어 표기는 '베네수엘라' [vènəzwéilə]이다. 최근 극심한 경제난을 겪고 있는 남아메리카 북부의 공화국이다.

05 〈보기〉의 외래어 표기 중 옳은 것을 모두 고르면?

2018. 국회직 8급

[보기]
ㄱ. 게티스버그(Gettysburg)
ㄴ. 알레르기(Allergie)
ㄷ. 컬렉션(collection)
ㄹ. 미네랄(mineral)
ㅁ. 아쿠아마린(aquamarine)

① ㄱ, ㄴ, ㅁ
② ㄴ, ㄷ, ㄹ
③ ㄷ, ㄹ, ㅁ
④ ㄱ, ㄴ, ㄷ, ㄹ
⑤ ㄱ, ㄴ, ㄷ, ㄹ, ㅁ

정답풀이 ㄴ Allergie: 알레르기(○), 알러지(×). 독일어 Allergie의 발음 자체가 알레르기이다.
ㄷ collection: 컬렉션[kəlékʃən](○), 콜렉션(×)
ㄹ mineral: 미네랄[mínərəl](○), 미네럴(×)

오답풀이 ㄱ 게티스버그(×) → 게티즈버그[gétizbəˋrg](○): '미국 펜실베이니아주 남동부에 있는 도시'인 'Gettysburg'의 바른 외래어 표기는 '게티즈버그'이다.
ㅁ 아쿠아마린(×) → 아콰마린[æ̀kwəməríːn,ə̀ːk-](○): '청록색을 띠는 녹주석'을 이르는 'aquamarine'의 바른 외래어 표기는 '아콰마린'이다. 단, 단순히 물을 의미하는 'aqua-'의 경우는 '아쿠아'로 표기한다. (aquarium : 아쿠아리움[əkwέəriəm])

06 다음에 쓰인 외래어 중 외래어 표기법에 맞게 표기된 것을 고르면?

2018. 국회직 9급

① 오랜만에 우리 <u>랍스터</u>를 먹으러 갑시다.
② 나는 반려견으로 <u>달마시안</u>을 키우고 싶다.
③ 날이 너무 더우니 어디 시원한 <u>까페</u>에 들어갈까요?
④ 어제 친구와 남이섬에 가서 <u>메타세콰이어</u> 길을 걸었다.
⑤ 생일을 맞은 친구를 위해서 맛있는 <u>케잌</u>을 구워 봤어요.

정답풀이 'lobster'는 '로브스터'가 원칙이었으나, '랍스터'도 너무 많이 쓰여 바른 외래어 표기로 인정하게 되었다. 다만, '랍스타'는 옳지 않다.

오답풀이 ② 달마시안(×) → 달마티안(○): 'Dalmatian'은 [dælˈmeiʃn]으로 소리나지만 '달마티안'으로 표기한다.
③ 까페(×) → 카페(○): 외래어 표기법에서 파열음 된소리 표기는 하지 않는다.
④ 메타세콰이어(×) → 메타세쿼이아(○): 'Metasequoia'는 [mètəsikwɔ́iə]이므로 '메타세쿼이아'가 옳다.
⑤ 케잌(×) → 케이크(○): 'cake[keik]'에서 중모음[ei]과 자음 사이의 어말과 자음 앞의 [p], [t], [k]는 '으'를 붙여 적으므로 '케이크'로 적는다.

---

07 다음 단어의 외래어 표기가 모두 올바른 것은?

2021. 경찰직 1차

① accessory : 악세사리 – juice : 쥬스
② window : 윈도 – concept : 콘셉트
③ robot : 로봇 – ad lib : 애드립
④ symposium : 심포지움 – flash : 플래시

정답풀이 '윈도(window)'는 [ou]는 '오'로 적는다'는 외래어 표기법 제8항에 따라 '윈도'로 적는다. ('윈도우'는 틀리다.) '콘셉트'는 옳다. ('컨셉트'는 틀리다)

오답풀이 ① → 액세서리, 주스 : 'ㅈ'이나 'ㅊ' 뒤에는 반모음 'ㅣ'가 함께 올 수 없으므로 '주스'로 고쳐야 한다.
③ → 애드리브 ('로봇'은 옳다.)
④ → 심포지엄 ('플래시'는 옳다.) ('플래쉬'는 옳지 않다. '쉬'는 외래어 표기에서는 쓰지 않는다.)

---

08 외래어 표기가 모두 맞는 것은?

2021. 국회직 8급

① 바통, 기브스, 디렉터리
② 도너츠, 래디오, 리포트
③ 리모콘, 렌트카, 메세지
④ 배터리, 바베큐, 심포지엄
⑤ 앙코르, 부티크, 앙케트

정답풀이 '앙코르' ('앵콜', '앙콜'은 옳지 않다.)
'규모는 작아도 멋있고 개성적인 의류를 취급하는 점포'를 의미하는 '부티크' (된소리 표기인 '부띠끄'는 옳지 않다. 외래어 표기는 된소리를 표기해서는 안 된다.)
'설문 조사'를 뜻하는 '앙케트' ('enquete[enquête]'를 '앙케이트'로 표기하는 것은 옳지 않다. 발음 자체에 '이'가 없기 때문이다.)

오답풀이 ① 기브스(×) → 깁스(○)
② 도너츠(×) → 도넛, 래디오(×) → 라디오(○)
③ 리모콘(×) → 리모컨, 렌트카(×) → 렌터카, 메세지(×) → 메시지(○)
④ 바베큐(×) → 바비큐(○)

---

09 다음 중 외래어 표기가 모두 옳은 것은? 2016. 서울시 7급

① 롭스터(lobster), 시그널(signal), 지그재그(zigzag)
② 재즈(jazz), 마니아(mania), 브리지(bridge)
③ 보트(boat), 스윗치(switch), 인디안(Indian)
④ 유니온(union), 톱 크라스(top class), 휘슬(whistle)

정답풀이 모두 옳은 표기이다.

오답풀이 ① 롭스터(lobster)(×) → 로브스터, 랍스터(○)
③ 스윗치(switch)(×) → 스위치(○)
인디안(Indian)(×) → 인디언(○)
④ 유니온(union)(×) → 유니언(○)
톱 크라스(top class)(×) → 톱클래스(○)

---

10 외래어 표기가 옳은 것만을 모두 고른 것은? 2017. 국가직 7급 생활 안전 분야

ㄱ. 커미션(commission)
ㄴ. 콘서트(concert)
ㄷ. 컨셉트(concept)
ㄹ. 에어컨(air conditioner)
ㅁ. 리모콘(remote control)

① ㄱ, ㄴ
② ㄱ, ㄴ, ㄹ
③ ㄴ, ㄷ, ㄹ
④ ㄴ, ㄷ, ㅁ

정답풀이 'ㄷ. 콘셉트, ㅁ. 리모컨'로 고쳐야 한다.

오답풀이 나머지는 옳다.

Answer

03 ③ **04** ④ **05** ② **06** ① **07** ② **08** ⑤ **09** ② **10** ②

11 **외래어 표기가 맞는 것끼리 묶은 것은?** ^{2017. 교육행정직 7급}

① 캐럴(carol), 샌달(sandal), 케찹(ketchup)
② 캐럴(carol), 카디건(cardigan), 케이크(cake)
③ 멤버쉽(membership), 케이크(cake), 케찹(ketchup)
④ 멤버쉽(membership), 샌달(sandal), 카디건 (cardigan)

정답풀이 모두 옳은 표기이다.

오답풀이 ② '털로 짠 스웨터의 하나'인 'cardigan'은 '가디건' 이 아닌 '카디건'이 올바른 표기이다. (카디건 백작이 주로 입은 옷이라고 붙인 옷이다.)
③ '케찹'이 아니라 '케첩'이 옳은 표기이다.
④ '~ship'은 '-십'으로 적으므로 '멤버십, 리더십, 쇼맨십'처럼 적는다.

12 **다음 중 외래어 표기법에 맞는 단어끼리 짝지어진 것은?** ^{2015. 기상직 7급}

① 도넛, 랑데부, 아웃렛, 호치키스
② 카디건, 맨하탄, 뷔페, 애피타이저
③ 르누아르, 셔츠, 어댑터, 징기즈칸
④ 셔벗, 요거트, 부르주아, 재킷

정답풀이 모두 옳은 표기이다. '도너츠, 랑데뷰, 아울렛, 호치케스'로 표기하는 것은 틀린 표기이다.

오답풀이 ② 맨하탄(×) → 맨해튼(○)
③ 징기즈칸(×) → 칭기즈칸(○)
④ 요거트(×) → 요구르트(○)

13 **다음 중 외래어 표기법에 맞게 표기된 낱말들로만 이루어진 것은?** ^{2015. 국회직 8급}

① 뉴턴, 슬로바키아, 도이칠란드, 링거
② 도스토옙스키, 플래시, 로브스터, 버저
③ 콘사이즈, 파일, 리더십, 케첩
④ 코즈모폴리턴, 스프링쿨러, 콘셉트, 카펫
⑤ 앙코르, 타깃, 심포지움, 플루트

정답풀이 Dostoevski: 도스토옙스키[dɑ̀stəjéfski/dɔ̀s-], flash: 플래시[flæʃ], lobster: 로브스터, 랍스터[lɑ́bstər/lɔ́b-], buzzer: 버저 [bʌzə(r)]의 표기는 전부 올바르다.

오답풀이 ① '독일'을 뜻하는 'Deutschland'의 바른 표기는 '도이칠란드'가 아니라 '도이칠란트[dɔ́itʃlɑːnt]'이다.
③ '휴대용 사전'을 뜻하는 'concise'의 바른 표기는 '콘사이즈'가 아니라 '콘사이스[kənsáis]'이다.
④ '천장에 설비한 자동 소화(消火) 설비'를 뜻하는 'sprinkler'의 바른 표기는 '스프링쿨러'가 아니라 '스프링클러 [ˈsprɪŋklə(r)]'이다.
⑤ '전문가들의 의견 토론회'를 뜻하는 'symposium'의 바른 표기는 '심포지움'이 아니라 '심포지엄[simpóuziəm]'이다.

14 **외래어 표기가 모두 옳은 것은?** ^{2019. 서울시 7급}

① 옐로카드(yellow card), 스태프(staff), 케이크 (cake)
② 가디건(cardigan), 뷔페(buffet), 캐러멜(caramel)
③ 냅킨(napkin), 점퍼(jumper), 초콜렛(chocolate)
④ 팡파레(fanfare), 크로켓(croquette), 마사지 (massage)

정답풀이 옐로카드(yellow card): 'yellow[jelou]'에서 반모음 [j]는 뒤따르는 모음과 합쳐 '예'로 적고, [ou]는 '오'로 적기 때문에 '옐로'로 표기한 것은 바르다.
스태프(staff): 'staff[stæf]'에서 어말 또는 자음 앞의 [f]는 '으'를 붙여 적기 때문에 '스태프'로 표기한 것은 바르다.
케이크(cake): 'cake[keik]'에서 중모음[ei]과 자음 사이의 어말과 자음 앞의 [p], [t], [k]는 '으'를 붙여 적으므로 '케이크'로 적는다.

오답풀이 ② 가디건(×) → 카디건(○): 'cardigan'은 털로 짠 스웨터이다. 크림 전쟁 당시 이 옷을 즐겨 입은 영국의 카디건 백작(Earl of Cardigan)의 이름에서 유래한 것이므로 이를 고려하여 '카디건'으로 적어야 한다.
③ 초콜렛(×) → 초콜릿(○): 'chocolate의 [tʃɔ́ːkəlit]에서 콜'은 영어 발음 기호에 따르면 '컬[kəl]'로 읽어야 하지만, '초코바', '초코 쿠키' 등과 같이 둘째 음절은 'ㅗ'로 발음하는 경향을 관습을 존중하여 '콜'로 적는다. 또 '릿'은 발음 기호에 따라 '렛'이 아니라 '릿[lit]'으로 적어야 한다.
④ 팡파레(×) → 팡파르(○): 'Fanfare[ˈfænfer]'는 외래어 표기법에 따라 '팡파르'로 적는다. '축하 의식이나 축제 때에 쓰는 트럼펫의 신호'를 뜻하는 프랑스어이다.

15 〈보기〉의 밑줄 친 ㉠~㉤의 외래어 표기 중 옳지 않은 것을 모두 고르면? 2017. 국회직 8급

─〔보기〕─
- 간식으로 ㉠ 커스타드 푸딩(custard pudding)을 먹었다.
- ㉡ 아서(Arthur)왕은 고대 영국을 다스렸다고 전해지는 전설의 왕이다.
- 그의 목깃에 달린 ㉢ 배지(badge)는 그가 법무관이란 것을 알려 주고 있었다.
- ㉣ 소울 뮤직(soul music)은 노예 제도 하에서 발생한 미국 흑인들의 음악이다.
- ㉤ 시칠리아(Sicilia) 섬은 지중해에 있는 섬 가운데 가장 크다.

① ㉠, ㉣   ② ㉠, ㉤
③ ㉡, ㉤   ④ ㉠, ㉡, ㉤
⑤ ㉡, ㉢, ㉣

정답풀이) ㉠ '커스터드(custard) 푸딩(pudding)'으로 고쳐야 한다.
㉣ 'soul'은 [soul]로 소리 나나 [ou]는 'ㅗ'로 적으므로 '솔 뮤직'으로 고쳐야 한다.

오답풀이) ㉡ 'Arthur 왕'의 Arthur는 [aːrəər]로 [θ]는 'ㅅ'으로 적으므로 '아서 왕'으로 표기하는 것은 옳다.
㉢ 앞말의 받침과 뒷말의 첫소리가 같은 계열의 자음일 때는 빼는 것이 올바른 표기이다. 'ㄱ과 ㅋ', 'ㅅ과 ㅈ', 'ㅅ과 ㅌ'이 겹치는 것은 앞말의 받침을 빼는 것이 옳다. 따라서 '뱃지'가 아니라 '배지'로 표기하는 것은 옳다. '브리지(bridge), 스위치(switch)'도 같은 경우이다.
㉤ 'Sicilia'는 이탈리아의 원지음에 따라 '시칠리아'로 표기하는 것은 옳다.

16 다음 중 외래어 표기가 모두 옳은 것은? 2016. 서울시 9급
① 벌브(bulb), 옐로우(yellow), 플래시(flash), 워크숍(workshop)
② 알콜(alcohol), 로봇(robot), 보트(boat), 써클(circle)
③ 밸런스(balance), 도너츠(doughnut), 스위치(switch), 리더십(leadership)
④ 배지(badge), 앙코르(encore), 콘테스트(contest), 난센스 (nonsense)

정답풀이) '배지(badge), 앙코르(encore), 콘테스트(contest), 난센스(nonsense)'는 모두 표기가 올바르다.

오답풀이) ① 옐로우(yellow)(×)→옐로[jélou] (○)
② 알콜(alcohol)(×)→알코올[ǽlkəhɔ̀(ː)l, –hɑ̀l](○), 써클(circle)(×)→서클[sə́ːrkl](○)
③ 도너츠(doughnut)(×)→도넛[dóunʌt](○)

17 다음에서 외래어 표기가 알맞은 것끼리 짝지어진 것은? 2016. 경찰직 1차

┌─────────────────────────┐
│ ㉠ zigzag 지그재그   │
│ ㉡ vision 비젼   │
│ ㉢ leadership 리더쉽   │
│ ㉣ yellow 옐로   │
└─────────────────────────┘

① ㉠, ㉡   ② ㉠, ㉣
③ ㉡, ㉢   ④ ㉢, ㉣

정답풀이) ②

오답풀이) ㉡ vision '비전'으로 고쳐야 한다.
㉢ leadership '리더십'으로 고쳐야 한다.

PART
05

18 외래어 표기가 맞는 것만을 〈보기〉에서 모두 고른 것은?

2016. 교육행정직 9급

┌─〔보기〕─────────────────
│ ㄱ. 카달로그(catalog)
│ ㄴ. 팸플릿(pamphlet)
│ ㄷ. 배드민튼(badminton)
│ ㄹ. 레크레이션(recreation)
│ ㅁ. 스케일링(scaling)
│ ㅂ. 렌트카(rent-a-car)
└──────────────────────

① ㄱ, ㄹ   ② ㄴ, ㅁ
③ ㄱ, ㄴ, ㄹ   ④ ㄷ, ㅁ, ㅂ

정답풀이 '팸플릿(pamphlet), 스케일링(scaling)'은 옳다.

오답풀이 ㄱ. 카달로그(catalog)(×)→카탈로그(○)
ㄷ. 배드민튼(badminton)(×)→배드민턴(○)
ㄹ. 레크레이션(recreation)(×)→레크리에이션(○)
ㅂ. 렌트카(rent-a-car)(×)→렌터카(○)

19 외래어 표기 규정에 모두 맞는 것은?

2016. 지방직 7급

① 브러쉬, 케익   ② 카페트, 파리
③ 초콜릿, 셰퍼드   ④ 슈퍼마켙, 서비스

정답풀이 chocolate[tʃɔ́ːkəlit]은 '초콜릿'이 맞다. shepherd [ʃépərd]는 '셰퍼드'가 맞다. [ʃépərd]에서 [ʃ]의 뒤에 오는 모음이 [é]이므로 '셰'로 적는다.

오답풀이 ① 브러쉬(×)→브러시(○): 'brush[brʌʃ]'에서 어말의 [ʃ]는 '시'로 적으므로 '브러시'로 적는다.
케익(×)→케이크(○): 'cake[keik]'에서 중모음[ei]과 자음 사이의 어말과 자음 앞의 [p], [t], [k]는 '으'를 붙여 적으므로 '케이크'로 적는다.
② 카페트(×)→카펫(○): 'carpet[káːrpit]'에서 짧은 모음 다음의 어말 무성 파열음([p], [t], [k])은 받침으로 적는다.
④ 슈퍼마켙(×)→슈퍼마켓(○): 'supermarket[súːpərmàːrkit]'에서 [t]는 'ㅌ'으로 적기 쉬우나, 받침 소리는 'ㄱ, ㄴ, ㄹ, ㅁ, ㅂ, ㅅ, ㅇ' 중 하나로 적어야 하므로 'ㅅ'으로 적어 '슈퍼마켓'이 적절하다.

박혜선의 亦功국어

콤팩트
어문규정

PART

06

로마자 표기법

로마자 표기법

제1장 표기의 기본 원칙

제1항| 국어의 로마자 표기는 <u>국어의 표준 발음법에 따라 적는 것을 원칙</u>으로 한다.

제2항| 로마자 이외의 부호는 되도록 사용하지 않는다.

전자법 : 철자 그대로 로마자를 표기함.

전음법 : 발음을 반영하여 로마자를 표기함. 전사법 → 국어의 로마자 표기법

제2장 표기 일람

제1항| 모음은 다음 각호와 같이 적는다.

1. 단모음

ㅏ	ㅓ	ㅗ	ㅜ	ㅡ	ㅣ	ㅐ	ㅔ	ㅚ	ㅟ
a	eo	o	u	eu	i	ae	e	oe	wi

2. 이중 모음

ㅑ	ㅕ	ㅛ	ㅠ	ㅒ	ㅖ	ㅘ	ㅙ	ㅝ	ㅞ	ㅢ
ya	yeo	yo	yu	yae	ye	wa	wae	wo	we	ui

붙임1 'ㅢ'는 'ㅣ'로 소리 나더라도 'ui'로 적는다. 예 광희문 Gwanghu<u>i</u>mun

붙임2 장모음의 표기는 따로 하지 않는다.

제2항 | 자음은 다음 각호와 같이 적는다.

1. 파열음

ㄱ	ㄲ	ㅋ	ㄷ	ㄸ	ㅌ	ㅂ	ㅃ	ㅍ
g, k	kk	k	d, t	tt	t	b, p	pp	p

2. 파찰음

ㅈ	ㅉ	ㅊ
j	jj	ch

3. 마찰음

ㅅ	ㅆ	ㅎ
s	ss	h

4. 비음

ㄴ	ㅁ	ㅇ
n	m	ng

5. 유음

ㄹ
r, l

> 'ㄲ, ㄸ, ㅃ'는 'gg, dd, bb'가 아니라 'kk, tt, pp'로 표기하여야 한다.
> 예 떡볶이 tteokbokki
> 꽃 kkot

> '꺾기'의 로마자 표기법
> 정답: kkeokgi
> 1. '꺾기'의 첫소리 'ㄲ'은 본래가 된소리이므로 'kk'로 적는다.
> 2. '꺾기'의 받침 'ㄲ'은 받침 'ㄱ'으로 소리나므로 'k'로 표기한다.
> 3. '기'의 'ㄱ'은 모음 앞에서는 'g'로 표기한다.
>
> 단, '꺾기'의 '기'가 '끼'로 발음이 되더라도, 'kki'로 적어서는 안 된다. 된소리되기는 표기에 반영되지 않기 때문이다.

붙임 1 'ㄱ, ㄷ, ㅂ'은 모음 앞에서는 'g, d, b'로, 자음 앞이나 어말에서는 'k, t, p'로 적는다. ([ ] 안의 발음에 따라 표기함.)

구미 Gumi	영동 Yeongdong★	백암[배감] Baegam
옥천 Okcheon	합덕 Hapdeok★	호법 Hobeop
월곶[월곧] Wolgot★	벗꽃[벋꼳] beotkkot★	한밭[한받] Hanbat★

붙임 2 'ㄹ'은 모음 앞에서는 'r'로, 자음 앞이나 어말에서는 'l'로 적는다. 단, 'ㄹㄹ'은 'll'로 적는다.

구리 Guri	설악 Seorak★	칠곡 Chilgok
임실 Imsil	울릉 Ulleung★	대관령[대괄령] Daegwallyeong★

[Q1] 다음 중 바른 로마자 표기에 ○표 하시오.

구미 <u>Gumi</u>, Kumi	영동 <u>Yeongdong</u>, Yeongtong
백암 PaeKam, <u>Baegam</u>, Baekam	옥천 <u>Okcheon</u>, Ogcheon
합덕 Haptteok, Hapteok, Hapddeok, <u>Hapdeok</u>	호법 Hopeob, <u>Hobeop</u>, Hopeop
월곶 Wolkot, <u>Wolgot</u>, Wolgoj	벗꽃 <u>beotkkot</u>, beotggot, peotkkod
한밭 Hanpat, <u>Hanbat</u>, Hanbad	구리 <u>Guri</u>, Guli, Kuri, Kuli
설악 Seolak, <u>Seorak</u>, Seollak, Seorag	칠곡 <u>Chilgok</u>, Chilkok, Chilkog
임실 <u>Imsil</u>, Imsir	울릉 Ulreung, <u>Ulleung</u>
대관령 Daegwalryeong, Taegwallyeong, <u>Daegwallyeong</u>, Taegwalryeong	

PART
06

[Q1] 다음 중 바른 로마자 표기에 ○표 하시오.

구미 Gumi, Kumi	영동 Yeongdong, Yeongtong
백암 PaeKam, Baegam, Baekam	옥천 Okcheon, Ogcheon
합덕 Haptteok, Hapteok, Hapddeok, Hapdeok	호법 Hopeob, Hobeop, Hopeop
월곶 Wolkot, Wolgot, Wolgoj	벚꽃 beotkkot, beotggot, peotkkod
한밭 Hanpat, Hanbat, Hanbad	구리 Guri, Guli, Kuri, Kuli
설악 Seolak, Seorak, Seollak, Seorag	칠곡 Chilgok, Chilkok, Chilkog
임실 Imsil, Imsir	울릉 Ulreung, Ulleung
대관령 Daegwalryeong, Taegwallyeong, Daegwallyeong, Taegwalryeong	

제3장 표기상의 유의점

제1항| 음운 변화가 일어날 때에는 변화의 결과에 따라 다음 각 호와 같이 적는다.

1. 자음 사이에서 동화 작용이 일어나는 경우

백마[뱅마] Baengma★	신문로[신문노] Sinmunno★
종로[종노] Jongno★	왕십리[왕심니] Wangsimni★
별내[별래] Byeollae★	신라[실라] Silla★

2. 'ㄴ, ㄹ'이 덧나는 경우

학여울[항녀울] Hangnyeoul★	알약[알략] allyak★

3. 구개음화가 되는 경우

해돋이[해도지] haedoji★	같이[가치] gachi★
굳히다[구치다] guchida	

4. 'ㄱ, ㄷ, ㅂ, ㅈ'이 'ㅎ'과 합하여 거센소리로 소리 나는 경우

좋고[조코] joko★	놓다[노타] nota
잡혀[자펴] japyeo	낳지[나치] nachi

다만, 체언에서 'ㄱ, ㄷ, ㅂ' 뒤에 'ㅎ'이 따를 때에는 'ㅎ'을 밝혀 적는다.

묵호 Mukho★	집현전 Jiphyeonjeon★

붙임 된소리되기는 표기에 반영하지 않는다.

압구정 Apgujeong★	낙동강 Nakdonggang★	죽변 Jukbyeon
낙성대 Nakseongdae★	합정 Hapjeong★	팔당 Paldang
샛별 saetbyeol★	울산 Ulsan	

음운 변화의 결과가 표기에 반영되는 경우

1. 비음화, 유음화, 구개음화
   → '동화'는 표기에 반영된다.
2. ㄴ첨가
3. 용언의 ㅎ축약
   (단, 체언에서는 일어나지 않음.)

떠먹여 주는 🦷·🦷·🦷 제1항 음운 변화의 결과가 표기에 반영되지 않는 경우

1. ❶_____는 반영하지 않는다
2. ❷_____의 'ㅎ' 축약은 표기에 반영하지 않는다.
3. 자음을 초성으로 가지는 '❸___'는 [❹__]로 발음이 되어도 항상 '❺____'로 표기한다.

[Q2] 다음 중 바른 로마자 표기에 ○표 하시오.

백마 <u>Baengma</u>, Baekma	신문로 Sinmunro, <u>Sinmunno</u>
종로 Jongro, <u>Jongno</u>	왕십리 <u>Wangsimni</u>, Wangsipni, Wangsipri
별내 <u>Byeollae</u>, Byeolnae	신라 Sinla, <u>Silla</u>, Sinna
협력 <u>hyeopnyeok</u>, hyeopryeok	답십리 Dapsipni, Dapsip-ri, <u>Dapsimni</u>
한여름 hanyeoreum, <u>hannyeoreum</u>	교육열 <u>gyoyungnyeol</u>, gyoyuknyeol, gyoyungyeol
식용유 <u>sigyongnyu</u>, sikyongyu, sigyongyu, sikyongnyu, singnyongnyu	눈요기 nunyogi, <u>nunnyogi</u>
학여울 <u>Hangnyeoul</u>, Haknyeoul, Hagyeoul	알약 alyak, aryak, <u>allyak</u>
해돋이 <u>haedoji</u>, haedodi, hedoji	같이 <u>gachi</u>, gati
굳히다 guthida, <u>guchida</u>	노랗게 <u>norake</u>, norahge
좋고 johgo, johko, <u>joko</u>	놓다 <u>nota</u>, nohda, nohta
잡혀 japhyeo, <u>japyeo</u>	낳지 nahji, <u>nachi</u>
묵호 <u>Mukho</u>, Muko	집현전 <u>Jiphyeonjeon</u>, Jipyeonjeon
광희문 <u>Gwanghuimun</u>, Gwanghimun, Gwanguimun, Gwangimun	전화 <u>jeonhwa</u>, jeonwa
오죽헌 Ojukeon, <u>Ojukheon</u>	각희 <u>gakhui</u>, kakhui, gakui, kakui
압구정 <u>Apgujeong</u>, Apggujeong, Apkkujeong	낙동강 Nakddonggang, Nakttonggang, <u>Nakdonggang</u>
죽변 Jukbbyeon, Jukppyeon, <u>Jukbyeon</u>	낙성대 Naksseongdae, <u>Nakseongdae</u>
합정 <u>Hapjeong</u>, Hapjjeong	팔당 <u>Paldang</u>, Palddang, Palttang
샛별 <u>saetbyeol</u>, saetbbyeol, saetppyeol, setbyeol	울산 Ulssan, <u>Ulsan</u>

PART
06

[Q2] 다음 중 바른 로마자 표기에 ○표 하시오.

백마 Baengma, Baekma	신문로 Sinmunro, Sinmunno
종로 Jongro, Jongno	왕십리 Wangsimni, Wangsipni, Wangsipri
별내 Byeollae, Byeolnae	신라 Sinla, Silla, Sinna
협력 hyeopnyeok, hyeopryeok	답십리 Dapsipni, Dapsip-ri, Dapsimni
한여름 hanyeoreum, hannyeoreum	교육열 gyoyungnyeol, gyoyuknyeol, gyoyungyeol
식용유 sigyongnyu, sikyongyu, sigyongyu, sikyongnyu, singnyongnyu	눈요기 nunyogi, nunnyogi
학여울 Hangnyeoul, Haknyeoul, Hagyeoul	알약 alyak, aryak, allyak
해돋이 haedoji, haedodi, hedoji	같이 gachi, gati
굳히다 guthida, guchida	노랗게 norake, norahge
좋고 johgo, johko, joko	놓다 nota, nohda, nohta
잡혀 japhyeo, japyeo	낳지 nahji, nachi
묵호 Mukho, Muko	집현전 Jiphyeonjeon, Jipyeonjeon
광희문 Gwanghuimun, Gwanghimun, Gwanguimun, Gwangimun	전화 jeonhwa, jeonwa
오죽헌 Ojukeon, Ojukheon	각희 gakhui, kakhui, gakui, kakui
압구정 Apgujeong, Apggujeong, Apkkujeong	낙동강 Nakddonggang, Nakttonggang, Nakdonggang
죽변 Jukbbyeon, Jukppyeon, Jukbyeon	낙성대 Naksseongdae, Nakseongdae
합정 Hapjeong, Hapjjeong	팔당 Paldang, Palddang, Palttang
샛별 saetbyeol, saetbbyeol, saetppyeol, setbyeol	울산 Ulssan, Ulsan

제2항 | 발음상 혼동의 우려가 있을 때에는 음절 사이에 붙임표(−)를 쓸 수 있다.

중앙 Jung-ang★
'준강'과 구별

반구대 Ban-gudae★
'방우대'와 구별

세운 Se-un★
'슨'과 구별

해운대 Hae-undae★
'하은대'와 구별

제3항 | 고유 명사는 첫 글자를 대문자로 적는다.

부산 Busan

세종 Sejong

제4항 | 인명은 성과 이름의 순서로 띄어 쓴다. 이름은 붙여 쓰는 것을 원칙으로 하되 음절 사이에 붙임표(-)를 쓰는 것을 허용한다. [(　) 안의 표기를 허용함.]

> 민용하 Min Yongha(Min Yong-ha)★
> 송나리 Song Nari(Song Na-ri)★

주의해야 할 로마자 표기법
4. 인명(人名)은 음운 변동을 인정하지 않으므로 한 음절씩 끊어서 발음한 것을 표기한다.
5. 붙임표(-) 앞뒤의 음운 변화는 표기에 반영하지 않는다.

떠먹여 주는 출.졸.포 제4항 이름의 표기

1. ❶＿＿＿＿에서 일어나는 음운 변화는 표기에 반영하지 않는다.(❷＿＿＿＿＿＿＿＿＿은 적용함.)
한복남 Han Boknam(Han Bok-nam)★　　　홍빛나 Hong Bitna(Hong Bit-na)★

2. 성과 ❸＿＿＿은 띄되, ❸＿＿＿ 내부에서는 모두 붙여 쓰기 해야 한다. (단 이름 내부에 ❹＿＿＿＿쓸 수 있음.)

[Q3] 다음 중 바른 로마자 표기에 ○표 하시오.

민용하 <u>Min Yongha</u>, <u>Min Yong-ha</u>, MinYongha, MinYong-ha

한복남 Han Bongnam, Han Bong-nam, <u>Han Boknam</u>, <u>Han Bok-nam</u>

홍빛나 Hong Binna, Hong Bin-na, Hong Bichna, Hong Bich-na, <u>Hong Bitna</u>, <u>Hong Bit-na</u>

[Q3] 다음 중 바른 로마자 표기에 ○표 하시오.

민용하 Min Yongha, Min Yong-ha, MinYongha, MinYong-ha

한복남 Han Bongnam, Han Bong-nam,　Han Boknam, Han Bok-nam

홍빛나 Hong Binna, Hong Bin-na, Hong Bichna, Hong Bich-na, Hong Bitna, Hong Bit-na

제5항 | '도, 시, 군, 구, 읍, 면, 리, 동'의 행정 구역 단위와 '가'는 각각 'do, si, gun, gu, eup, myeon, ri, dong, ga'로 적고, 그 앞에는 붙임표(-)를 넣는다. 붙임표(-) 앞뒤에서 일어나는 음운 변화는 표기에 반영하지 않는다.

> 충청북도 Chungcheongbuk-do　　　제주도 Jeju-do
> 의정부시 Uijeongbu-si　　　　　　양주군 Yangju-gun★
> 도봉구 Dobong-gu　　　　　　　　신창읍 Sinchang-eup★
> 삼죽면 Samjuk-myeon★　　　　　인왕리 Inwang-ri★
> 당산동 Dangsan-dong　　　　　　봉천 1동 Bongcheon 1(il)-dong
> 종로 2가 Jongno 2(i)-ga★　　　　퇴계로 3가 Toegyero 3(sam)-ga

도로명 주소 등 표기에 관한 법률
'세종로'의 경우, 지역명의 경우에는 붙임표를 쓰지 않지만('Sejongno'로 표기함), 도로명일 때에는 붙임표를 쓴다('Sejong-ro'로 표기함). 그리고 만약 '3가'와 함께 쓸 경우에는 'Sejongno 3(sam)-ga'로 쓰는 것이 옳다.

島(섬 도)의 경우에는 붙임표를 쓰지 않는다.
예 거제도, 독도, 진도, 강화도, 남해도, 제주도, 안면도, 영종도, 울릉도

[붙임] '시, 군, 읍'의 행정 구역 단위는 생략할 수 있다.

> 청주시 Cheongju★　　　　함평군 Hampyeong★　　　　순창읍 Sunchang★

» 도로명 주소 등 표기에 관한 법률(2008. 2. 29.) 및 시행령(2007. 4. 5.)에 따른 새 주소 체계에서 기존 행정 구역 단위를 대체하는 '대로(大路)', '로(路)', '길'은 각각 'daero', 'ro', 'gil'로 적고, 그 앞에는 붙임표(-)를 넣는다.
예 강남대로 Gangnam-daero　　　세종로 Sejong-ro★　　　개나리길 Gaenari-gil

떠먹여 주는 출.졸.포
❶ 이름　❷ 음절의 끝소리 규칙
❸ 이름　❹ 붙임표

[Q4] 다음 중 바른 로마자 표기에 ○표 하시오.

의정부시 Uijeongbu－si, Uijeongbu	청주시 <u>Cheongju-si</u>, <u>Cheongju</u>
함평군 <u>Hampyeong</u>, Hampyeong-gun	양주군 Yangju－gun, <u>Yangju</u>
신창읍 <u>Sinchang</u>, Sinchang－eup	순창읍 <u>Sunchang</u>, <u>Sunchang-eup</u>
충청북도 <u>Chungcheongbuk－do</u>, Chungcheongbukdo, Chungcheongbuk－ddo, Chungcheongbukddo, Chungcheongbuk-tto	전라북도 <u>jeollabuk-do</u>, jeonrabuk-do, jeollabuk-ddo, jeonrabuk-do
제주도 <u>Jeju－do</u>(행정구역), <u>Jeju</u>, Jejudo(자연지명)	독도 <u>Dokdo</u>, Dok-do
여의도 Yeoui-do, <u>Yeouido</u>, Yeoi-do	거제도 <u>Geojedo</u>, Geoje-do
울릉도 <u>Ulleungdo</u>, Ulleung-do	강화도 <u>Ganghwado</u>, Ganghwa-do
당산동 Dangsandong, <u>Dangsan－dong</u>	봉천 1동 <u>Bongcheon 1(il)－dong</u>, Bongcheon－1(il)dong
종로 2가 <u>Jongno 2(i)－ga</u>, Jongno－2(i)ga	퇴계로 3가 Toegyero－3(sam)ga, Toegye－ro 3(sam)－ga, <u>Toegyero 3(sam)－ga</u>
인왕리 <u>Inwang－ri</u>, Inwangri, Inwangni	청량리 <u>Cheongnyangni</u>, Cheongnyang-ri
왕십리 Wangsip-ri, Wangsim-ni, <u>Wangsimni</u>	답십리 <u>Dapsimni</u>, Dapsip-ri, Dapsim-ni
삼죽면 Samjung-myeon, Samjungmyeon, <u>Samjuk－myeon</u>	도봉구 <u>Dobong－gu</u>, Dobonggu
세종로(지역명) <u>Sejongno</u>, Sejong－ro	세종로(도로명) Sejongno, <u>Sejong－ro</u>
을지로(지역명) <u>Euljiro</u>, Eulji－ro	을지로(도로명) Euljiro, <u>Eulji－ro</u>
강남대로 Gangnamdaero, <u>Gangnam－daero</u>	개나리길 Gaenarigil, <u>Gaenari－gil</u>

[Q4] 다음 중 바른 로마자 표기에 ○표 하시오.

의정부시 Uijeongbu－si, Uijeongbu	청주시 Cheongju-si, Cheongju
함평군 Hampyeong, Hampyeong-gun	양주군 Yangju－gun, Yangju
신창읍 Sinchang, Sinchang－eup	순창읍 Sunchang, Sunchang-eup
충청북도 Chungcheongbuk－do, Chungcheongbukdo, Chungcheongbuk－ddo, Chungcheongbukddo, Chungcheongbuk-tto	전라북도 jeollabuk-do, jeonrabuk-do, jeollabuk-ddo, jeonrabuk-do
제주도 Jeju－do, Jeju, Jejudo	독도 Dokdo, Dok-do
여의도 Yeoui-do, Yeouido, Yeoi-do	거제도 Geojedo, Geoje-do
울릉도 Ulleungdo, Ulleung-do	강화도 Ganghwado, Ganghwa-do
당산동 Dangsandong, Dangsan－dong	봉천 1동 Bongcheon 1(il)－dong, Bongcheon－1(il)dong

종로 2가 Jongno 2(i)−ga, Jongno−2(i)ga	퇴계로 3가 Toegyero−3(sam)ga, Toegye−ro 3(sam)−ga, Toegyero 3(sam)−ga
인왕리 Inwang−ri, Inwangri, Inwangni	청량리 Cheongnyangni, Cheongnyang-ri
왕십리 Wangsip-ri, Wangsim-ni, Wangsimni	답십리 Dapsimni, Dapsip-ri, Dapsim-ni
삼죽면 Samjung-myeon, Samjungmyeon, Samjuk−myeon	도봉구 Dobong−gu, Dobonggu
세종로(지역명) Sejongno, Sejong−ro	세종로(도로명) Sejongno, Sejong−ro
을지로(지역명) Euljiro, Eulji-ro	을지로(도로명) Euljiro, Eulji-ro
강남대로 Gangnamdaero, Gangnam−daero	개나리길 Gaenarigil, Gaenari−gil

---

제6항 | 자연 지물명, 문화재명, 인공 축조물명은 붙임표(−) 없이 붙여 쓴다.

남산 Namsan

금강 Geumgang

경복궁 Gyeongbokgung★

연화교 Yeonhwagyo

안압지 Anapji★

화랑대 Hwarangdae

현충사 Hyeonchungsa

오죽헌 Ojukheon★

종묘 Jongmyo

속리산 Songnisan★

독도 Dokdo★

무량수전 Muryangsujeon

극락전 Geungnakjeon★

남한산성 Namhansanseong

불국사 Bulguksa★

독립문 Dongnimmun★

촉석루 Chokseongnu★

다보탑 Dabotap★

🗒 떠먹여 주는 **출.좋.포** 제2항~제6항 로마자 표기 시 붙임표를 쓰는 경우

1. 원칙: 행정 구역 단위

   예 do, si, gun, gu, eup, myeon, ri, dong, ga, daero, ro, gil

2. 허용

   ① 발음상 혼동의 우려가 있을 때

	원칙(○)	허용(○)
중앙	Jungang	Jung-ang
세운	Seun	Se-un
반구대	Bangudae	Ban-gudae
해운대	Haeundae	Hae-undae

   ② 사람의 이름 사이에

	원칙(○)	허용(○)
민용하	Min Yongha	Min Yong-ha
송나리	Song Nari	Song Na-ri
한복남	Han Boknam	Han Bok-nam
홍빛나	Hong Bitna	Hong Bit-na

PART
06

[Q5] 다음 중 바른 로마자 표기에 ○표 하시오.

남산 Nam-san, <u>Namsan</u>	속리산 Songni-san, <u>Songnisan</u>, Soknisan
금강 Geum-gang, <u>Geumgang</u>	독도 Dok-do, <u>Dokdo</u>
경복궁 <u>Gyeongbokgung</u>, Gyeongbokkkung, Gyeongbok-gung	극락전 <u>Geungnakjeon</u>, Geuknakjjeon, Geuknakjeon
연화교 <u>Yeonhwagyo</u>, Yeonhwa-gyo	무량수전 <u>Muryangsujeon</u>, Muryangsu-jeon
안압지 <u>Anapji</u>, Anapjji	남한산성 <u>Namhansanseong</u>, Namhansan-seong
화랑대 <u>Hwarangdae</u>, Hwarang-dae	불국사 <u>Bulguksa</u>, Bulguk-sa, Bulgukssa
현충사 Hyeonchung-sa, <u>Hyeonchungsa</u>	독립문 <u>Dongnimmun</u>, Dongnim-mun
종묘 Jong-myo, <u>Jongmyo</u>	촉석루 <u>Chokseongnu</u>, Chokseong-ru

[Q5] 다음 중 바른 로마자 표기에 ○표 하시오.

남산 Nam-san, Namsan	속리산 Songni-san, Songnisan, Soknisan
금강 Geum-gang, Geumgang	독도 Dok-do, Dokdo
경복궁 Gyeongbokgung, Gyeongbokkkung, Gyeongbok-gung	극락전 Geungnakjeon, Geuknakjjeon, Geuknakjeon
연화교 Yeonhwagyo, Yeonhwa-gyo	무량수전 Muryangsujeon, Muryangsu-jeon
안압지 Anapji, Anapjji	남한산성 Namhansanseong, Namhansan-seong
화랑대 Hwarangdae, Hwarang-dae	불국사 Bulguksa, Bulguk-sa, Bulgukssa
현충사 Hyeonchung-sa, Hyeonchungsa	독립문 Dongnimmun, Dongnim-mun
종묘 Jong-myo, Jongmyo	촉석루 Chokseongnu, Chokseong-ru

제7항 | 인명, 회사명, 단체명 등은 그동안 써 온 표기를 쓸 수 있다.

김 Kim (○) / Gim (○)

제8항 | 학술 연구 논문 등 특수 분야에서 한글 복원을 전제로 표기할 경우에는 한글 표기를 대상으로 적는다. 이때 글자 대응은 제2장을 따르되 'ㄱ, ㄷ, ㅂ, ㄹ'은 'g, d, b, l'로만 적는다. 음가 없는 'ㅇ'은 붙임표(−)로 표기하되 어두에서는 생략하는 것을 원칙으로 한다. 기타 분절의 필요가 있을 때에도 붙임표(−)를 쓴다.

집 jib　　　　　짚 jip　　　　　밖 bakk
값 gabs　　　　붓꽃 buskkoch　　먹는 meogneun
독립 doglib　　문리 munli　　　물엿 mul−yeos
굳이 gud−i　　좋다 johda　　　가곡 gagog
조랑말 jolangmal　없었습니다 eobs−eoss−seubnida

01 로마자 표기법에 관한 다음 규정이 적용된 것은?[2018. 국가직 9급]

> 발음상 혼동의 우려가 있을 때에는 음절 사이에 붙임표(-)를 쓸 수 있다.

① 독도 : Dok-do
② 반구대 : Ban-gudae
③ 독립문 : Dok-rip-mun
④ 인왕리 : Inwang-ri

[정답풀이] '자연 지물명, 문화재명, 인공 축조물명'은 붙임표(-) 없이 붙여 쓴다.'는 로마자 표기법 제6항의 규정에서 '반구대'는 '문화재명'이므로 붙임표를 붙이지 않는 것이 원칙이다. '반구대'는 붙임표 없이 그냥 읽게 되면 [반구대]로도 읽지만, '반구대'에서 연구개음 'ㄱ'이 'ㄴ'을 연구개음 'ㅇ'으로 교체시키는 연구개음화가 반영된 [방우대]로도 읽을 수 있어 발음 혼동의 우려가 있다. '발음상 혼동의 우려가 있을 때에는 음절 사이에 붙임표(-)를 쓸 수 있다.'는 '제3장 제2항에 의해 붙임표를 붙일 수 있다.

02 〈보기〉의 로마자 표기법을 고려할 때, 다음 중 로마자 표기가 올바른 것은? [2017. 경찰 1차 여경]

> **[보기]**
> 제3항 고유 명사는 첫 글자를 대문자로 적는다.
> 제4항 인명은 성과 이름의 순서로 띄어 쓴다. 이름은 붙여 쓰는 것을 원칙으로 하되 음절 사이에 붙임표(-)를 쓰는 것을 허용한다.
> (1) 이름에서 일어나는 음운 변화는 표기에 반영하지 않는다.
> (2) 성의 표기는 따로 정한다.
> 제5항 '도, 시, 군, 구, 읍, 면, 리, 동'의 행정 구역 단위와 '가'는 각각 'do, si, gun, gu, eup, myeon, ri, dong, ga'로 적고, 그 앞에는 붙임표(-)를 넣는다. 붙임표(-) 앞뒤에서 일어나는 음운 변화는 표기에 반영하지 않는다.

① 민용하 MinYongHa
② 종로 2가 Jongno 2(i)-ga
③ 삼죽면 Samjung-myeon
④ 홍빛나 Hong Binna

[정답풀이] '도, 시, 군, 구, 읍, 면, 리, 동'의 행정 구역 단위와 '가'는 각각 'do, si, gun, gu, eup, myeon, ri, dong, ga'로 적고, 그 앞에는 붙임표(-)를 넣는다. 따라서 '종로 2가 Jongno 2(i)-ga'는 옳다.

[오답풀이] ① 인명은 성과 이름의 순서로 띄어 쓴다. 따라서 'Min Yongha(원칙), Min Yong-ha(허용)'로 써야 한다.
③ 붙임표(-) 앞뒤에서 일어나는 음운 변화는 표기에 반영하지 않으므로 [삼중면]으로 표기해서는 안된다. 'Samjuk-myeon'이 옳다.
④ 이름에서 일어나는 음운 변화는 표기에 반영하지 않는다. 따라서 비음화가 적용된 결과를 표기에 반영해서는 안 된다. 단, 이름에서 음절의 끝소리 규칙까지는 적용된 채로 표기된다. 따라서 'Hong Bitna(원칙), Hong Bit-na(허용)'로 써야 한다.

Answer

01 ② **02** ②

03 〈보기〉의 로마자 표기가 옳은 것을 모두 고르면?

2019. 서울시 9급

┌─[보기]─────────────────────────
│ ㄱ. 오죽헌 Ojukeon
│ ㄴ. 김복남(인명) Kim Bok-nam
│ ㄷ. 선릉 Sunneung
│ ㄹ. 합덕 Hapdeok
└──────────────────────────────

① ㄱ, ㄴ 　　　　② ㄱ, ㄷ
③ ㄴ, ㄹ 　　　　④ ㄷ, ㄹ

정답풀이〉 ㄴ 인명은 성과 이름의 순서로 띄어 써야 하는데 잘 지켰다. 또한 이름은 붙여 쓰는 것을 원칙으로 하되, 음절 사이에 붙임표(-)를 쓰는 것을 허용하므로 'Kim Boknam(원칙)/Kim Bok-nam(허용)'으로 쓰는 것이 옳다. 참고로 붙임표 바로 앞뒤에서 일어나는 음운 변화는 표기에 반영하지 않는다.

ㄹ 모음 앞에서 'ㄱ, ㄷ, ㅂ'은 는 'g, d, b'로 쓰므로 '합덕'의 'ㄷ'은 'd'로 표기한다. 또 자음 앞이나 어말에서는 'k, t, p'로 적으므로 '합덕'의 받침 'ㅂ'과 받침 'ㄱ'은 각각 'p', 'k'로 적는다. 또한 된소리되기는 표기에 반영하지 않으므로 '합덕'은 [합떡]으로 소리 나도 'Hapdeok'로 적는 것이 옳다.

오답풀이〉 ㄱ 체언 안에서는 자음 축약(=거센소리되기)이 일어나지 않으므로 '오죽헌'은 'Ojukeon'이 아니라 'Ojukheon'으로 적어야 한다.
ㄷ '선릉'의 표준 발음은 [설릉]이므로 'Sunneung'가 아니라 'Seolleung'로 적어야 한다.

04 로마자 표기법으로 가장 옳지 않은 것은? 2018. 서울시 7급
① 독립문 Dongnimmun, 광화문 Gwanghwamun
② 선릉 Seolleung, 정릉 Jeongneung
③ 신문로 Sinmunno, 율곡로 Yulgongro
④ 한라산 Hallasan, 백두산 Baekdusan

정답풀이〉 Sinmunno(○) : '신문로[신문노]'는 자음 사이에서의 동화 작용(비음화)를 표기에 반영하여 'Sinmunno'라 적는다. Yulgongro(✕) → Yulgok-ro(○) : '율곡로'의 '로'는 행정 구역 단위이므로 제5항에 따라 붙임표(-)를 넣는다. 참고로, 행정 구역으로 인해 붙은 붙임표(-) 앞뒤에서 일어나는 음운 변화는 표기에 반영하지 않는다. 따라서 상호 비음 동화도 일어나면 안 되기 때문에 'Yulgongro'가 아니라 'Yulgok-ro'가 적절하다.

오답풀이〉 ① '독립문[동님문]'은 상호 비음화가 반영되어 'Dongnimmun'이라 적는다. '광화문[광화문]'은 'Gwanghwamun'이라 적는다.
② '선릉[설릉]'은 유음화가 반영되어 'Seolleung'라 적는다. '정릉[정능]'은 비음화가 반영되어 'Jeongneung'라 적는다.
④ '한라산[할:라산]'은 유음화가 반영되어 'Hallasan'이라 적는다. '백두산[백뚜산]'은 된소리되기가 표기에 반영되지 않기 때문에 'Baekdusan'이라 적는다.

05 로마자 표기의 예로 옳지 않은 것은? 2018. 서울시 9급
① 종로[종노] → Jongro
② 알약[알략] → allyak
③ 같이[가치] → gachi
④ 좋고[조코] → joko

정답풀이〉 로마자 표기는 소리나는 대로 표기하므로 비음화는 표기에 반영한다. 따라서 비음화와 고유명사인 것을 반영하여 첫 글자는 대문자로 써서 'Jongno'라 표기한다.

오답풀이〉 ② '알약'은 ㄴ첨가와 유음화가 일어나 [알략]이라 발음되므로 'allyak'이라 적는다.
③ '같이'는 '구개음화'가 되어 [가치]로 소리 나므로 'gachi'라 표기한다. '같이'는 고유명사가 아니므로 첫 글자는 소문자로 적는다.
④ '좋고'는 용언 어간과 어미의 결합에서 거센소리되기(=자음축약)이 일어나므로 'joko'라 표기한다. '좋고'는 고유명사가 아니므로 첫 글자는 소문자로 적는다. (단, 체언의 거센소리되기(=자음축약)은 로마자 표기에 반영되지 않는다.)

06 로마자 표기법이 가장 옳지 않은 것은? 2018. 서울시 7급
① 신리 : Sin-li
② 일직면 : Iljik-myeon
③ 사직로 : Sajik-ro
④ 진량읍 : Jillyang-eup

정답풀이〉 행정 구역 단위의 로마자 표기법에 관한 문제이다. 행정 구역이 나오면 붙임표를 써야 하므로 집중해야 한다. '도, 시, 군, 구, 읍, 면, 리, 동'의 행정 구역 단위와 '가'는 각각 'do, si, gun, gu, eup, myeon, ri, dong, ga'로 적고, 그 앞에는 붙임표(-)를 넣는다. '신리'의 '리'는 행정 구역 단위이므로 붙임표를 꼭 적어 'Sin-ri'로 적어야 한다. 참고로 붙임표 앞뒤에서 일어나는 음운 변화는 표기에 반영하지 않으므로 'Sil-li'로 적지 않음에 유의하여야 한다.

07 다음 중 로마자 표기법이 옳지 않은 것은? 2017. 서울시 7급

① 독도 : Dokdo
② 불국사 : Bulguksa
③ 극락전 : Geukrakjeon
④ 촉석루 : Chokseongnu

정답풀이 ①~④는 '자연 지물명, 문화재명, 인공 축조물명은 붙임표(-)없이 붙여 쓴다.'는 로마자 표기법 제6항의 단어들이다. '극락전'의 경우 [극락전→(상호 비음화)→긍낙전→(된소리되기)→긍낙쩐]으로, 상호 비음화와 된소리되기가 일어난다. 로마자 표기에서 비음화는 반영되나 된소리되기는 반영되지 않으므로 'Geungnakjeon'으로 표기하는 것이 옳다.

오답풀이 ① '독도'의 '도'는 행정 구역 단위가 아니라 자연 지물명 '섬(島)'의 '도'이므로 붙임표(-) 없이 'Dokdo'라 적는다.
② '불국사'는 전체를 한 단어로 보아 'Bulguksa'라 적는다.
④ '촉석루'의 경우 [촉석루→(된소리되기)→촉썩루→(상호비음화)→촉썽누]로, 상호 비음화와 된소리되기가 일어난다. 로마자 표기에 비음화는 반영되나 된소리되기는 반영되지 않으므로 'Chokseongnu'라 적는다.

08 국어의 로마자 표기법이 옳지 않은 것은? 2013. 지방직 7급

① 설악 Seolak
② 속리산 Songnisan
③ 양주시 Yangju-si
④ 독립문 Dongnimmun

정답풀이 '설악'은 연음되어 표준 발음이 [서락]이다. 'ㄹ'은 모음 앞에서는 'r'로 표기되므로 'Seolak'이 아니라 'Seorak'으로 표기해야 한다.

오답풀이
② '속리산'은 비음화가 일어나 표준 발음이 [송니산]이다. 비음화는 로마자 표기에 반영되므로 'Songnisan'이 옳다.
③ '시' 앞에 붙임표를 쓰는 것이 원칙이나 쓰지 않는 것도 허용하므로 'Yangju-si'는 옳다.
④ '독립문'은 비음화가 일어나 표준 발음이 [동님문]이다. 비음화는 로마자 표기에 반영되므로 'Dongnimmun'이 옳다.

09 다음 중 국어의 로마자 표기법에 따라 바르게 표기하지 않은 것은? 2014. 경찰 1차

① 대관령 Daegwallyeong
② 세종로 Sejong-ro
③ 샛별 saetbyeol
④ 오죽헌 Ojukeon

정답풀이 '오죽헌[오주컨]'을 통해 '자음 축약(거센소리되기)[ㅂ+ㅎ=ㅍ]'이 일어났음을 알 수 있다. 용언과는 달리 체언에서는 축약을 반영하지 않는다는 규정에 따라 'Ojukheon'으로 고쳐야 한다.

10 다음 중 제시된 단어의 표준 발음과 로마자 표기가 모두 옳은 것은? 2017. 서울시 9급

① 선릉[선능] - Seonneung
② 학여울[항녀울] - Hangnyeoul
③ 낙동강[낙똥강] - Nakddonggang
④ 집현전[지펀전] - Jipyeonjeon

정답풀이 '학여울'은 사전에 등재된 단어는 아니지만, '학'과 '여울'이 결합하여 만들어진 합성어이다. 따라서 'ㄴ' 첨가의 환경에 부합한다. 'ㄴ' 첨가란, 합성어 및 파생어에서, 앞 단어나 접두사의 끝이 자음이고 뒤 단어나 접미사의 첫음절이 '이, 야, 여, 요, 유'인 경우에는, 'ㄴ'음을 첨가하여 [니, 냐, 녀, 뇨, 뉴]로 발음한다는 것이다. [학여울→('ㄴ' 첨가)→학녀울→(비음화)→항녀울]이 되므로 '학여울[항녀울]'은 'Hangnyeoul'라 적는다.

오답풀이 ① 유음화는 로마자 표기에 반영한다. 로마자 표기에서 'ㄹㄹ'은 'll'로 적으므로 '선릉[설릉]'은 'Seolleung'이라 적는다.
③ 로마자로 표기할 때, 된소리되기는 반영되지 않으므로 '낙동강[낙똥강]'은 'Nakdonggang'라 적는다.
④ '집현전[지펀전]'을 통해 '자음 축약(거센소리되기)[ㅂ+ㅎ=ㅍ]'이 일어났음을 알 수 있다. 일반적으로 축약은 로마자 표기에 반영하지만 체언에서는 축약을 반영하지 않는다는 규정에 따라 'Jiphyeonjeon'이라 적는다.

Answer

03 ③ 04 ③ 05 ① 06 ① 07 ③ 08 ① 09 ④ 10 ②

박혜선

주요 약력

고려대학교 국어국문학과 수석 졸업
고려대학교 국어국문학과 심화 전공
정교사 2급 자격증
前 대치 반포 산에듀 국어영역 최연소 대표강사
現 박문각공무원 온라인 오프라인 대표강사

주요 저서

박혜선의 All in one 문법의 왕도(박문각출판)
박혜선의 All in one 문학의 왕도(박문각출판)
박혜선의 역공국어 콤팩트 어문규정(박문가출판)
박혜선 역공국어 NEW 문법 쌍끌이(박문각출판)
박혜선 역공국어 NEW 문학 쌍끌이(박문각출판)
박혜선 역공국어 NEW 비문학 쌍끌이(박문각출판)
혜선국어 넷클래스 국어모의고사(박문각출판)

박혜선의 亦功국어
콤팩트
어문규정

초판인쇄 | 2022. 10. 5. **초판발행** | 2022. 10. 11. **편저자** | 박혜선 **발행인** | 박 용 **발행처** | (주)박문각출판
등록 | 2015년 4월 29일 제2015-000104호 **주소** | 06654 서울시 서초구 효령로 283 서경 B/D 4층
팩스 | (02)584-2927 **전화** | 교재 주문·내용 문의 (02)6466-7202

저자와의
협의하에
인지생략

정가 15,000원 ISBN 979-11-6704-222-4

* 본 교재의 정오표는 박문각출판 홈페이지에서 확인하실 수 있습니다.